应用型本科 经济管理类专业系列教材

采 购 与 供 应 管 理
Purchasing and Supply Management

主 编 李荷华

副主编 郭 磊 谌 伟

西安电子科技大学出版社

内 容 简 介

本书系统地阐述了采购与供应管理的理论与实务,共分十二章,主要内容包括:采购与供应概述、采购组织管理、采购计划与采购预算的编制、供应商的选择与管理、采购价格与成本管理、采购谈判与合同管理、采购绩效评估和考核、采购管理发展的新趋势、招标采购、公共采购与供应管理、项目采购与供应管理以及国际采购。其中第一章到第七章主要讲解传统采购和供应管理的具体流程,第八章介绍采购管理发展的新趋势,第九章到第十二章主要讲解几类特殊的采购和供应管理。本书还提供了采购与供应相关的思考题和案例分析(扫码获取),以供读者阅读、训练使用。

本书内容丰富、通俗易懂、实用性强,可作为应用型本科院校工商管理类专业的教材,也可作为其他相关专业的参考教材,还可供工商管理领域的工作人员参考。

图书在版编目(CIP)数据

采购与供应管理/李荷华主编.

—西安:西安电子科技大学出版社,2017.2(2021.7 重印)

ISBN 978 - 7 - 5606 - 4393 - 9

Ⅰ. ①采… Ⅱ. ①李… Ⅲ. ①采购管理 ②物资供应—物资管理

Ⅳ. ①F253 ②F252.2

中国版本图书馆 CIP 数据核字(2017)第 005103 号

责任编辑 马 琼 马武装 秦志峰

出版发行 西安电子科技大学出版社(西安市太白南路2号)

电　　话 (029)88202421 88201467　　　邮　　编 710071

网　　址 www.xduph.com　　　　电子邮箱 xdupfxb001@163.com

经　　销 新华书店

印刷单位 咸阳华盛印务有限责任公司

版　　次 2017年2月第1版 2021年7月第4次印刷

开　　本 787毫米×1092毫米 1/16 印张 18.5

字　　数 430千字

印　　数 3501~4500 册

定　　价 42.00 元

ISBN 978 - 7 - 5606 - 4393 - 9/F

XDUP 4685001 - 4

* * * 如有印装问题可调换 * * *

应用型本科 管理类专业系列教材

编审专家委员会名单

应用型本科 经济类专业系列教材
编审专家委员会名单

主　任：孙文远（南京审计学院经济与贸易学院　院长/教授）

副主任：

　　　　蔡柏良（盐城师范学院商学院　院长/教授）

　　　　谢科进（扬州大学商学院　院长/教授）

　　　　孙勤（徐州工程学院经济学院　院长/教授）

　　　　赵永亮（盐城工学院经济学院　院长/教授）

成　员：（按姓氏拼音排列）

　　　　陈淑贤（上海杉达学院杨胜祥商学院　副院长/副教授）

　　　　董金玲（徐州工程学院经济学院　副院长/教授）

　　　　顾丽琴（华东交通大学MBA教育中心案例中心　主任/教授）

　　　　蒋国宏（南通大学商学院　院长/教授）

　　　　江涛涛（常州大学商学院　副院长/副教授）

　　　　刘春香（浙江万里学院商学院　副院长/副教授）

　　　　刘骅（南京审计学院金融学院　副院长/副教授）

　　　　隆定海（皖西学院经济与管理学院　副院长/副教授）

　　　　马立军（三江学院文化产业与旅游管理学院　副院长）

　　　　施继元（上海金融学院国际金融学院　副院长/教授）

　　　　宣昌勇（淮海工学院商学院　院长/教授）

　　　　项益才（九江学院经济与管理学院　副院长/副教授）

　　　　于中琴（上海金融学院国际经济贸易学院　副院长/副教授）

　　　　张言彩（淮阴师范学院经济与管理学院　副院长/副教授）

　　　　赵彤（南京晓庄学院商学院　副院长/教授）

前　言

近年来，随着国内市场经济体系的逐步完善和企业竞争的日益激烈，大部分制造企业、流通企业、服务企业以及政府部门中采购与供应管理的功能也发生了巨大的变化。同时，随着我国社会主义市场经济的快速发展和世界经济全球化步伐的加快，中国也正在成为全球采购与供应的重要市场。

随着市场经济体系的逐步完善，采购与供应的概念已经远远地超越了人们意识习惯上对于简单"购买"的认识，现代的"采购与供应管理"思想已经在企业的盈利决策中发挥着它独到的作用。制造企业对成本控制的要求不断提高，在产品的研发方面，越来越需要供应商的早期介入，对内、外的供应系统更需要协同一致；流通企业对商品的品类管理、补货系统管理的要求越来越向即时化方向发展；而服务企业对后勤与维修物料的采购成本控制也越来越重视，致使采购方式发生了巨大的转变；政府部门也越来越重视采购成本控制和采购质量的提高。以上这些变化都对采购与供应管理提出了新的要求与期望。采购与供应管理，如果组织和管理得当，会对企业目标和战略的实现做出巨大的贡献。如何有效地发挥采购与供应功能的作用，对任何公共机构和私人机构的采购与供应经理甚至领导层来说，都是一个挑战。

本书以采购与供应管理的流程为线索组织内容，涵盖了采购与供应管理的诸多重要方面，具体包括：采购基础知识、采购组织、采购计划制定和采购预算编制、供应商选择与供应商管理、采购价格管理、采购谈判和合同管理、全球采购等章节。本书还介绍了几种现代采购与供应模式，包括集中采购、JIT采购、电子采购以及第三方采购。近年来，由于国内外政府采购的量越来越大，政府采购受到越来越多的重视，本书对政府采购以及政府采购中经常运用的招标采购进行了详细的介绍。同时，随着中国企业参与国际采购的逐渐深入，国际采购的基础知识以及风险防范也越来越重要，因此本书也对国际采购内容进行了详细描述。除此之外，本书在各个章节都增加了案例阅读和分析（扫码查看），以实现理论与实际的结合。案例内容丰富多彩，既有一般制造业、零售业的案例，也包括政府、事业单位的具体案例。

本书在编写的过程中，力求反映知识更新和科技发展的最新动态。作者力争将新知识、新技术、新内容、新工艺、新案例及时反映到教材中来，这样更能体现高等院校应用型本科专业设置紧密联系生产、建设、服务、管理一线的实际要求。

本书由上海第二工业大学李荷华教授担任主编，由郭磊、谌伟担任副主编，大家共同完成编写工作。编写中参考了大量的书籍和资料，其中的大部分资料，作者已在参考文献部分列出，一些网络资料由于找不到原作者，只能列出其参考网址。在此向相关作者一并表示衷心的感谢。

由于作者水平有限，书中难免存在疏漏和不足，敬请广大读者批评指正。

作　者

2016年9月

目 录

中篇　采购管理新趋势

下篇　现代采购与供应管理

上篇　传统采购与供应管理

第一章 采购与供应概述

☞ **本章学习目标**

(1) 掌握采购和采购管理的含义及其地位；

(2) 掌握采购品的主要类型；

(3) 掌握采购的基本原则和流程；

(4) 了解供应链环境下采购管理的新特点；

(5) 掌握采购与供应链管理的成功因素。

采购与供应管理是所有企业、机构都无法回避的重要管理问题。彼得·德鲁克曾经说过，"商业中获益于独立性的最大的潜在机会，就存在于生产企业与其供应商之间。这是所剩的赢取竞争优势最大的未开发领域——没有什么领域像该领域一样是如此地被人忽视。"由此可见，采购与供应管理对提高企业竞争力，保持企业、机构的正常运转有着极其重要的现实意义。采购管理作为企业生产经营管理过程的一个基本环节，已经越来越受到国际大型企业的广泛重视。但在高速发展的中国市场，企业家对采购的关注和重视程度似乎正如德鲁克所描绘的一样，大部分企业的采购职能被忽视，采购部门只是作为一个普通的职能部门，承担事务性的采购工作，CEO对营销和市场的关注远远超过对采购的关注。

然而，随着国内市场经济体系的逐步完善，企业竞争的日趋激烈，人们对采购与供应管理问题的关注也在逐渐升温，如何规范采购与供应环节、提升采购管理的专业化水平、降低采购成本、提高采购效率，将是企业可持续发展战略面临的重要问题。

第一节 采购与采购管理的含义及其重要性

一、采购与采购管理的概念

采购是一种常见的经济行为，从日常生活到企业运作，从民间到政府，都离不开它。无论是组织还是个人，要生存就要从外部获取所需要的有形物品或无形服务，这就是采购。

企业采购指的是企业为了维持正常运转而寻求从体外摄入的过程，是指企业在一定的条件下从供应市场获取产品或服务作为企业资源，以保证企业生产及经营活动正常开展的一项企业经营活动。

采购管理是指为了保障企业物资供应而对企业的整个采购过程进行计划、组织、指挥、协调和控制的管理活动。

采购和采购管理是两个不同的概念。采购是一项具体的业务活动，是作业活动，一般由采购员承担具体的采购任务。采购管理是企业管理系统的一个重要子系统，是企业战略管理的重要组成部分，一般由企业的中高层管理人员承担。企业采购管理的目的是为了保证供应，满足生产经营需要，既包括对采购活动的管理，也包括对采购人员和采购资金的管理等。一般情况下，有采购就必须有采购管理，但是，不同的采购活动，由于其采购环境、数量、品种、规格的不同，管理过程的复杂程度也不同。个人采购、家庭采购尽管也需要计划决策，但毕竟相对简单，一般归属于家庭理财范畴，本书重点研究的是面向企业的采购活动。当然，在企业的采购中，工业制造企业和商贸流通企业的采购目标、方式等还存在差异，但因为有共同的规律，所以不再对二者进行细分。

二、采购的重要性

采购已经成为企业经营的一个核心环节，是获取利润的重要来源，在企业的产品开发、质量保证、供应链管理及经营管理中发挥着越来越重要的作用。走出传统的采购认识误区、正确确定采购的地位，是当今每个企业在全球化、信息化市场竞争中赖以生存的一个基本保障，更是现代企业谋求发展壮大的一个必然要求。采购在企业中具有举足轻重的作用，这主要体现在以下几个方面。

（一）采购是企业的利润杠杆

采购在企业管理中具有重要地位的原因，首先在于采购存在"利润杠杆效应"。正是这个效应的存在，才使得企业的高层管理者们想方设法在采购上下功夫，为企业"挤"出更多的利润，也正是因为如此，才使得采购部门越来越受到微利时代企业高层管理者们的关注。例如，假设一个企业50%的资金用于采购原材料，其税前利润为10%，那么它每收入10万元，将获得1万元的利润，并且这10万元收入中将有5万元用于采购；再假设采购部经过努力降低了2%的采购成本，那么每月利润将增加1000元，如果换成通过增加销售来获取这1000元利润的话，那么要增加10%的销售额才能实现，即多卖1万元才行。显然，在目前普遍不重视采购管理的环境下，经过科学的管理，降低2%的采购成本，是有可能的，但对一个成熟的市场来说，增加10%的销售却不是一件容易办到的事情。

（二）采购是企业降低成本和技术革新的源泉

除了直接降低采购价格，采购也能够以一种间接的方式对企业竞争地位的提升做出贡献。这种间接贡献以产品品种的标准化、质量成本的降低和产品交货时间的缩短等形式出现。在实践中，这些间接贡献通常比直接节省的金钱更实在。

此外，随着经济一体化及信息全球化的发展，市场竞争日益激烈，顾客需求不断提升，迫使企业按库存生产；而同时，竞争的要求又迫使企业争取按订单生产。要解决这一矛盾，企业只有将供应商纳入自身的生产经营过程中，将采购及供应商的活动看成是自身供应链的一个有机组成部分，才能加快物料及信息在整体供应链中的流动，从而可将顾客所希望的库存成品向前推移为半成品，进而推移为原材料。这样既减少了整个供应链的物料及资金负担(降低成本、加快资金周转等)，又可及时将原材料、半成品转换成最终产品以满足客户的需要。在整个供应链管理中，"即时生产"是缩短生产周期、降低成本和库存的有效方法，同时又是能以最快的交货速度满足顾客需求的有效做法，而供应商的"即时供应"是开展"即时生产"的基本保证。

（三）采购是企业产品质量的保证

质量是产品的生命，采购物料不只是价格问题（而且大部分不是价格问题），更多应该考虑的是质量水平、质量保证能力、售后服务、服务水平、综合实力等。有些东西看起来买的便宜，但经常维修、经常不能正常工作，就大大增加了使用的总成本；如果买的是假冒伪劣商品，企业就会蒙受更大的损失。所以一般企业都将质量控制按时序分为采购品质量控制、过程质量控制和产品质量控制。

由于产品中价值的 60% 是经采购由供应商提供的，毫无疑问，产品的质量很大程度上受采购品质量控制（Incoming Quality Control，IQC，来料质量控制）的影响。也就是说，保证企业产品质量不仅要靠企业内部的质量控制，更依赖于供应商的质量控制，这也是"上游质量控制"的体现。上游质量控制得好，不仅可以为下游质量控制打好基础，同时可以降低质量控制成本，减少企业来货检验费用（降低 IQC 检验频率，甚至免检）等。经验表明，一个企业要是能将 1/4～1/3 的质量管理精力花在供应商的质量管理上，那么企业自身的质量（过程质量及产品质量）水平起码可以提高 50% 以上。可见，通过采购将质量管理延伸到供应商质量控制，是提高企业自身质量水平的基本保证。

同时，采购能对质量成本的消减做出贡献，当供应商交付产品时，许多公司都会进行进料检查和质量检查。所采购货物的来料检查和质量检查成本的减少，可以通过选择那些有严格的质量保证体系的供应商来实现。

采购不但能够降低所采购的物质或服务的价格，而且能够通过多种方式增加企业的价值，这些方式主要有支持企业的战略、改善库存管理、稳步推进与主要供应商的关系、密切了解供应市场的缺失等。因此，企业加强采购管理对提升核心竞争力具有十分重要的意义。

第二节　采购品分类

一个企业会购买各种不同的产品和服务。所有的采购都需要企业权衡哪些应该由企业自己制造，哪些应该从外部采购。对于大多数产品而言，公司做出自制或外购决策很容易。几乎很少有公司能够制造自己生产所需的设备、电脑和打印纸等，然而，所有公司都需要这些产品来维持生产的持续运营。难题在于，对于那些需要从外部采购的产品，公司应该选择哪个供应商才能得到最好的产品或服务。

下面将介绍一个典型的公司采购部门应该负责购买的各类产品和服务，需要注意的是，对于每类产品，公司都应该建立相应的指标以监控该类产品的实际库存数量。

一、原材料

采购的原材料种类包括石油、煤、木材以及诸如铜和锌等金属，其中也可能包括农作物原材料，如大豆和棉花等。原材料最主要的特征是没有经过供应商的任何加工。然而有些情况下，经过恰当的加工程序可以使原材料变得具有适销性，例如，铜需要进行提炼，以去除金属中的杂质。原材料的另一个重要特征是质量差异较大，例如，不同的铜在硫含量上就可能不同。原材料常常有不同的等级，以表示不同的质量水平，如此一来，企业就可以按照需求等级进行相应的采购。

二、半成品和零部件

半成品和零部件指从供应商处采购的用于支持企业最终生产的产品，其中包括零件、部件、组件和系统。一个汽车制造商采购的半成品和零部件可能有轮胎、座椅组件、轮毂轴承和汽车车架等。

半成品的采购是一项非常重要的采购任务，因为零部件对制成品的质量和成品都有重要的影响。惠普从佳能购买激光喷墨打印机引擎，该引擎是制成品的关键部件。惠普在进行此部件采购时非常谨慎，并与供应商保持密切的合作关系。无论是基本零部件的采购，还是复杂组件和系统的采购，这些产品的外购都增加了采购部门的负担。因为采购部门必须选出合格的供应商，才能够保证最终产品的质量和成本要求。

三、成品

所有公司都会从外部供应商那里采购成品以满足内部使用。采购的产品也可能包括在转售给最终消费者前不需要深入加工的产品，企业可能会将别家制造企业生产的产品贴上自己的品牌进行销售。为什么公司要采购制成品进行转售呢？因为有些公司具有优秀的产品设计能力，于是集中精力在设计上，而将产品外包给专门的生产商。典型的例子有IBM、惠普、SUN、思科及通用汽车等。外购成品可以让公司提供全系列产品。采购部必须与制成品的生产商紧密合作，以制定合理的物料规格。虽然买方企业并不生产最终产品，但是要保证在技术规格和质量要求上，其采购的产品符合工程部和最终消费者的要求。

四、维护、维修和运行设备的物料与服务

维护、维修和运行（Maintenance Repair and Operating，MRO）指那些在生产过程中不直接构成产品的物料和服务。然而，这些物料和服务对公司的运营至关重要，主要包括备用零件、办公和电脑用品及环境清洁用品。这些产品分布在整个企业或组织的各个角落，因此对MRO库存状况的监控很困难。一般，只有在用户提交MRO请购单时采购部才会知道何时进行MRO产品的采购。由于各个部门和地方都需要使用MRO项目，采购部门就有可能收到数千份小规模的采购申请单，所以有些采购人员称MRO为麻烦产品。

过去，大多数公司企业对MRO关注很少。因此，它们对MRO库存投资的追踪关注程度，没有像对生产性采购那样重视，它们有太多的MRO供应商。随着库存系统电脑化程度的不断发展，以及公司越来越意识到MRO采购成本的升高，它们开始正视如何控制MRO库存。美国联邦快递与史泰博公司（Staples）签订的协议使采购部免去了对办公服务器进行追踪的负担。取而代之的是，史泰博公司在网上列出的所有服务器和相应价格，消费者只需点击需要的产品，第二个工作日供应商就会将商品送至消费者处。

五、资市设备

资本设备采购是指购买拟用超过一年的资产。资本设备的采购包括多种类型。第一种类型是指标准的普通设备，无任何特殊要求，常见的如用于物料搬运的设备、电脑系统和家具等。第二种类型是指经过特殊设计可满足采购者特定需求的资本设备，如专门化的生产机器、新制造车间，用于专门用途的机床及发电设备等。对于第二种类型设备的采购，需要买卖双方彼此给予紧密的技术支持与合作。

资本设备的采购有别于其他采购的几个特点是：

（1）资本设备的采购频率低。例如，一台生产机器可以持续使用10～20年，一个新工厂或变电所也许30年之内仍在使用，而办公家具甚至可以用到10年以上。

（2）资本设备的采购成本很高，金额范围很大。高额采购合同需要财政和行政部门批准。考虑到会计记账的目的，大多数资本设备都会随时间产生折旧。

（3）资本设备的采购极易受到整体经济环境的影响。

买方很少在一个大型工程进行的中途换供应商。同时，在资本设备送达却又不满意时，买方也很难将其处置。此外，由于买卖双方之间的合作关系可能会持续很多年，所以买方必须首先考虑卖方为设备提供服务的能力。选择一个不合格的供应商来提供资本设备，其后果影响可能要持续好几年；反之亦然，选择一个高效的供应商，其益处和优势也会持续好几年。

六、运输和其他服务的采购

运输是一项重要的专业化的服务采购。20世纪80年代之前，采购部门很少亲自处理运输事宜。但是，20世纪70年代末80年代初，航空运输业、公路运输业都相继出台了法律，放松了行业管制。法律允许采购方和个体运输承运人签订服务协议，并就费率折扣进行谈判。通常供应商会为采购者安排运输，并将运输成本作为采购成本的一部分。

采购部不但要管理采购的运输问题，还要管理物料出库及入库问题。通常，采购部评估和选择物流供应商的方式和评估生产性供应商的方式相似。买方也会选择那些为整个公司提供合作运输和物流服务的供应商，包括仓储、包装甚至装配。

第三节　采购的基本原则和流程

一、采购的基市原则

企业采购过程中要遵循哪些原则，才能使采购的效益最大化呢？采购专家提出应用"5R"原则指导企业采购活动，也就是在适当的时候以适当的价格从适当的供应商处买回适当数量和适当质量物品的活动。

（一）适价（Right Price）

价格永远是采购活动中的敏感焦点，企业在采购中最关心的要点之一就是采购能节省多少资金，因此采购人员不得不把相当多的时间与精力放在跟供应商的"砍价"上。物品的价格与该物品的种类、是否为长期购买、是否为大量购买及市场供求关系有关，同时与采购人员对该物品的市场状况熟悉程度也有关系，如果采购人员未能把握市场脉搏，供应商在报价时就有可能"蒙骗"采购人员。一个合适的价格往往要经过以下几个环节的努力才能获得。

1. 多渠道获得报价

多渠道报价不仅要求有渠道供应商报价，还应该要求一些新供应商报价。企业与某些现有供应商的合作可能已达数年之久，但它们的报价未必优惠。获得多渠道的报价后，企业就会对该物品的市场价有一个大体的了解，并进行比较。

2. 比价

俗话说"货比三家"，因为专业采购所买的东西可能是一台价值百万或千万元的设备，或年采购金额达千万元的零部件，这就要求采购人员必须谨慎行事。由于供应商的报价单中所包含的条件往往不同，故采购人员必须将不同供应商报价中的条件转化一致后才能进行比较，只有这样才能得到真实可信的比较结果。

3. 议价

经过比价环节后，筛选出价格最适当的两至三个供应商，让其进入报价环节。随着进一步的深入沟通，不仅可以将详细的采购要求传达给供应商，而且可进一步"杀价"，供应商的第一次报价往往含有"水份"。但是，如果采购物品为卖方市场，即使是面对面地与供应商议价，最后所取得的实际效果可能也不会太理想。

4. 定价

经过上述三个环节后，买卖双方均可接受的价格便作为日后的正式采购价，一般需保持两至三个供应商的报价。这两三个供应商的价格可能相同，也可能不同。

（二）适质（Right Quality）

一个不重视品质的企业在今天激烈的市场竞争环境中根本无法立足。一个优秀的采购人员不仅要做一个精明的商人，同时也要在一定程度上扮演管理人员的角色，在日常的采购工作中要安排部分时间去推动供应商改善、稳定物品品质。

采购物品品质达不到使用要求的严重后果是显而易见的，来料品质不良，往往会导致以下不良后果：

（1）导致企业内部相关人员花费大量的时间与精力去处理，会增加大量的管理费用；

（2）往往在重检、挑选上需花费额外的时间与精力，造成检验费用增加；

（3）导致生产线返工增多，降低产品质量，降低生产效率；

（4）导致生产计划推迟进行，有可能引起不能按承诺的时间向客户交货，会降低客户对企业的信任度；

（5）会引起客户退货，有可能令企业蒙受严重损失，更甚者还会丢失客户。

（三）适时（Right Time）

企业已安排好生产计划，若原材料未能如期到达，往往会引起企业内部的混乱，即产生停工待料，当产品不能按计划出货时，会引起客户强烈不满。若原材料提前太多时间买回来放在仓库里等着生产，又会造成库存过多，大量积压采购资金，这是企业很忌讳的事情。故采购人员要扮演协调者与监督者的角色,去促使供应商按预定时间交货。对某些企业来讲,交货时机很重要。

(四) 适量(Right Quantity)

批量采购虽有可能获得数量折扣,但会积压采购资金;而采购量太少又不能满足生产需要,故合理确定采购数量相当关键,一般按经济订购量采购。采购人员不仅要监督供应商准时交货,还要强调按订单数量交货。

(五) 适地(Right Place)

天时不如地利,企业往往容易在与距离较近的供应商的合作中取得主动权,企业在选择试点供应商时最好选择近距离供应商来实施。近距离供货不仅使得买卖双方沟通更为方便,处理事务更快捷,亦可降低企业采购的物流成本。

越来越多的企业甚至在建厂之初就考虑到选择供应商的"群聚效应",即在周边地区能否找到企业所需的大部分供应商,这对企业长期的发展有着不可估量的作用。

采购人员都有这样的体会,就是在实际的采购工作中很难同时满足上述"5R"中的所有方面,因此为了特别满足某一方面的要求,其他方面就需要做出一定的牺牲。例如,若过分强调品质,供应商就不能以市场最低价供货,因为供应商在品质控制上投入了很多精力,它必然会把这方面的部分成本转嫁到它的客户身上。因此,采购人员必须综观全局,准确地把握企业对所购物品各方面的要求,以便在与供应商谈判时提出合理的要求,从而争取有更多机会获得供应商合理的报价。

二、采购的基本流程

由于公司类型不同,具体的采购流程可能各不相同,但总体来说,通常要包含的采购业务内容主要有下列几项:明确采购需求、制定采购计划、选择供应商、签订采购合同、发出订单、交货验收、采购绩效评价以及售后服务等。就具体每一项来说,主要内容如下。

(一) 明确采购需求

确定和预测消费者对某一物料产品或服务的需求是采购流程的第一步。物料需求可能包括仪器设备、零部件、原材料、部件甚至制成品。用户(或内部消费者)首先确认对物料或服务的需求,并将此需求告知采购部门。内部消费者的需求通过各种方式表现出来(见表1-1),包括工作描述、采购需求申请、客户订单、常规订货系统、盘点存货以及在新产品开发阶段所识别的需求。

明确采购需求的目的,是向供应商提供满足用户需求所需的信息。因此,在采购说明中体现这些预期很重要。否则,供应商可能会满足采购说明的需求,但却不能满足用户的实际需求。准确地明确需求是最根本的,因为它是成本、效果和利润的主要决定因素,含混不清或错误的采购说明将导致:产品或服务供应的中断和延迟(如由于向供应商提供补充信息、澄清或改正错误花费的时间并由此造成供应中断和延迟);多余的产品或服务贡献的额外成本(如调整运行的成本)等。

尽管识别消费者对产品或服务的需求有多种措施,但采购需求申请或者工作描述却是使用最多的。虽然采购需求申请的格式多种多样,但一般都包括如下主要内容:

(1) 对所需的物料或服务的具体描述;

（2）需求的数量、需要的具体时间；

（3）估计单位成本；

（4）相关运营费用；

（5）请购日期；

（6）所需时间；

（7）授权签名。

有时公司会需要某些服务。例如，营销部也许需要一次广告宣传，研发部需要一次临床试验，抑或是人力资源部需要打印一份宣传单。在这样的情况下，用户需要完成一份工作说明书（Statement of Work，SOW），以确切说明工作的主要内容、何时需要该项服务，以及要求何种类型的服务提供商。

表 1-1　请购单

项　目	品　　名	规　格	型　号	数　量	单位价格	总金额
	总金额			RMB：		
	供应商名称及联系电话					报价
	到货时间及付款条件					
备注						
审批（所有申请）（部门经理）			审批（人民币 5000 元以下）〔总监〕			
审核（所有申请）财务经理			审批（人民币 5000 元以上）（总经理）			
最终审批（人民币 15 万元以上）（总裁/首席执行官）						
总监		总裁		人力资源部		

（二）制定采购计划

采购部门根据企业各部门传递过来的请购单，制定本企业一定时间内的采购计划。采购部门在根据请购单制定企业采购计划的时候，会保留其对于最终采购品的质疑权。比如采购部门还可能会提出低成本物料是否能满足工程部门一再强调的高承受力要求。采购部门对于物料规格的质疑权避免了出现下述情况：最终的规格要求只有最受用户欢迎的一家供应商能够满足。对各种不同要求的审查可能会挖掘出不同使用者实际上需求的是同一种物料，通过整合各类使用者的不同需求，采购部门通常会降低总采购成本。

（三）选择供应商

在说明书中定义和描述采购需求之后，购买者就可以开始市场考察了。实际上这些步骤相互交织。在制定出技术规范后，会进行实际可行性和成本评估。依据采购规模的大小，以及公司是否曾经在同一家供应商采购过物料，可以使得采购流程有各种不同的步骤。一旦识别了用户需求，系统就会检查是否有已经被核准过的供应商被输入到了资料库中。对于重复性订购，大部分情况下采购部门可能已和某个供应商就某种确定的产品签订了合同，商议好交货、定价、交易质量等，并且供应商已经将此记录到系统中。

实践中供应商的选择包含了下述几个独立的步骤：

（1）决定对外转包的方法；

（2）供应商资格的初步认定和确定投标人名单；

（3）为报价申请和收到的标书的分析做准备；

（4）选择供应商。

选择供应商首先要解决的问题就是在总包和分包之间做出选择。在总包的情况下，完成整个任务（经常包括设计工作）的责任被交给了供应商。在分包中，任务被分成了几个部分，分别包给不同的供应商，协调工作由委托人负责。分包通常能够节约开支，但是它也有很多明显的缺点。

（四）签订采购合同

选定供应商之后就要制定一份合同。对于不同的产业，合同可能涉及特定的附加条款和条件。购货协议的技术内容自然取决于所要购买的产品或项目。特定的商业和法律条款与条件依据每份合同的变化而不同，而差异是由采购政策、公司文化、市场情况、产品特征等引起的，这限制了标准购货合同的使用。接下来，讨论购货协议的几个重要方面。对于交货价格和条件，通常购买者会坚持固定的价格，这是通过竞标或谈判达成的，它是委托人和供应商都可以接受的。财务责任必须明确界定。理想情况下，供应商应当愿意接受所有的风险，在这个范围内，这些都不是排除在契约之外的。从成本控制或预算管理的远景来看，选择固定价格是毫无疑问的。在实践中，购货协议中会用到不同的价格协议。

（五）发出订单

在合同的条款和条件达成一致并记录在案后，订单就可以发出了。有时，合同实际上就是购货订单。在其他时候，例如在常规采购时，购买方会就滚动式合同进行谈判，包括较长时间内需要的材料（一年或更长时间）。接下来，购货订单按照这个合同发出。在这种情形中，订约和订购是独立的行动。

在向供应商订货时，发给供应商明确的信息和指令是十分重要的。通常，购货订单会包括下列要素：订单编号、产品的简要说明、单价、需求数量、期望的交货时间或日期、交货地址和发票地址。所有这些数据都需要由供应商发出，在简化电子匹配的交货单据和发票中反映出来。

通常，供应商会被要求就收到的每一份购货合同递送订单。同时，供应商的交货单据和发票构成了购买者的厂商考核制度的基础(有关此问题更加详细的讨论见供应商管理一章)。

(六) 交货验收

在产品或设备交货以后，必须对其进行检查以确保它们能够满足规定的要求。虽然有好的合同和购货订单，在交货时还是会出错。例如，交货时间可能不为供应商所重视，采购的原料可能发生质量问题，供应商可能会要求为他们的产品支付比所允许的价格更高的价格等，因此公司拥有关于所有可能发生问题的报告制度是非常重要的。应当通过供应商意见报告程序，每天报告质量和交货问题。这些问题应当立刻传达给供应商以防止将来发生同样的问题。

总之，采购者在订购至规划预算支出阶段的价值增值主要在于：

(1) 在购货公司和供应商之间发展有效的订货程序；

(2) 核实供应商确认了所有的购货订单；

(3) 发展和实行由计算机支持的预算支出和检查区分的方法；

(4) 维持关于关键采购和供应商信息的由计算机支持的数据库(最好按关键技术分类)；

(5) 为订单处理发展健全的程序；

(6) 实施有效的"问题解答"流程。

(七) 绩效评价及售后服务

采购部门在新产品或新设施投入使用之后还要发挥作用。在这个阶段，与供应商有关的可能出错的和需要考虑的事情主要有：

(1) 结算担保赔偿和罚款条款；

(2) 结算超出或少于说明书中规定的工作成果；

(3) 编制购货记录和供应商资料；

(4) 记录项目评价等。

对于超额的工作，必须事先将其向委托人汇报，并且需要委托人给予许可；采购人员加班必须向采购经理汇报以使采购成本保持明确；此外，还应对随后递交的发票进行适当的管理。

对于投资货物、维修活动等这些将在一段时间之后才会被关注的采购项目，采购者必须保留与每个供应商打交道的详细记录。购买者要留意供应商的质量和交货记录、竞争和创新能力，因为这些数据会导致所谓的卖主评级的调整。拥有最新的关于每一个供应商实际能力的全面记录是十分重要的。汇报的这类信息，对于采购管理和供应商管理来说，都是由采购部门贡献的附加价值的主要来源。因为这类信息可在随后的采购循环中汇编成"竞标者候选名单"，用于将来的项目决策和合同谈判。通过这种方法，公司能够保证与那些确实有能力的供应商进行合作。当公司学着用这种方法运作时，通常会导致供应商基数的减少。于是，公司会逐渐将其业务集中于较少但是能力更强的供应商上。在售后服务阶段，采购者的价值增值主要在于：

(1) 进行说明书中没有包括的工作的理赔；

(2) 通过详细的卖方评级系统记录用户关于特定的产品和供应商的反馈；

（3）记录维修经验；

（4）对备件供应和维修有关协定进行监督。

采购管理的基本流程如图 1-1 所示。

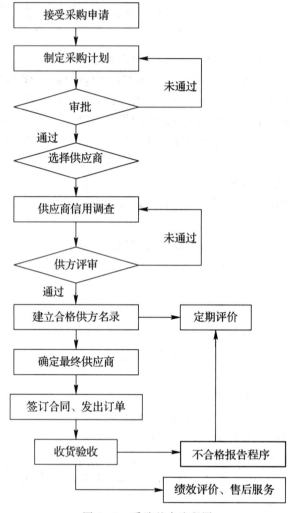

图 1-1　采购基本流程图

第四节　供应链环境下的采购管理

采购是企业的一项基本职能，供应链管理是在市场条件和经济形势日益变化、在采购理论和实践不断发展的基础上逐步形成的。当今时代，由于市场竞争的日益加剧，企业越来越重视供应链管理，企图从整体供应链绩效的提升上面获取竞争的优势。

在供应链环境下，企业间由单一的竞争关系转变为共同利益下的协同合作关系。这也意味着企业的采购模式必须从供应链整体利益的角度对传统的单一竞争模式进行优化，才能降低企业采购成本和库存，从而协调整个供应链的流程运作，取得供应链整体效益的最大化。

一、采购在企业生产及供应链中的重要地位

采购是沟通生产需求和物资供应的纽带，也是联系企业原材料和半成品生产之间的桥梁。可以通过加强采购管理来增强供应链的系统性和集成性，提高企业敏感性和响应性，从而使供应链系统实现无缝连接，为提高供应链上企业的同步化运作效率打下基础。

采购成本是企业成本控制中的主体和核心部分。对于典型的制造型企业来说，采购成本（包括原材料和零部件）要占产品总成本的60%，例如，汽车行业的采购成本约占一辆车成本的80%。可见，采购成本直接影响着企业最终产品的定价和企业的利润，良好的采购将直接增加企业的利润和价值，有利于企业在市场竞争中赢得优势。

同时，合理采购对提高企业竞争能力、降低经营风险也具有极其重要的作用。一方面，科学的采购不仅能降低产品生产成本，而且也是产品质量的保证；另一方面，合理采购能保证经营资金的合理使用和控制，从而以有限的资金有效开展企业的经营活动。

随着经济全球化和信息网络技术的高速发展，全球经济运行方式和流通方式产生了巨大变化，企业采购模式也随之不断发展。供应链中各制造商通过外购、外包等采购方式从众多供应商中获取生产原料和生产信息，采购已经从单个企业的采购发展到了供应链上的采购。在供应链中，采购使供应链上各节点间的联系和依赖性进一步增强，对于降低供应链运作成本，提高供应链竞争力起着越来越重要的作用。

二、供应链环境下采购管理的特点

供应链管理是一种现代的、集成的管理思想和方法，是利用计算机网络技术全面规划供应链中的物流、信息流、资金流等，实行计划、组织、协调与控制，采用系统方法整合供应商、生产制造商、零售商的业务流程，提高成员企业的合作效率，使产品及服务以正确的数量、质量，在正确的时间、地点，以最佳的成本进行生产与销售。供应链管理模式下的采购与传统采购模式相比，发生了多个方面的转变。

（一）采购方式的转变

从为库存采购到为订单采购的转变，是采购方式转变的最直接体现。在传统的采购模式中，采购的目的就是为了补充库存，即为库存而采购，采购过程缺乏主动性，采购计划较难适应需求的变化。在供应链管理模式下，采购活动紧紧围绕用户需求而发出订单，因而不仅可及时满足用户需求，而且可减少采购费用，降低采购成本。订单驱动的采购和传统的采购有如下的不同：

（1）采用较少的供应商。在供应链的管理环境中，一般都采用较少的供应源。一方面，管理供应商比较方便，有利于降低采购成本；另一方面，有利于供需之间建立稳定的合作关系，质量比较稳定。

（2）对交货准时性的要求不同。交货的准时性是整个供应链能否快速满足用户需求的一个必要条件。作为供应商来说，要使交货准时，一方面要不断改进企业的生产条件，提高生产的可靠性和稳定性，另一方面要加强对运输的控制。

（3）对于信息共享的需求不同。即时制采购要求供应和需求双方信息高度共享，同时

保证信息的准确性和实时性。

（4）制定采购批量的策略不同。可以说小批量采购是即时制采购的一个基本特征，相应地增加了运输次数和成本，对于供应商来讲当然是很为难的事情。这一问题的解决可以通过混合运输、供应商寄售等方式来实现。

（二）采购管理对象的转变

从内部资源管理向外部资源管理的转变，是采购对象转变的重要特征。在传统的采购模式中，采购管理注重对内部资源的管理，追求采购流程的优化、采购环节的监控和与供应商的谈判技巧，缺乏与供应商之间的合作。在供应链管理模式下，采购管理转向对外部资源及对供应商和市场的管理，增加了与供应商的信息沟通和对市场的分析，加强了与供应商在产品设计、产品质量控制等方面的合作，实现了超前控制以及供需双方合作双赢的局面。

（三）与供应商关系的转变

随着经济管理模式的发展，供需双方从一般买卖关系向长期合作伙伴关系甚至到战略协作伙伴关系不断转变。在传统的采购模式中，与供应商的关系是一般短期买卖关系，采购理念停留在压榨供应商、频繁更换供应商上，无法共享各种信息。在供应链模式下，与供应商建立长期合作伙伴关系甚至到战略协作伙伴关系，共享库存和需求信息，共同抵御市场风险，共同研究制定降低成本的策略，把相互合作和双赢关系提高到全局性、战略性的高度。

三、供应链环境下采购管理的模式

企业的采购应该着眼于供应链的整体框架，考虑供应的速度、柔性、风险，优化采购模式，从单一的竞争性采购模式变成为集中采购、全球采购、准时采购等多种模式及其优化组合，以增强供应链的竞争力。

（一）采购优化模式

1. 集中采购模式

集中采购是相对于分散采购而言的，即采购组织同时为多个企业实施采购，通过全面掌握多个企业的需求情况，与供应商签订统一合同，实现大批量订购，利用规模优势，提高议价能力，从而大大降低采购成本。

2. 全球采购模式

利用全球的资源，基于电子商务交易平台，整合互联网技术与传统工业资源，在全世界范围内寻找供应商和质量最好、价格合理的产品。全球采购在地理位置上更加拓展了采购的范围，也是大型企业全球化战略的必然要求。例如戴尔公司全球采购的实施是通过建立全球采购中心、设立众多国际采购网点以提高采购效率，在全球范围内采购 5000 多种零部件。这种全球化采购模式充分发挥了现代物流、信息流的功用，使戴尔的采购成本降到了最低。

3. 准时采购模式

准时生产的基本思想是只在需要的时候、按需要的量生产所需的产品，是在多品种、小批量混合生产条件下高质量、低消耗的生产方式，其核心是追求无库存的生产系统或使库存最小化。所以，准时采购模式建立在供需双方互利合作的战略伙伴关系的基础上，当需求商对原材料或半成品的需求产生时，有能力适时地从供应商处得到质量可靠的所需物料。准时化采购模式在降低原材料和外购件的采购价格、大幅度减少原材料和外购件的库存、提高生产率等方面作用明显。例如，生产复印机的美国施乐（Xerox）公司通过实施准时化采购，使该公司采购物资的价格下降了 40%～50%，库存降低了 40%，劳动生产率提高了 2%。

（二）采购模式优化过程中应注意的问题

通过采购模式的优化，可以提高采购效率、降低采购成本，使采购的过程公开化，促进采购管理定量化、科学化，实现生产企业从为库存而采购到为订单而采购的转变，实现采购管理从内部资源管理向外部资源管理的转变。在采购模式的优化过程中，应注意与企业内外部的协同、与供应商关系的管理、健全采购绩效评估体系以及采购流程合理管理等问题。

1. 注重与企业内外部的协同

企业的采购要实现高效，就需要企业各业务部门的协同配合，包括设计开发部门、生产部门、财务部门等。采购模式的优化过程中，要注重采购部门与其他相关部门（尤其是生产部门）的流程重组，逐渐从注重功能集合向注重流程重组上转移，加强采购流程在企业内部的沟通和协调，充分发挥采购职能。

采购作业不仅需要与企业内部协同，而且更重要的是与外部供应商企业协同。这种协同不仅包括与供应商在库存、需求等方面通过信息的共享及时调整采购计划及执行过程，更为重要的是与供应商的全程协同，即在产品研发过程当中和供应商进行同步开发。此外，注重对采购价格的协同，以保持最佳的价格竞争优势。

2. 加强与供应商合作关系的管理

集中采购、全球采购等现代采购模式，一方面促使供应商向专业化的方向发展；另一方面使生产商在更广的范围内挑选更为合适的供应商成为可能和必需。在全球供应链的环境下，采购方和供应方协同合作的难度不断增加，任何一方的失误都会造成供应链效率和利润的低下。可见，切实加强与供应商合作关系的管理在采购模式的优化过程中尤为重要。为此，要加强对供应商的选择与评估，建立并协调与供应商的战略合作关系，拟定产品共同开发计划，将采购作业与供应商的工作流程衔接，直接处理跨越双方的综合业务等。

3. 实行合理的采购流程管理

在流程管理方面，应注重企业采购流程的管理，加强生产计划、物料需求计划和采购之间的协调运作。加强核心采购流程的设计，降低采购工作的随意性。以年度采购计划预算编制流程为例，如果没有明确的采购计划，缺乏对采购需求的分析和对供应商的培养，就会导致大量的常规采购变成突发性的临时采购，使生产成本大幅上升。

4. 健全采购绩效评估体系

企业通过健全采购绩效评估体系并持续进行评估，可以及时、有效地发现采购作业中的问题，制订改善措施和解决方案，确保采购目标的实现和绩效的提升。对于绩效评估体系的健全，可通过建立包括采购（计划完成及时率）、物料质量（来料合格率）、采购成本（价格差额比率)、采购周期、供应(供应准确率)、库存(库存周转率)、服务满意度等指标体系来进行评估。

（三）供应链环境下双赢管理模式的建立

双赢关系模式是一种供应商和生产商之间共同分享信息，通力合作和协商的相互行为。

1. 供应链管理下的双赢管理模式的基本特征

（1）制造商对供应商给予协助，帮助供应商降低成本、改进质量、加快产品开发进度。

（2）通过建立相互信任的关系提高效率，降低交易、管理成本。

（3）长期的信任合作取代短期的合同。

（4）比较多的信息交流。

2. 供应链管理下的双赢关系对于采购中供需双方的作用

（1）增加对整个供应链业务活动的共同责任感和利益的分享。

（2）增加对未来需求的可预见性和可控能力，长期的合同关系使供应计划更加稳定。

（3）成功的客户有助于供应商的成功。

（4）高质量的产品增强了供应商的竞争力。

（5）增加对采购业务的控制能力。

（6）通过长期的、有信任保证的订货合同，为满足采购的要求提供保证。

（7）减少和消除了不必要的对购进产品的检查活动。

3. 建立与维护与供应商的双赢关系

（1）信息交流与共享机制。具体包括：第一，在制造商与供应商之间经常进行有关成本、作业计划、质量控制信息的交流与沟通，保持信息的一致性和准确性；第二，实施并行工程；第三，建立联合的任务小组解决共同关心的问题；第四，供应商与制造商经常互访；第五，使用电子数据交换和因特网技术进行快速的数据传输。

（2）有效的激励机制。要维护供应链上的双赢关系，必须建立有效的激励机制，针对不同企业对于供应链贡献的大小，取得合适的利润。因此，对于供应链上的核心企业，必须能够建立起适合整个供应链发展的有效激励机制。

（3）双方核心竞争力的建立。要实现双赢，需要各节点企业充分发挥自身的核心能力。一些优秀企业之所以能够以自己为中心构建起高效的供应链，就在于它们有着不可替代的核心竞争力，并且仰仗这种竞争力把上下游的企业串在一起，形成一个为顾客创造价值的有机链条。如果说贡献是供应链企业每一个成功伙伴关系"存在的理由"，每个节点企业的核心竞争力就是实现双赢的条件。对每一辆汽车而言，通用的核心竞争力表现在整车的设计制造能力上，而米其林轮胎具有独一无二的特性，所以，要实现供应链的互利共赢，需要各节点企业为整个供应链做贡献，而贡献的多少取决于各节点企业是否不断强化自身的核心竞争力。

（4）与供应商建立长期的战略伙伴关系。通过给供应商提供需求信息、反馈物资使用情况或加强对供应商的业务培训，与供应商建立良好的合作关系，帮助供应商建立起促进和保证质量的机制。为抓好源头，还可以参与供应商的产品设计和产品质量控制过程，共同制定有关产品的质量标准，促使供应商采用新技术、新材料、新方法，以提高产品质量和性能，降低采购风险，真正实现以"双赢"为目的的战略联盟。

（5）合理的评价方法和手段。通过建立科学的评价方法和评价手段，有利于激励供应链上企业的积极性，发展自身的核心竞争力，从而有利于整个供应链的利益。

第五节　采购与供应链管理的成功因素

对于采购和供应链管理而应，有的企业做的非常成功，并且从采购和供应链管理中受益颇丰，而有的公司尽管也采用了采购与供应链管理中的相关理论，但并没有获得理想的结果。究其原因，两类企业的区别主要在于是否抓出了采购与供应链管理的四种驱动因素。这些驱动因素可以提供支持，使得制定渐进式战略和方法成为可能。

一、合格的人力资源

采购与供应链管理专家现在所需的知识和技能与几年前相比有所不同，有效的供应链管理需要与设计部、采购部、物流部、供应商、客户及营销部进行密切的合作与配合，来协调供应链上的活动及物料流动。

在此过程中，成本管理技能变得日益重要起来。由于不能提高客户价格，所以从长期来看，成本管理对于成功至关重要。例如，国内一家重要的化学公司里，采购专家利用总成本模型来评估主要的供应决策，模型中的数据由供应商和其他来源提供。另外一家公司要求其团队识别上游的、除了直接供应商以外的其他供应商的成本驱动因素，以便寻求改进机会。成本管理已成为采购与供应链管理中不可或缺的部分。

采购与供应链管理团队成员若想获得正确的技能，需要良好的人力资源战略，其中包括公司内部对具有很大潜能的个人进行培训，从其他职能团队或公司招募人才，以及雇用有希望的大学毕业生。所有这些都是为了一个主要目标：确保有合格的人员为满足采购与供应链对人才的要求提供支持。

二、合适的组织结构

组织设计包括评估和选择交流、人力分工、协调、控制、权利、职责的结构和正式系统的流程。这些结构和系统用来实现包括供应链目标在内的组织最终目标和具体目标。虽然正式的图表能够阐明一个组织的正式设计，但他们所呈现的不是完整的图。组织设计不仅仅是图表中的一系列线或框，一个比较好的组织设计应该具有以下特征：

（1）集中管理的供应团队；

（2）协调采购和供应链活动的执行责任；

（3）将供应人员和内部客户进行恰当搭配；

（4）管理供应链流程的跨部门团队；

（5）业务单元间的供应战略协调和审查；

（6）与供应商进行协调的采购方-供应商执行协会。

以上这些特点能够较好地促进采购目标的实现。

将团队作为供应链设计的一部分仍然很重要，不过，经理们应该有选择地使用团队。

关于证实组建团队与更高的绩效之间有明显联系的研究并不多，而关于评估团队对企业绩效作用的定量研究就更少。采用组织团队的方法为实现采购和供应链目标提供支持，从理论上来讲是行之有效的办法，但并不能保证一定会更有成效。

三、实时共享信息技术的能力

近年来，信息技术软件和平台开发得到了巨大的发展。这些软件和平台主要有两大好处：供应链计划和供应链管理。计划软件旨在提高预测的精确度，优化生产计划，降低周转资金成本和运输成本，缩短交易周期和改善对客户的服务。应用或管理软件有助于获取物料并管理从供应商到下游分销商的实物流动，以确保客户在正确的时间、地点以合理的成本接收到正确的产品。

不管采用哪种信息技术平台或软件，供应链系统都应实时地或接近实时地在各个职能部门和企业间获取信息并进行共享。这可能包括利用全球定位系统传达运输工具的位置，利用基于网络的 EDI(Electronic Data Interchange，EDI，电子数据交换)系统将物料要求传给供应商，或利用条形码技术来监控能否及时接收到来自供应商的货物。在不久的将来，射频识别标签将会获取供应链上有关物料和产品移动的实时数据信息。

有关信息技术和优秀供应链的例子非常多。万尼迪福尔(VanitylFair，VF)是一家服装公司，其 1996 年牛仔裤的销售额超过 50 亿美元。VF 的目标是使零售商的货架上始终有合适的式样和尺码，不让顾客空手而归。实现这一目标依赖于 VF 的"市场反应系统2000"最新式的库存补充管理系统，它为 VF 的 14 个分部和几千家客户零售店服务。如在沃尔玛，VF 的计算机跟踪货架上的每一条牛仔裤，当某条牛仔裤通过沃尔玛的收银机时，其 UPC 标签被扫描，迅速将信息通过卫星传送到 VF 的计算机系统中，VF 计算机物流系统立即发出信息，几小时后，就会从工厂再送一条同样的牛仔裤来。同时，根据销售情况确定的订货单每天通过卫星通信发到 VF 的供应商那里。这些合作伙伴们立刻开始准备材料、安排供应，使整个物流持续运转，不断地满足顾客要求，提高对顾客需求的反应速度。

四、合理的考核指标和考核体系

目前大多数企业并没有意识到考核和绩效改进之间的重要关系，《采购》杂志对于美国市场的一项调查表明，51％的被调查公司都缺少能够考核供应商绩效的系统，而这是有效供应链的关键构成部分。此外，只有 1/10 被调查公司对自己享有的考核系统状况比较满意。美国供应链管理协会进行的一项研究也表明，大多数供应链经理都只关注监督内部供应链活动或部门的绩效，而不重视跟踪供应链和物流流程中的"端对端"的绩效。国内企业的供应链考核指标和考核体系与国外相比，水平相对来说要低一些。因此，对于国内企业来说，合理的考核指标和考核体系对于提高目前的采购和供应链管理水平至关重要。

为什么说绩效考核很重要呢？这主要基于以下几点原因：首先，客观的考核有助于做出以事实为基础的决策而非主观决策。同时，考核也是将需求传达给供应链上其他成员并促进其持续改进和变化的理想方法。《采购》杂志的调查中也显示，70％的被调查公司相信他们的供应商考核系统显著地提高了被考核供应商的绩效水平。并且，通过将关键指标和期望业务结果联系起来，考核还能表现什么是重要的，什么是不重要的。考核流程还有助于判定新的举措是否产生了期望的结果。最后，考核可能会是管理采购与供应链活动和流程唯一最好的方法。

一般来说，有效合理的考核指标体系应该满足下列标准：

（1）使用从可靠来源获得的数据资料；

（2）对创造价值的因素进行量化；

（3）采用随时间而变化的目标；

（4）依靠标杆管理来制定绩效目标；

（5）将商业最终目标和具体目标连接起来；

（6）以效率和效力考核指标为特征；

（7）分配所有权和责任。

这四种驱动因素有助于推动渐进式方法和战略的制定，这些方法和战略可以用来解释采购和供应链的优点。如果组织忽视了这些力量，他们将会看到，在制定积极战略和方法方面，自己落后于那些强调这些驱动因素的竞争对手。

本 章 小 结

采购管理是指为了保障企业物资供应而对企业的整个采购过程进行计划、组织、指挥、协调和控制。组织好企业的采购活动，不仅有助于优化企业采购管理，而且可以有效地推动企业各项工作的发展。通过实施科学的采购管理，可以合理地选择采购方式、采购品种、采购批量、采购频率和采购地点。可以以有限的资金保证企业生产经营的需要，在企业降低成本、加速资金周转和提高产品质量等方面发挥重要作用。

采购就是实现对整个企业的物资供应，有四个基本目标：一是适时适量地保证供应；二是保证质量；三是费用最省；四是协调供应商，管好供应链。

企业采购管理的主要内容有：制定采购计划；组织与实施采购计划；监督、评价和分析采购活动。

在当前供应链环境下采购管理出现了一些新的特点和新的模式，本章对此进行了详细介绍。

目前国内在采购与供应链管理方面，做得优秀的企业并不多。那么，国际上成功进行采购和供应链管理运作的公司，其成功的因素主要有哪些呢？主要体现在四个方面：合格的人力资源；合适的组织结构；实时共享信息技术的能力，最后还要具备合理的考核指标和考核体系。

思 考 与 讨 论

1. 简述采购的含义和地位。

2. 为什么越来越多的执行经理开始认识到采购的重要性了？

3. 简述采购品的分类。

4. 简述采购的基本原则和流程。

5. 列举一些可能会影响采购对企业成功与否重要性的因素。

6. 供应链环境下采购管理有什么新的特点？

7. 采购与供应链管理的成功要素包括哪些？如何理解合适的组织结构这一要素？

8. 讨论全球范围内竞争的加剧与供应链概念的发展之间的关系。

案例分析

第二章 采购组织管理

☞ **本章学习目标**

(1) 掌握采购部门在组织中的地位的决定因素；

(2) 熟悉采购部门的职责；

(3) 了解采购组织的设计原则；

(4) 掌握采购组织的基本类型；

(5) 了解采购经理的职责；

(6) 掌握供应链背景下对于采购人员提出的新要求；

(7) 熟悉采购部门与企业中其他部门之间的配合关系；

(8) 了解未来采购组织的特征。

考虑通过供应链管理获得竞争优势的各种方式时，我们经常听到的是诸如信息技术、外包、成本管理技术或战略性伙伴关系等一系列令人振奋的举措，而很少会提及不起眼的组织设计是如何促进或阻碍采购和供应目标实现的。

组织设计是指为实现企业最终目标和具体目标(其中包括供应管理目标)而对交流、分工、协调、权力和责任的结构和正规系统所进行的评估和选择。虽然用图表可以描述一个组织的正式设计情况，但图表对一个组织的正式设计往往描述得不够完整。

第一节 采购组织概述

采购部门组织设立的主要问题是如何去配合企业的生产经营目标以及与其他部门间的协调配合。采购作业不单要了解业务本身的特质，还需随时注意各部门间的协调配合，以便能及时获得经济有效的供应。因此一般在设计采购组织时，应特别注意协调不同业务部门，要依据相同规范，参照实际需要，建立整体关系，并作适当的管理，以期能发挥整体的作用。

一、采购部门在组织中的地位

采购的组织定位非常依赖于管理层对于采购职能的看法，当管理层将采购职能仅仅看作为业务活动时，采购部门在组织中的地位就比较低；反之，如果管理层将采购职能看作一个重要的竞争因素，对组织具有战略重要性时，采购部门在组织中的地位就比较高，组织就有可能委派副总裁一类的角色担任采购总监或者采购总经理，采购部门就有机会直接向董事会或者其他最高领导机构汇报工作。影响采购在组织中最终地位的因素按重要程度来看有以下几类。

1. 货物和服务的总价值

诸如迪尔、本田和戴姆勒-克莱斯勒企业公司，一般会花大约 60%～70% 的销售额来购买产品和服务。在计算机和通信行业，诸如北电网络(Nortel Networks)、旭电(Solectron)、IBM、思科(Cisco)、惠普和太阳公司(Sun)，一般依赖供应商为其提供零部件和最新技术，这意味着采购部起着关键性作用。一般来说，一个只需花费 10%～20% 销售额来购买所需产品和服务的服务企业，与需要花费 60% 销售额的企业相比，对采购部的态度会完全不同。

2. 公司采购的原料的当下市场供应情况

如果公司所采购的原料在目前的供应市场中处于垄断或者是寡头垄断地位，管理层对于采购的直接关注就会比较多。

3. 公司的财务状况

在公司财务状况良好的情况下，管理层对于采购或者物流部门都会比较宽松。相反，当公司的财务发生严重问题时，管理层会对采购业务和与采购相关的成本提出比较高的要求。毕竟从管理层的角度来看，采购部门是个直接花钱的部门。

4. 管理层自身的知识和认识水平

如果管理层自身的知识和认识水平比较高，把采购职能提升到战略的高度，那么采购部门也会得到比较多的关注。

采购管理具有巨大的潜在作用，相对于提高销售额的努力，付出较少的时间和精力就能获得巨大的效益。但这仅仅是一种可能性，并不一定会发生，其发生的条件就是高层管理者的重视和所有采购人员的共同努力。

如果采购供应职能被赋予的职责、地位以及人员配备与它在组织中的重要性不一致，那么它对于提高成本有效性以及组织竞争优势应该做出的潜在贡献就可能失去。因此，对于那些在传统上把采购供应看作是次要的或者日常职能(例如，是生产企业的附属服务)的企业，应重新评价这一职能的作用，看看公司过去的看法是否合理，这样做非常必要。

二、采购部门的职责

每个职能部门代表企业履行不同的职责，我们称之为部门责任和权限范围。采购部门同样在其权限范围内拥有合法的决定权，而这些权限范围是按照高级管理层的政策和相关支持规定的。虽然内部消费者会影响许多重要的决策，但某些事情的最终决定权还是应交给采购部门。采购部门的主要责任包括以下几个方面。

(一) 评估和选择供应商

采购部门最重要的职责就是能够评估和选择供应商，这也是采购人员所应该掌握的主要技能。保留此权力对采购部来说非常重要，因为它能够避免产品买卖分离。一但卖方自己与最终用户(采购部门的内部客户)取得联系并试图直接对其销售产品时，就会出现买卖分离的情况。当然，保留此项权力并不意味着在评估和选择潜在供应商时，采购部就不可以诉诸任何外部帮助。例如，工程部通过评估供应商产品及流程绩效状况，可以为采购部选择供应商提供支持和帮助。同时，该权限范围的划定也并不意味着销售商就不能与非采购人员进行谈论交流，但是，非采购部的人不能单独对销售商做出承诺，或者在没有采购部的参与下，与之签订采购合同。越来越影响采购部选择供应商权力的是采购团队的出现，这些采购团队由一些采购部门代表和非采购部门代表组成。在采购团队中，所选择的供应商必须得到所有组员的一致认可。

（二）审查采购计划和材料规格

尽管工程部对此颇有争议，但是审查物料规格仍然在采购部的管理权范畴之内。而采购人员努力学习并掌握大量有关各类物料的知识和技能，能够使得这些知识为企业创造利润。质疑权使得采购部门可以在必要的时候审查物料规格。比如，采购部门也许会提出这样的疑问，低成本物料是否能满足工程部门一再强调的高承受力要求。对物料规格的质疑权也避免了出现下述情况：最终的规格要求只有最受用户欢迎的一家供应商能够满足。对各种不同要求的审查可能会显露出，不同使用者实际上需求的是同一物料，通过整合各类使用者的不同需求，采购部门通常会降低采购成本。

（三）作为主要联络对象和供应商进行联系

对于采购部门来说，传统的政策是供应商只与采购人员签合同。从控制权的角度来说，这是合情合理的，但是现在有些公司已经逐渐放宽这一政策。现在，我们意识到采购部门必须作为主要的联络对象与供应商进行联系，而其他部门在必要情况下也要能够与供应商进行直接的联系。更多人的参与使得内部消费者、采购部门、供应商及供应商内部之间的交流变得更加有效和准确。尽管采购部门仍必须保留作为主要联络对象的权力，但是更多部门的参与能够促进买卖双方各类信息和知识的交流。

（四）制定授予采购合同的方法

采购部门一项重要的权限功能在于如何授予采购协议。采购部门是采取竞争性招标的方式来授予合同，还是采用谈判的方式或者是两者相结合的方式来授予合同？如果采用的是竞争性招标的方式，需要多少供应商参与竞标？又或者，采购部门是要引领供应商进行谈判，还是协调双方之间的谈判？尽管情况复杂多变，但是采购部门仍保留着以下几项权力：控制整个流程、作为公司代表与供应商签订合法协议；商议采购价格。

三、采购部门的组织架构

（一）采购部门的基本职能

采购部门的组织架构随企业的经济类型、经营规模的不同而有所区别。但不论采购部门规模的大小，其职能上的一般分类如下。

1. 采购业务管理

采购部门专门经办采购业务。在大企业中，这项职能可依据采购的物品类别或采购地区加以细分。可以根据采购物料类别设置，不同的采购物料配备不同的采购人员；也可以根据采购流程设置，在采购的不同环节设置不同的采购人员；也有的企业是综合采购物料和采购流程设置采购人员。三种设置方法各有特点，适用的场合也各不同。

2. 跟单管理

跟单管理职能是为避免事务多致使采购业务做得有头无尾而设置的，通常单独设立，来跟踪订单的执行情况，以便督促各项工作的如期完成。在一些小公司，跟单管理工作是由采购员自己负责的。

3. 票据处理

在采购过程中，采购部门和企业内部的多个部门之间以及和供应商之间，都会有很多票据往来，这些票据的审核是一件非常重要的事情。在大公司中，票据由专人审核，在小公司中则由采购员审核。但一般情况下，都是由会计部门负责审核。

4. 档案管理

在整个采购业务过程中，采购原料信息、供应市场信息、供应商信息，以及在询价或者谈判过程中的各种记录，包括最终采购合同的签订，这些档案资料都必须认真保管。一方面保证下一次采购的时候使用方便，另一方面保证采购完成后各项售后服务的正常进行，同时万一与供应商发生纠纷，这些档案资料都可作为法律证据使用。在大公司中为提高工作效率而单独设立档案管理部门，但一般采购员的档案由采购部自己管理，采购完毕后归档。

5. 废料处理

采购业务中，由于多种原因会产生废料，比如说供应商的产品质量不合格，也可能供应商发错了货，当然也可能是企业改变产品线，导致采购的原料不能使用，从而导致了废料的产生。在企业中，废料的处理与销售一般由采购部门负责。

6. 运输管理

采购业务过程中，当完成了采购合同后，就要涉及到运输环节。目前，在国内的大部分采购业务流程中，运输都是由供应商负责的。然而随着供应链思想的广泛运用，越来越多的采购方开始承担这项业务，在大企业中如需物料多而其职能重要，则需单独设立此部门，比如沃尔玛、海尔等跨国企业。

大型企业的采购部门组织架构如图 2-1 所示。

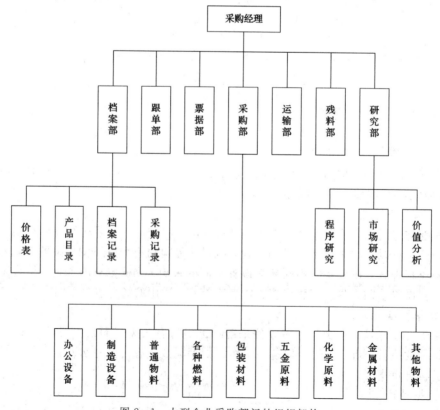

图 2-1 大型企业采购部门的组织架构

中型企业设立的采购部，其下分设各科(室)，如图 2-2 所示。

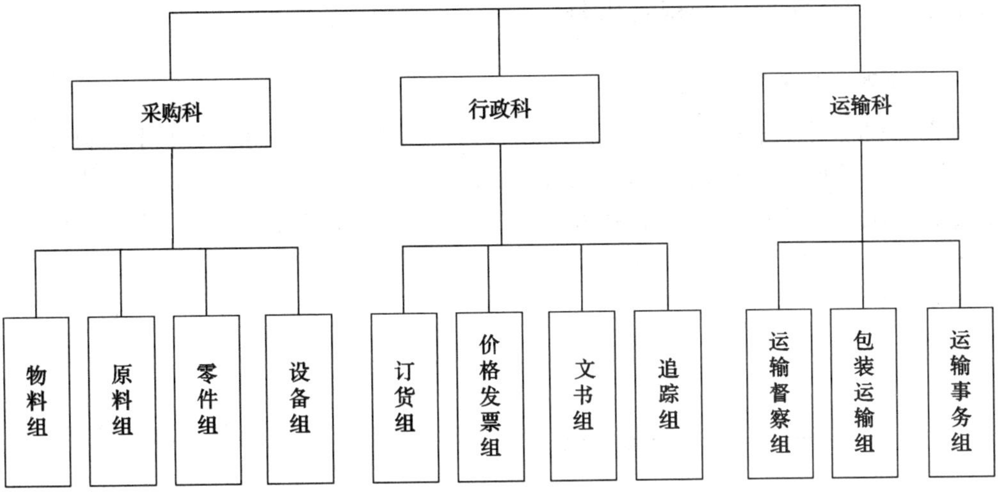

图 2-2 中型企业采购部门的组织架构

(二) 企业采购部门组织设置

根据采购部门的职能，无论是大型企业采购部门组织架构(如图 2-1)，还是中型企业采购部门组织架构(如图 2-2)，其采购部门一般都按照以下结构进行设置：

(1) 采购科。可再分设原料组及物料工具组，其职责是选择供应商，洽谈合同，采购。在大、中企业中需要较多的采购员，而每一个采购员负责一种物品，可培养专门的学识与经验。

(2) 行政科。下设文书组、订货组、价格发票组、跟单组。

(3) 运输科。下设运输事务组、包装运输组、运输督察组。

企业类型、生产方式、企业文化以及对采购部门的重视程度，都会影响到采购部门的组织架构以及采购部门在企业中的地位。有的企业没有独立的采购部门，或者只是指定专办或兼办采购；有些企业则将采购与仓储作业合并；大规模的企业设有专门的采购部门来独立完成采购作业。

采购部门在企业中的地位可以分成以下几种类型：

(1) 独立部门。在大中型企业，物料采购在产品单位成本中占有较高比例，故设置独立的采购部门。其职责范围还包括存量控制、仓储、验收、运输等。

(2) 单纯采购。此种类型的采购部只办理物料的采购，而不兼办验收与储运，适用于单一或采购的项目、数量较少的企业。

(3) 附属于生产部门。这种设置适用于物料采购工作单纯、价格较稳定的企业。

(4) 附属销售部门。这种设置适用于所采购材料经简单程度的加工就可以出售的企业或非制造业等。

为了适应激烈竞争的需要，大中型企业的采购部门大多采用同一种方式，以便与制造、销售、财务等部门分工合作。对于小型企业，则需根据其本身的实际情况做决定。不论采用何种组织方式，都必须要建立良好的采购组织，才能配合其他相关部门完成企业的经营目标。

四、采购部门在企业中的隶属关系

（一）采购部门隶属于生产部

如图 2-3 所示，采购部门隶属于生产部，其主要职责是协助生产工作顺利进行，因此，采购工作的重点是提供足够数量的物料以满足生产上的需求，至于议价的功能则退居次要地位。而生产控制、仓储工作等另归其他部门负责，并未纳入采购部门的职能中。

将采购部门隶属于生产部，比较适合"生产导向"型的企业，其采购功能比较单纯，而且物料价格也比较稳定。

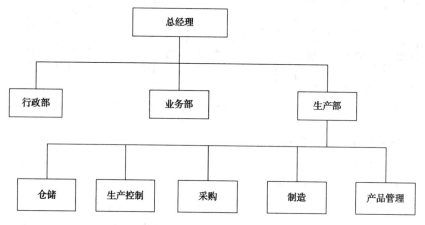

图 2-3　采购部门隶属与生产部门关系图

（二）采购部门隶属于行政部

如图 2-4 所示，采购部门隶属于行政部，采购部门的主要功能是获得较佳的价格与付款方式，以达到相应的财务目标。有时，采购部门为了取得较好的交易条件，难免延误了生产部门用料的时机，或购入品质不尽理想的物料，不过采购部门独立于生产部之外，比较能发挥议价的功能。该类型的采购部门适合于生产规模庞大、物料种类繁多、价格经常需要调整、采购工作必须兼顾整体企业产销利益的企业。

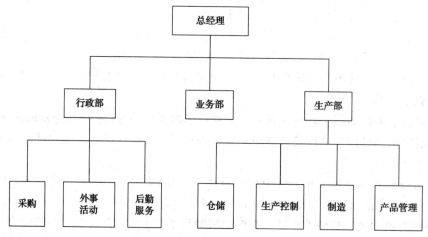

图 2-4　采购部门隶属行政部门关系图

（三）采购部门直接隶属于总经理

如图 2-5 所示，采购部门直接隶属于总经理，这提升了采购部门的地位与执行能力。此时，采购部门的主要功能在于降低采购成本，使采购成为为企业创造利润的另一种来源。该类型的采购部门比较适合于生产规模不大，但物料或商品在制造成本或销售成本中所占比重较高的企业。

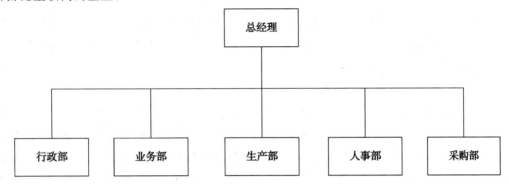

图 2-5　采购部门隶属总经理关系图

（四）采购部门隶属于资财部

如图 2-6 所示，采购部门隶属于资财部（或资料管理部），其主要功能在于配合制造与仓储单位，达成物料整体的控制作业，无特别的角色与职责，有时甚至可能降至附属地位。该类型比较适合物料需求明确但较为复杂、需要采购部门经常与其他相关单位沟通的企业。

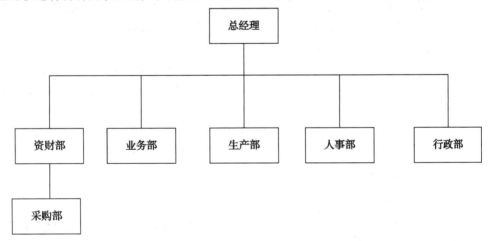

图 2-6　采购部门隶属资财部门关系图

第二节　采购组织的基本类型

采购组织是指负责完成采购任务的机构。采购组织的设计与规划和企业对采购职能的认识有关。若企业将采购看作是业务活动，采购组织在企业中将会处于较低的地位。若企业将采购视为一个重要的竞争因素，并且对企业具有重要的战略意义，那么采购组织就处于较高的地位。

一、采购组织的设计原则

（一）精简的原则

在企业采购机构设计中要运用精简的原则，这个"精"指人员精干；"简"是机构简化，只有人员精干机构才能简化；如果人员素质差而过分强调简化机构，应该开展的工作开展不起来，应该完成的工作完成不了，同样是不可取的。

（二）责、权、利相结合的原则

"责"指责任，起约束的作用；"权"指权力，是履行职责的保证；"利"指利益，起激励作用。责、权、利相结合，才能充分调动采购队伍的积极性，发挥他们的聪明才智。如果有权无责，必然会出现瞎指挥、盲目决策甚至损公肥私的现象；如果有责无权，什么事情都要请示汇报才能决策，也难以真正履行责任，还会贻误时机，影响效率。同样，没有相应的利益刺激，也难以保证采购工作的高效、准确。只有"责、权、利"有机地结合起来，发挥各自的职能，才能保证采购组织工作的有效性。

（三）统一的原则

任何一个企业的采购组织要顺利地完成采购任务，都必须上下一心、齐心协力、遵循统一的原则。统一的原则基本上包括三个方面的内容：

一是目标统一，都是为了完成采购任务，实现企业经营目标。总的目标定下来，再将总目标分解到各个部门、各分支机构的岗位和个人，形成子目标，当子目标与总体目标出现矛盾或不协调时，强调局部应服从总体。

二是命令要统一，采购部门的多种决策、指令、命令要及时下达，一方面要防止令出多头，下级无法执行，无所适从的现象；另一方面也要杜绝上有政策、下有对策的散乱现象。

三是规章制度要统一，各种规章制度是大家行为的准则，采购部门有总体规章制度；多分支机构也应有自己相应的规章制度，但二者之间不能自相矛盾，应形成一个相配套的体系，在制度面前人人平等。

（四）高效的原则

采购工作要高效开展，必须有一套高效运转的组织机构，这种高效的组织机构应确定合理的管理幅度与层次。横向方面，各部门、各层次、各岗位应加强沟通、各负其责、相互扶持、相互配合；纵向方面，上情下达要迅速，同时领导要善于听取下级的合理化建议，解决下级之间出现的矛盾与不协调。这样形成一个团结严谨、战斗力强的采购队伍，才能使采购工作高效地开展。

组织设计是指对组织结构、部门构成、职责权利及其相互关系等组织问题进行系统规划。组织设计是组织机构建立和运行的基础，对组织的有效性影响很大，正所谓设计不良，属先天缺陷，后患无穷。组织设计具有三大任务：

一是职务分析与设计。职务是完成工作的基本岗位，要根据组织使命提出职务数量、类型以及要求的基本素质。

二是部门划分与设计。将相同职务或联系比较密切的职务集中在一个单元中，就形成了部门。要界定部门的属性和层次。

三是结构分析与设计。主要是规定部门之间的关系，形成有效的管理框架和组织体系。

图2-7更清楚地表示了以上几个原则中的核心内容。

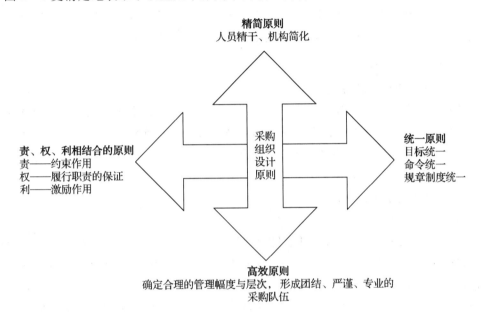

图2-7 采购组织设计原则

二、采购组织分类

目前常见的采购组织类型有分权型采购组织、集权型采购组织、混合型采购组织等。

（一）分权型采购组织

1. 分权型采购组织的特点

分权型采购组织指的是与采购相关的职责和工作分别由不同的部门来执行。由此，各部门互相监督，可提高内部控制的效果。如物料或商品需求计划可能由制造部门或者销售部门来拟定；采购工作可能由制造部门或者销售部门来掌管；库存责任则可能将成品归属于销售部门，而将在制品归属于制造部门；原料或零件归属于物料或仓储部门。

2. 分权型采购的优缺点

1）分权型采购的优点

（1）紧急采购时可争取时效，能够机动配合生产需要，及时提供最佳服务。

（2）有利于地区物资的采购，仓储管理方便。

2）分权型采购的缺点

（1）各部门之间有重叠的工作项目，例如，追踪物料供需动态，与供应商交涉送货、退货，物料作业电脑化等，如果没有统一指挥的单位，管理工作更复杂，人力、设备的投资成本更高。

（2）权责不清，由于整个物料管理的功能细分化，工作显得凌乱复杂，个别部门之间的职责也变得不明确。例如，交货期限的延误，原因在于采购作业效率太差，或是前一阶段的物料需求计划不当，或是后一阶段的催货不力，部门之间经常会争议不休而互相推诿，几乎找不到负责解决问题的部门。

（3）沟通不畅，相互冲突。因为整个采购过程涉及部门众多，当遇到需要沟通的问题时，就可能出现沟通不畅的情况，从而导致各部门之间冲突不断。

（二）集权型采购组织

1. 集权型采购组织的特点

将采购相关的职责或工作集中授予一个部门执行，这是为了建立综合的物料体系，因而设立一个管理责任一元化的组织体系。这个体系称为物料管理部门或资财部，其主要工作包括生产控制（生产计划、物料控制）、采购（包括采购事务及跟踪和催货）及仓储（收发料、进出货、仓储、运送）等。

2. 集权型采购组织的优缺点

1）集权型采购的优点

（1）方便协调采购量。长期以来，集权型管理采购的一个主要优势是，通过累计采购数量可以带来优惠的价格。现在，随着系统技术的出现，公司可以识别出不同部门或业务单元所需采购的共同产品。

企业还可以累计服务需求。例如，企业通常签订适用于整个公司的运输合同，这样既能降低成本，又能实现在所有区域制定统一的绩效评价标准。通用电气公司（GE）成立了一个由各部门运输部经理组成的中心执行运输委员会。该委员会作为一个中心机构就公司运输合同对承运人进行评估，与最近承运人签订运输合同，并在所有部门里制定统一的承运人绩效评价标准。通过整合所有运输量，GE 实现了有益于整个公司的成本管理和服务改善。

（2）减少重复性的采购工作。实行集中化采购管理的另一个重要优点是，可以减少重复性工作。考虑一个各部门分布在 10 个地区的公司，并且采用的是完全分散式的采购体制，不难发现该企业内存在 10 套物料核发单，10 个供应商质量评价标准，10 种供应商绩效评估系统，10 种采购培训手册及 10 种与供应商进行电子数据交换的标准。重复性工作不仅增加了企业运作成本，还很少会出现价格一致的情况。

（3）协调采购计划和战略。如今，出现了几种制定战略的趋势。第一，采购部已不仅仅是一个制定策略的部门，更是一个战略部门；第二，企业组织正在将公司的、业务的、采购部的计划联合为一个整体战略性方案。这两个趋势需要一个集中化管理小组从企业的最高级别角度出发制定采购战略，如果没有这样的小组，企业将无法协调自己的采购战略。

（4）协调和管理整个公司的采购系统。采用先进精密的采购系统，如电子数据交换系统或数据仓库系统，已经变得越来越重要。这类系统的设计和协调不应该是个别业务单元的责任。如果每个部门或单元负责制定自己的采购或部件编号系统，最终将导致一系列混合的不兼容系统。

惠普曾经是一家进行分散化管理的公司，现在依赖集中化管理采购小组为其建立和管理整个公司的数据，从而使惠普能够清楚地掌握众多分支部门所需要采购的共同产品，同时也能从整个公司的角度出发来评估供应商绩效表现。同时，该系统还能为全公司的物料预测提供支持和帮助。

（5）开拓专业技能。采购人员不可能在所有采购领域都是专家，特别是随着采购部门的工作内容变得越来越复杂，工作技术含量越来越高，而采用集中化管理采购小组的另一个优势是，可以开拓专业采购知识，支持具体的采购单元。

（6）配合企业财务状况，建立广泛的供需关系。

2）集权型采购的缺点

（1）常有推诿，无法全面有效配合的现象发生。

（2）请购程序太过复杂，常因审批人不在场而影响工作，遇有紧急采购时无法机动配合。

（3）有些物料因受场地的限制而不利于集中放置。

（4）工厂是分散布置，集中采购后再分运，不便于仓储管理。

3. 集权型采购组织架构示意图

图2-8为集权型采购组织架构示意图。

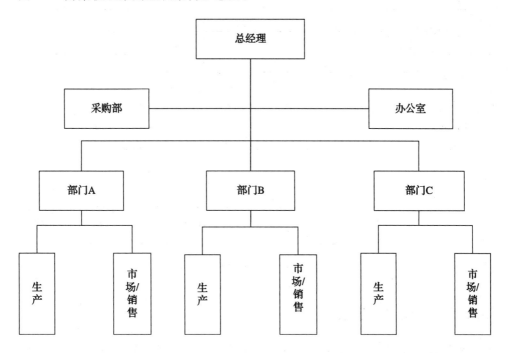

图2-8 集权型采购组织架构示意图

4. 集权型采购组织的适用范围

集权型采购组织适合于几个经营单位购买相同产品，同时该产品对于他们具有重要战略意义的情况。

（三）混合型采购组织

1. 混合型采购组织的主要特点

在公司一级的层面上存在着公司采购部门，同时独立的经营单位也进行战略和具体采购活动。在这种情况下，公司的采购部门通常处理与采购程序和方针设计相关的问题。此外，它也会进行审计，但一般是在经营单位的管理层要求它这样做的时候才会去审计。

2. 混合型采购的优缺点

中心采购部门会对战略采购品进行详细的供应市场研究，经营单位的采购部门可以通过中心采购部门定期发布的小册子、公告或局域网利用这些研究结果。另外，公司的采购部门还可以作为促进或解决部门或经营单位之间协调问题的工具，但它并不进行具体的采购活动，具体活动完全由部门或经营单位的采购组织实施。

企业在推行集中采购时，可将部分作业合理分散执行，比如一些小额采购、地区性采购等，要给予下属工厂较大的执行权，不但可以提高采购效率，而且还可以降低采购成本。混合型采购组织架构示意图如图 2-9 所示。

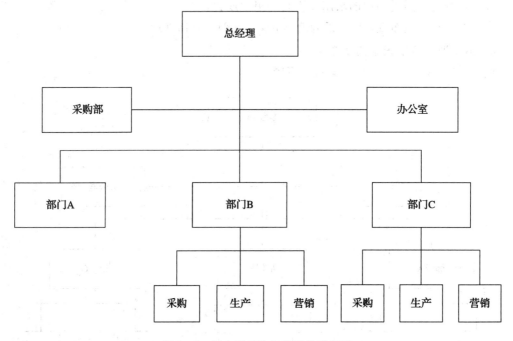

图 2-9　混合型采购组织架构示意图

三、采购管理组织设立步骤

本章前述部分介绍了采购组织的类型、各种采购组织的特点和优缺点，下面将要涉及到的问题是，在多种类型的采购组织结构中，企业该选用哪一种组织结构来设立自己的采购部门呢？

一般说来，建立采购管理组织，需根据企业的具体情况，深入分析采购管理的职能、任务与内容，根据精干和高效的原则，设立职能、岗位、责任或权利，选择配备合适的人，建立起他们之间的关系，组成一个采购管理组织，具体步骤如图 2-10 所示。

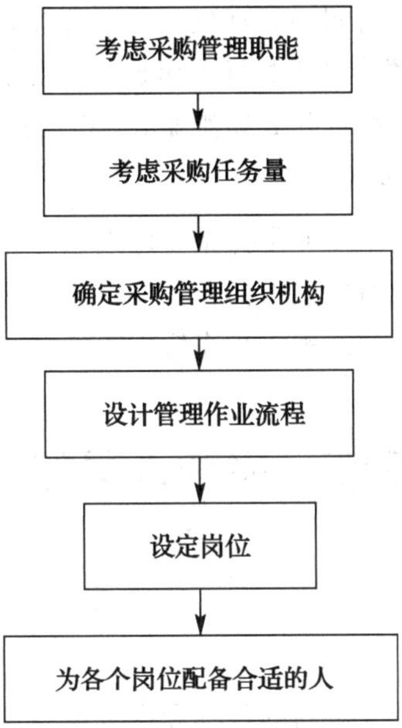

```
┌─────────────────────────┐
│     考虑采购管理职能      │
└─────────────────────────┘
            ↓
┌─────────────────────────┐
│      考虑采购任务量       │
└─────────────────────────┘
            ↓
┌─────────────────────────┐
│   确定采购管理组织机构    │
└─────────────────────────┘
            ↓
┌─────────────────────────┐
│     设计管理作业流程      │
└─────────────────────────┘
            ↓
┌─────────────────────────┐
│        设定岗位          │
└─────────────────────────┘
            ↓
┌─────────────────────────┐
│   为各个岗位配备合适的人  │
└─────────────────────────┘
```

图 2-10 采购组织设立流程

（一）考虑采购管理部门的职能

首先要确定赋予采购管理部门一些什么职能，只是采购，还是要再赋予一些其他职能，如再赋予一些职能，则要确定再赋予一些什么职能，如要不要做需求分析，供应商管理体系要不要建立，市场信息要不要完善，进货要不要管理，入库、验收、仓库管理等要不要监管等。赋予采购管理部门不同程度的职能，则采购管理组织的结构就不一样。

（二）考虑采购任务量

职能确定下来后，就要确定任务量，任务量包括采购职能有多少，也包括一个职能下工作量的大小，如采购工作量（包括企业内需要采购物资的品种、数量、采购空间范围）越大，采购工作就越复杂、越难。另外，还要考虑供应商管理的工作量、进货的工作量、仓储管理的工作量以及市场信息的工作量等。总之工作量越大，采购管理组织机构的规模相应也要大一点。

（三）确定采购管理组织机构

采购管理组织机构就是采购管理的幅度和管理层次的总体组织结构框架，也就是采购管理系统职能部门的构成。其设置情况及设置规模等取决于采购管理组织任务量的大小，采购管理组织总的工作量越大，采购管理组织机构的规模相应就越大，相反，就小一点。

（四）设计管理作业流程

设计采购管理作业流程，即根据所确定的管理职能，对每一个管理职能的每一项任务设计一个作业流程，对这个作业流程还要进行充分论证，并且要进行流程化分析，流程越短，将来工作也就越有效率。

（五）设定岗位

根据具体的管理职能、管理机制和管理任务的作业流程设定各个岗位。设置岗位包括对每一个岗位责任和权利的设置，包括对每个岗位的人数、工作条件等的设置。这些一定要设计好，并且要形成文件，或者制定出管理规范，作为招聘条件予以公布。

（六）为各个岗位配备合适的人

选择人员是非常关键的一环，要非常谨慎，特别是对各级的一把手要选择好。在人员配备完成以后，把所配备的人和所规定的岗位职责、规章制度、管理职能等结合起来进行实施，就可以构建一个有效的采购管理组织系统。

第三节　采购人员的职责

一、采购员的职责

从事采购作业的人员，应该以最高的效率和合理的最低总成本来完成采购任务。采购处理程序会因企业的不同而有所区别，但其基本职责却没有什么不同。采购人员的职责包括：

（1）遵纪守法、遵章守纪。采购人员执行作业时，必须把国际法律、企业规章制度作为其行为准则。

（2）采购人员要努力成为采购、谈判和品质管理都掌握的多面手，同时要了解企业的产品、生产流程、物料的技术要求，充分运用其创造力、想象力，机智，出色地完成采购任务。

（3）采购人员要洁身自好、廉洁奉公，自觉地抵制任何损害企业利益或违反法律的不当行为。

（4）采购人员要努力学习，善于总结，不断提高自身的政治素养和业务能力。采购人员素质的良莠，对采购任务的影响重大。因此，必须有高度的道德标准加以维持，否则，企业无法获得久远的效益。

（5）采购人员在和供应商打交道的过程中，还要注意下列几点：

· 建立良好的伙伴关系，诚信是处事的第一原则；

· 树立良好的办事作风，注意维护企业形象；

· 在各种交易中，要维护企业的利益，并信守既定政策的执行；

· 在不伤害企业尊严和利益的前提下，接受同事的有利劝告及指导；

· 公正无私，让每一元钱都能发挥最大的效用，获得最大价值；

· 诚实地执行采购工作，揭发各种商业弊端，拒绝接受任何贿赂；

· 相互尊重，建立优良的商业信誉；

· 同行在履行其职务时发生违纪行为，应及时给予忠告。

大部分企业的物料采购费用约占产品总成本的30%～50%，采购的好坏直接影响到企业的经营效果，加上采购作业范围广泛，职能逐渐扩大，业务性质具有政策性、管理性、技术性和复杂性的特点,因此,采购人员在观念上,要牢固树立以最高的效率和合理的最低总成本来完成采购任务。

二、采购经理的职责

(一) 基本职责

(1) 制定采购谈判的策略和方案并加以实施;

(2) 处理质量问题,以及退货方案的实施;

(3) 同公司内部其他各功能部门建立并维持良好的关系;

(4) 对公司采购管理的政策和程序进行有益的宣传并提出建设性的改良建议;

(5) 运用一些战术性的方法如供应商伙伴关系、供应链管理等建立良好的供应商关系;

(6) 处理供应商的问讯、异议及要求;

(7) 实施对新供应商的开发和扶植工程。

采购经理的工作常常能够体现出采购部门对整个公司所起到的关键作用和真正价值,这些有影响力的工作还包括:配合财务在整体上用的付款策略;整理、控制及存储原物料;设立库存量与及时供货策略,解决库存矛盾;处理废弃或过剩的设备与物料;开发并实施标准化程序;改善流程,降低成本;规避成本以及成本的固定;引进新产品和改良产品或服务之间的协调。

(二) 核心职责

(1) 保证本单位所需产品与服务的正常供应,以支持本单位生产及其他经营活动的顺利运作;

(2) 不断改进采购过程及供应商管理过程,以提高货物质量;

(3) 控制、减少所有与采购相关的成本,包括直接采购成本和间接采购成本;

(4) 建立可靠、最优的供应配套体系;

(5) 利用供应商的专业优势,积极参与产品开发或过程开发;

(6) 建立并维护本企业、本公司的良好形象;

(7) 管理、控制好与采购相关的文件及信息。特别是要收集有关货物质量事故的信息,重点是造成产品质量或设备故障的货物信息,这些信息也将作为评价供应商的重要依据。

(三) 其他职责

从采购管理的角度讲,其他职责包括:制定并实施采购的方针、策略、流程、目标,改进采购计划并进行采购及供应商绩效衡量,建立供应商审核及认可、考核与评估体系,开展采购系统自我评估,培养建立稳定的并有创造性的专业采购队伍等。

三、首席采购官的职责

随着采购职能重要性的增强,受过专门训练的采购人员也越来越多,他们有能力做出合理的采购决策,采购职能在企业中的地位也越来越重要,许多企业把首席采购官提升到管理层,这也加强了采购部门的吸引力,促进了采购管理理念的进一步发展。与首席财务官(Chief Finance Office,CFO)、首席技术官(Chief Technology Officer,CTO)等类似的名字——首席采购官(Chief Procurement Office，CPO)出现，预示着采购在公司地位的提升。

首席采购官首先需要一定的外交手腕，左右摇摆、目光短浅、缺乏合作观念的人是无法胜任的。企业需要挑选能够胜任这项任务的合适人选，作为采购部门的负责人。首席采购官的职责包括以下几项：

(1) 主持采购部全面工作，提出物资采购计划，确保各项采购任务的完成。

(2) 调查研究各部门物资需求及消耗情况，熟悉各种物资的供应渠道和市场变化情况，做到对供需心中有数。指导并监督下属开展业务，不断提高业务技能，确保公司物资的正常采购量。

(3) 审核各部门呈报的年度采购计划，统筹策划和确定采购内容，减少不必要的开支，以有效的资金，保证最大的物资供应。

(4) 要熟悉和掌握公司所需各类物资的名称、型号、规格、单价、用途和产地。检查购进物资是否符合质量要求，对公司的物资采购和质量要求负领导责任。

(5) 监督、参与大批量商品订货的业务洽谈，检查合同的执行和落实情况。

(6) 按计划完成各类物资的采购任务，并在预算内尽量减少开支。

(7) 认真监督检查各采购员的采购进程及价格控制。

(8) 在部门经理例会上，定期汇报采购落实结果。

(9) 每月初将上月的全部采购任务完成及未完成情况逐项列成报表，以便于上级领导掌握全公司的采购项目。

(10) 督导采购人员在从事采购业务的活动中，遵纪守法、讲信誉、不索贿、不受贿，与供货单位建立良好的关系，在平等互利的原则下开展业务往来。

首席采购官直接向首席执行官汇报，而且应该在董事会里占有一席之地。确保首席采购官与首席执行官之间的组织层级不要超过一个，并且确保他能够经常与首席执行官进行沟通。

在管理有方的公司，其首席采购官会向董事会做报告。应该至少每季度定期与首席采购官召开一次会议，并且确保在有需要的时候双方都能够联络到彼此。

四、供应链背景下对采购人员的要求

(一) 道德素养

腐败大多出现在采购与销售环节，几乎所有在大企业里做营销和采购的人都对拿回扣的行为见怪不怪。商业界时不时上演经理人因个人职业发展而离职的故事，采购部门走马灯似的换将，美国国会颁布的《反海外腐败法》也没法保证美国企业的中国业务部门独善其身。为此，一些公司甚至还列出了一些土规矩，比如把业务人员薪酬收入的百分之多少当作职业道德保证金暂扣，无违规行为年终统一发放。由此可见，职业道德已成为企业考核员工的主要标准。

一些在行业中做得顶尖的采购经理大多具备很高的道德素养以及严谨的工作态度。这包括：保持对企业的忠诚；不带个人偏见，在考虑全部因素的基础上，从提供最佳价值的供应商处采购；坚持以诚信作为工作和行为的基础；规避一切可能危害商业交易的供应商，以及其他与自己有生意来往的对象；拒绝接受供应商的赠礼；不断努力，提高自己在工作的方式方法、材料准备和影响采购工作的作业流程上的知识；在交易中采用和坚持良好的商业准则等。

随着采购行为在企业战略中的地位越来越高，良好的职业道德素养是成功的采购经理的第一种必备素质。

（二）供应链全局观和国际视野

相互协作是衡量团队精神的重要指标之一，也是在供应链致胜时代企业立足市场争取优势地位的不二法门。实践证明，采购人员要在执行采购中最大限度地节约成本，不仅要考虑到价格因素，还要了解供应链各个环节的操作，明确采购在各个环节中的不同特点、作用及意义。

随着经济的发展和国际贸易的日渐频繁，我国企业的采购方式也在迅速向多元化方向发展，目前最明显的趋势就是全球化采购与本土化采购相结合。与此同时，企业对采购从业者的要求也开始提高。以零售企业目前急需的采购经理为例，由于零售企业要避免成品大量变成库存沉淀，减少库存占压资金，这就要求采购经理熟悉零售业采购流程，保证采购体系的有序运作。另外，采购经理除了全面负责公司采购部门的日常管理与运作外，对采购的管理也从商品扩大到外部资源及供应商的管理范围，要针对供应链各个环节的采购工作予以合理的实施。

建立在这种工作状况基础上，采购人员基于供应链的沟通协调能力尤为重要。分析各家的招聘启事我们可以发现，企业对所需人才的要求一般都要提及沟通协调能力，这与中国大企业日渐树立的供应链管理致胜观有很大关系。

现在的采购已经是多源化、跨国家、跨地区的采购，因此采购人员要有很好的外语沟通技巧，随时关注供应链领域所发生的事件，如原材料价格波动、气候波动等，对于影响因素有敏锐的感觉，能够及时地做好预警及防范措施，并且还要了解国际上的最新技术及产品。从人才市场的走势分析，我们也可以看出，目前最缺的是具有国际视野的管理人才，世界500强在中国投资企业的人才招聘公告中大多列出了这类需求。

可以看出，基于供应链管理的采购全局观以及国际化视野是采购人才必备的第二和第三种素质。

（三）总成本原则和采购技巧

看似简单的道理实施起来却并不容易。要买到真正物美价廉还适合的商品，除了对采购经理的谈判水平有较高要求外，对于其眼光、对商品成本构成的了解以及采购策略都提出了不低的要求。现在，不论是松下、通用汽车等传统企业，还是戴尔、惠普等新兴企业，都打造了强大的采购部门和完善精密的采购制度，目的就是把采购部门也打造成一个利润中心。

从以下几个知名企业的案例中可以看出，采购人员为了降低成本所做的努力及使用的技巧。福特汽车的采购经理把开发新供应商当成自己每年的常规工作，每次招标都要求有新面孔出现，主要商品、材料的供货商至少有三家，而且每年应至少再发展一家。这么做是为了营造供应商之间的竞争局面，保证供货质量和降低供货成本。

与沃尔玛打交道的供货商大多对沃尔玛又爱又恨。爱的是商品进了沃尔玛一定好销，恨的是沃尔玛的采购人员通过先进的信息系统对供货商的成本了如指掌，他们的利润率被压在一个较低的水平上。所以，了解供货商的成本构成才能向他们争取利润，这是谈判的主要武器。

全球微波炉冠军格兰仕公司非常注重与供货商的共赢关系,其采购人员以最不愿意与供货商"搞关系"而闻名。不仅如此,物资部门的人员还与供应商一起探讨降低零部件成本的方法,朝着更高品质、更低成本的目标共同努力。与供货商的共赢关系有助于提高企业的利润。

和记黄埔建有采购成本数据库,内容包括众多厂商同类产品的市场价、成本构成等,由审计专家进行维护。所有的采购都通过招标进行,和记黄埔规定:所有采购都要通过招标进行;3000元以上的采购必须有三家以上的竞标,5000元以上的采购必须有五家以上;招标比价以后,采购员可以初步定价,由审计专家审计通过。招标比价使成本控制有章可循。另外,如今在采购经理中比较流行的另一个技巧是,要求投标方在投标书上列出单项成本,而不只是一个总价,以方便他们看出其中的水分。

所以,通过各种采购技巧获得低成本以及总成本优先原则成为成功采购经理人必须具备的第四和第五种素质。

第四节　采购部门与其他部门的关系

随着采购工作在企业经营中战略地位的加强,企业所进行的采购工作不再仅仅是采购一个部门的工作,也不能由采购部门单独来完成,采购部门和企业中其他部门之间的联系越来越紧密。只有理解了采购部门与其他部门间的关系,才能更积极地推动采购团队的组建和各部门之间的信息交互,才能更好地提升采购部门的绩效。图2－11为采购部门与其他部门关系示意图。

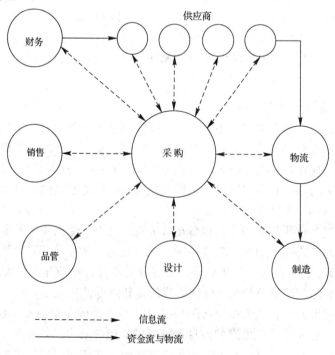

图 2-11　采购部门与其他部门的关系

一、采购部门与设计部门

设计工程师在整个供应链管理过程中都起着关键的作用，他们是新产品开发团队的领导，也是废品(不符合规格的物料)评估团队的成员。许多设计工程师因充分地利用在采购管理业务中得到的经验被提升为采购管理人员或综合管理人员。

采购管理与技术和经营有很多相互影响的环节。当采购管理部门在处理采购任务时，它的时间利用率在很大程度上受技术设计部门的影响，而技术部门对企业产品和物料的技术说明又负有不可推卸的责任。为了有效地行使责任，技术部门必须得到采购管理和经营部门的帮助。在许多企业中，采购管理部门和供应商早期即开始介入新产品开发计划，以此来保证采购管理部门和供应商能都对新产品的开发做出贡献。与质量、物料、制造和生产都有关系的产品成本同样和设计规格有关，这也是不可避免的。简单而言，规格能够以一定的方式写下来，这种方式是通过减少或增加大量的企业愿意提供的明细项目来确定的。如果收益要最大化，技术部门规定的物料必须以经济的方式进行采购和制造。物料应该从几个有效的、低成本的制造商处得到，同时也必须使经营部门和最终用户都满意。

采购管理和技术部门偶尔在对物料问题的理解上不一致，这种不同是可以理解的。工程师自然会倾向于谨慎的设计，因此，他们可能在质量、安全性和操作上提供相应的说明。由于所处的角度不同，工程师倾向于去寻求理想的设计、物料或设备，而几乎不考虑成本和物料的可得性。而供应人员则更关心交易中的问题，包括成本和可得性等。采购管理部门向技术部门提出几个特殊的情景，通常能够使技术人员认识到必需品的成本和可得性的问题。例如，可以减少对性能目标、安全界限的要求，使产品更接近于符合实际的性能需求。如果一个设计的成本更低廉，有比较低但是还可以接受的安全性能，当它能够满足需求时，那么另一种昂贵的、有着更高的安全性能的设计是否必要呢？如果镀了铝就可以防锈，为什么要用昂贵的铬呢？很明显，这种争议并不总是容易解决的，而这种问题的答案又很少是明确的。要想得到彼此都满意的解决方法，相互的理解和主动平等地交换意见是不可缺少的。

二、采购部门与制造部门

在新产品的开发和强化过程中，采购管理与制造部门之间的关系就开始建立了，制造部门将它的制造计划或物料需求传达给物料控制部门，物料控制部门把这些文件转变成采购计划。在转化的过程中，采购时间的选择常常是主要的困难。当用户不能给采购管理部门足够的时间在大范围内采购时，许多不必要的花费就不可避免地进入了企业产品的最终成本中。当采购管理部门没有足够的时间对供应商做彻底的鉴定、展开竞争或充分地进行协商时，它就要为物料支付更高的价格。另外，代价很高的、专用的生产运作和额外运输成本也是两个需要考虑的因素，它们常常是由不合适的采购前置时间造成的。

生产停工是最严重的问题，它来源于无效的采购前置时间。在很多作业(化学、水泥、涂料、面粉等)类型的生产中，设备要么是以满负载的状态运行，要么就是根本不运行。因此，在这些工业当中物料短缺是最大的灾难，它会导致生产中断。在辅助工业中，物料的损失并不总是导致如此大的灾难或明显的问题，例如，在金属成型工厂中，生产的中止就不存在，这种短缺的间接损失常常隐含在生产成本中。在50台机器中有一部或两部机器停止生产是很正常的。传统的统计数字不能够揭示这种低效率的利益损失对财务带来的影响。

采购管理和制造部门之间的合作会在很多方面得到回报。举例来说，有时候选择一种很昂贵的、可替代的物料更能够节省公司资金。这个听起来似乎矛盾，"支出越多，节省越多"，那么这如何能够发生呢？因为一般情况下，制造和装配成本的节约常常会超过采购成本的节约。在铸造、锻造、加工、磨光、冲压等普通的制造操作过程中，一些物料和其他物料相比更经济。例如，在飞机升降舵和方向平衡舵的制造中，政府供应商通过用青铜而不是钢铁压模节省了几千美元。青铜成本比钢铁高，但是在加工时间中节约的成本要比物料成本节省更多。在这个问题上，不仅直接成本减少了，而且作为一项附加利益，可以使熟练的机械师和昂贵的机器工具用于其他更重要的工作。关于此项成本的比较见表2-1。

表 2-1　不同的物料对生产率和成本的影响

	总成本(钢铁)/美元		总成本(青铜)/美元	
销售额	100		100	
商品销售成本	人工/小时	成本/美元	人工/小时	成本/美元
原材料成本		5		10
直接劳动力(加工)	2	30	1	15
可变费用		6		3
固定费用		50		50
总成本	2	91	1	78
经营费用		9		22

越过这些日复一日的操作之间的联系，采购管理和制造部门必须为了实现一些企业的关键目标而开展有效的协作。例如，制造管理部门要缩减产品进入市场的时间、减少产品改造和生产线开工的时间；采购管理部门必须能够通过从供应商处获得更快的响应、与供应商共同工作改进他们的能力等措施辅助相关工作的进行。在这些类型的活动中，制造和采购管理密切合作是绝对必要的。

信息技术极大地简化了采购管理和制造部门之间的关系。计算机和精益求精的软件使得企业的物料资源计划系统与企业供应商的相应系统之间能够实现无缝连接。这样，采购管理部门就不必整日陷入定制订单的战术活动当中了。

三、采购部门与销售部门

采购管理应该是市场营销最好的抓手之一。正如在第1章中提到的，采购管理对企业的销售量有很重要的影响。企业产品的质量、定期推出新产品的能力、在从企业供应部门得到的以技术为基础的新产品以及商品销售成本下降导致的价格弹性等对成功促进销售业绩是非常重要的。许多企业认识到了市场优势与收益率之间的直接关系。然而在积极提升销售量的过程中，许多企业却忽略了这一点，当销售活动与供应和生产活动之间没有正确地紧密配合时就会产生利益上的漏洞。销售、供应、生产部门在对销售进行预测时分别有它们自己的依据。预测是生产计划的基础，接下来，也就是物料计划的基础。销售的预测不但影响企业设备资金的预算，也影响广告活动和其他销售活动。

在销售预测（最好是实际需求）的变化中，促进制造和采购管理部门之间的沟通，使得这些部门能够尽可能没有损失并且经济地修改它们的计划。同样，生产计划的改变也应该及时地告知销售代表。这种行为允许市场部门在某种意义上改变其分销计划而不至于失去顾客。采购管理部门也必须立即通知市场营销部门以及其他的管理部门有关物料价格上涨的信息。这种信息使得市场营销部门能够估计出预算的增加对将来销售报价单、现在的销售价格和将来生产计划的影响。

采购管理和市场部门必须明智地将它们的利益融进一个微妙的互利领域（从顾客中购买）之中。令人满意的、合法的互利交易的形成，一定是因为可理解的、真实的互利成本。从朋友处采购会是好交易，不过当以产品质量为代价或是采购的物料或劳务价格很高时就不是这样了。一旦热衷于提高销售量，企业就会忽视一个事实：提高销售量并不总是引起收益的增加。如果他们同时需要增加采购成本，那么提高销售量可能导致收益减少。

一个采购管理部门能够通过对实际的销售经验和感受的积累，为市场或销售部门提供重要的帮助。企业的采购管理部门是许多制造企业销售业务的对象。采购管理部门的文件涉及销售印刷品、政策以及产品的销售方法和分销的促销方式。采购管理人员了解销售代表使用的十分有效的人员推销方法，也同样知道使他们失望和不愉快的销售经历。因此，一个企业的供应人员能够成为发展和改善公司销售政策和措施的极好信息来源。

四、采购部门与品管部门

（一）品管知识

采购人员学习和掌握相关的品质管理知识，可以在考察、选择供应商时了解供应商产品的品质，以便采购到适当品质的物料来供应生产部门。

（二）品质标准

为了采购到一定品质与规格的物料，采购部门应与品管部门加强联系，以便得到品管部门提供的必须协助。

（三）物料验收

品管部门对于厂商交来的物料不符合要求而拒收时，应及时通知采购部门，以便其采取必要的补救措施。

五、采购部门与财务部门

采购部门和财务部门在应付账款、计划和预算方面相互作用。采购部门提供给财务部门的信息是其进行公司发展与管理预算和确定现金需要量的基础。采购部门提供的有助于财务部门进行计划的信息还有：物料和运输成本及其发展趋势，以及为了应付需求突变造成的供应短缺或其他可以预测的原因造成的供应中断而进行的远期采购的计划。同时，采购部门运作的有效性也可以作为衡量财务工作好坏的依据，会计体系不够精细，就不能发现由于采购决策失误造成的效率低下。而财务部门的合理预算又会对采购部门产生一定的监督作用，抑制一些腐败和浪费行为的发生。

六、采购部门与物流部门

几年前，采购还只是物流课程中的组成部分，那时，物流和采购只是相关的策略。近几年，二者逐渐分离，且都被认为是关键的职能。如今，物流大约花费了制造企业收入的10％，采购（采购管理）花费约60％。

物流与商品的运动有关。在许多情况下，物流要为商品的流入和向供应链中下一个成员（常常是最终消费者）的分销负责任。实际上，在所有的案例中，都是物流人员设计和管理企业的分销系统，包括仓库、分销点和货物承运。

采购管理和物流之间的关系在不同的公司中是不同的。在一些案例中，采购管理在寻找物流服务并在其定价中发挥主要的作用。在其他的案例中，物流部门很少或不用采购管理的介入。关键的问题不是权利，相反地，应该是职业化与卓越的绩效，即专业采购管理在企业实践中的应用。

七、采购部门与信息技术部门

采购管理和信息技术的相关性在逐步增长，在一些情况中，信息技术就是外部采购。信息技术部门的主管和采购管理人员必须紧密的合作，制定有关工作、货源和定价的正确陈述，管理因之生成的合同和关系。

许多企业从如 Ariba、Commerce One 和 People Soft 等公司购买了 B2B 电子商务单向采购软件系统。这种软件系统对企业间接的物料和设备采购过程管理有重要的作用。企业或其认可的供应商授权终端用户从它们的电子产品目录上直接采购。这种从以书面为基础的申请、批准、预算授权、提议的回复、采购指令、接受报告和支付支票的系统到电子采购系统的过渡，使得采购人员必须认真地计划和实施采购工作。生产物料的电子交换信息，无论通过网络还是通过电子数据交换（EDI）技术，都需要采购管理、信息技术（Ⅱ）和制造或物料控制之间的协调与合作。

采购和信息技术之间相关性的另一个例子是数据库的发展，它能为战略计划和战术活动及时地提供数据并且正确地进行采购管理。相比之下，只有较少的企业能建立这样的信息系统。

第五节　未来组织的建立

当今讨论的焦点之一是，什么才是最好的组织结构，包括采购和集成化供应链管理的结构。现在的趋势是，从垂直结构——在上下部门或团队之间分配工作和传达信息，转向水平结构——在同一级别的团队和组织之间分配任务或传递信息。水平化结构的组织减少了大量的等级界限和部门或职能界限。虽然总是需要功能部门的团队，但不断增加的组织部门将"水平"地相互合作，以小组或团队的形式执行核心流程。

一些证据表明，采购部正逐渐向水平化而不是严格的垂直结构发展。约80％的被调查企业采取跨职能小组来管理采购和供应链流程中的某些部分。在过去 15 年里，我们还看到从以产品为中心向以最终产品或流程为中心的转变。20 世纪 90 年代，80％被调查企业的采购部都是按商品进行构造组织。现在，根据商品来构造采购部的公司所占比例已经减少了 65％。企业普遍转向了以最终产品（用以支持新产品开发工作）为结构划分标准，对采购部进行组织。同时还出现了混合结构，如按流程进行结构组织。当然，很少会有公司选择完全垂直或完全水平的组织形式。大部分公司则是将两者结合，选择组合中最佳的结构模式。

21 世纪的采购组织模式应该具有某些新特征。这包括组织阶层扁平化，从而使得合资企业和与关键供应链成员之间建立的联盟能够更快地做出决策，更畅通地交流意见；组织设计的另一个特征是跨职能小组能够在整个企业内寻求新机遇，相互交流观点和想法。采购活动的进一步分权化及主要开支项目的集中协调管理将是集权和分权的最佳组合。开放的信息渠道、因特网、企业内部网络以及信息技术系统使整个供应链上的信息能被广泛获得，这就有利于协调组织结构中各项活动的开展。最后，业务单元和部门团队之间经理的轮换将有利于综合各方面的知识和技能。要在快节奏的竞争环境中获得生存，公司需要新类型的领导和组织设计。拥有恰当设计特征的组织结构将有利于企业不断迎接新的挑战。

未来五年中，企业组织将出现哪些结构设计特征？表 2-2 列出了最近一项调查研究的部分结论：30 个设计特征中前 11 个是最具可能性的特征。该研究是根据 172 个制造企业的数据资料进行的，从列表中，我们可以了解到未来采购企业可能具有的特征。首先，企业将广泛使用小组团队形式来支持采购目标的实现，这些小组形式包括商品小组，管理某些或全部采购和供应流程的小组，以及新产品开发小组。其次，新产品开发小组将以采购部和供应商代表的积极参与为特色。最后，由于采购是一种支持性活动，所以采购人员与内部消费者安排在同一工作地点，这对于就内部客户的需求做出积极的反应非常重要。表 2-3 描述了采购人员在与内部客户进行更加紧密交流时应得到的信息种类。

战略制定和对采购领导能力的要求也出现在前面所提及的 11 个特征中。向总裁或首席执行官汇报战略决策和绩效审核结果的高级首席采购官的地位也开始受到企业的重视。企业意识到有必要将采购战略在其他部门团体和业务单元之间进行协调统一，这说明企业越来越依赖采购部来支持公司目标的实现，并在各个部门之间开展工作。

表 2-2　未来采购组织的预期设计特征

特　　征	分　　数
指定某些特别人员专门负责管理与供应商的关系	5.06
将采购人员与主要内部客户安排在同一地点工作	4.78
成立进行集中协调的商品小组来制定全公司供应战略	4.62
包括采购代表的新产品开发小组	4.61
主要购买者管理非商品产品或服务	4.61
将采购人员和技术人员安排在同一地点工作	4.53
首席采购官向总裁或首席执行官定期汇报工作或绩效审核报告	4.50

续表

特　征	分　数
有供应商作为成员或参与者的新产品开发小组	4.49
具有采购和供应相关头衔的高级首席采购官	4.46
在业务单元之间进行的正式的采购和供应链战略的协调和审核	4.42
管理某些或全部采购和供应流程的跨部门小组	4.27
分数：1＝预计企业不依赖此设计结构，4＝有些依赖 7＝很依赖	

　　表2-2也说明了依赖主要购买者来管理非商品货物和服务的重要性，以及让某些具体人员负责管理供应商关系的重要性。这些特征结合起来就是对未来采购组织框架的大体预测和描述。

表 2-3　采购人员与部分内部客户之间的信息交流

运营部得到的信息	工程部得到的信息	营销部得到的信息
（1）供应商绩效	（1）物流规格	（1）需求计划要求
（2）对成本、质量、交货和订单周期的内部要求	（2）不断发展的产品和工艺流程技术要求	（2）有关新产品的创意
（3）生产能力需求、物料和服务需求	（3）对新产品的需求	（3）促销和计划的需求改变

本 章 小 节

　　进入21世纪之后，信息技术的进步、新型的商业模式不断出现以及市场竞争的加剧，对中国企业本来就不是非常成熟的采购组织形成了挑战。正如恰当的员工、系统和绩效考核对采购成功非常关键一样，一个合适的组织设计对成功同样至关重要。

　　毫无疑问，企业所选择的组织设计特征种类往往与企业规模有关。大型公司和小型公司在范围大小、复杂程度及可获得资源等方面都有所不同。大型公司往往在世界各地都有业务（范围），覆盖更广的业务范围和生产线的更多组织层级（复杂型），以及支持采用多种设计特征的资源。随着公司规模的扩大，更多组织设计特征都被用来帮助协调、整合全球多样化的业务发展。然而，无论公司规模大小，有先进意识的供应经理都应认识到组织设计和采购效率之间的重要关系。在此背景下，本章探究与采购组织相关的下述关键话题：

　　（1）采购部在组织结构中的地位；

　　（2）采购职能部门的组织结构；

　　（3）采购组织的基本类型；

　　（4）采购人员的职责；

　　（5）采购部门与其他部门之间的关系；

　　（6）未来组织的建立。

思 考 与 讨 论

1. 简述采购部门在组织中的地位。

2. 简述采购部门的职责。

3. 简述采购组织的设计原则。

4. 简述采购组织的基本类型。

5. 简述采购经理的职责。

6. 供应链背景下对采购人员提出了哪些新要求？

7. 简述采购部门和企业中其他相关部门的配合。

8. 未来采购组织的主要特征是什么。

9. 当考虑供应商是否应该参与新产品开发时，最重要的标准是什么？

10. 当我们说"企业从整体供应链角度考虑，建立了组织结构"时，意味着什么？

11. 讨论：有一家在全球各地都有生产和采购基地的公司，假设你是该公司的首席采购官，现在请你设计一个能让公司进行有效竞争的组织结构，并描述其汇报结构、人员的实际配置、采购权力的分配及与其他部门团队的协调合作。

📖 案例分析

第三章 采购计划与采购预算的编制

☞ **本章学习目标**

(1) 熟悉采购预测的定义;

(2) 掌握采购预测的基本步骤和基本方法;

(3) 了解独立需求与相关需求的定义;

(4) 掌握采购需求预测的方法;

(5) 掌握采购需求数量确定的方法;

(6) 熟悉采购计划编制的作用和目的;

(7) 掌握采购计划编制的流程;

(8) 简述采购预算的定义和种类。

计划是什么呢?计划是指在评估当前及未来环境的基础上,确认问题、设定目标,以及决定如何达成目标的过程。换句话说就是拟定未来的工作方向与方法,把未知的未来纳入管理。

在采购领域里,计划是指企业管理人员在了解市场供求情况、认识企业生产经营活动过程和掌握物料消耗规律的基础上,对一定时期内物资采购管理活动的预见性安排和部署。采购计划如同企业在市场风浪里航行的基本路线图,指引企业向正确的方向航行,制定合理、完善的采购计划是成功采购的关键。

采购计划有广义和狭义之分。广义的采购计划是指为保证供应各项生产经营活动的物资需要量而编制的各种采购计划的总称。狭义的采购计划是指年度采购计划,即对企业年度内生产经营活动预计所需采购的各种物料的数量和时间等所作的安排和部署。

但是,在大多数情况下,并不能准确地知道某一物品的需求情况,因此很有必要使用合适的方法对物品的需求进行预测。

第一节 采 购 预 测

一、采购预测的定义

采购预测是指在商品采购市场调研资料的基础上,综合考虑行业大环境、季节变化、安全库存、工厂产能、物流能力以及供应链各个环节的负荷能力等相关因素,并运用科学的方法分析、预测未来一定时期内商品市场的供求及其变化趋势,为制定商品采购决策和商品采购计划提供科学的依据,从而实现销售利润等一系列目标的过程。采购预测是公司所有物料采购下单的基本依据。

二、采购预测的作用

在企业的生产流程中，采购和产品生产制作最为耗时，此两项也直接影响着企业商品的生产周期和流动资金量。由于在一定时间和技术条件下，商品的生产时间是一个相对确定的量，因此，采购时间和采购量也就成为了决定商品流通和资金回流的关键所在。众所周知，采购量决定库存量，而采购量过多或过少必然导致库存堆积、资金停滞或者库存不足，既影响生产，又拖延交货时间。无论哪一种情况，都将给企业造成损失。所以，采购预测的作用体现在以下几个方面：

（1）预测是决策的基础。

（2）市场预测有助于企业掌握技术和产品发展的方向及速度，发现市场供求变化和发展的规律性，为其制定采购计划和采购策略，搞活企业经营，提高经济效益提供重要信息。

（3）有助于企业掌握产品处于其生命周期的哪一个阶段，以制定更为合理的采购策略，防止采购技术落后。

（4）有利于企业掌握生产厂家的生产潜力，在采购时做到心中有数。

（5）有助于企业把握市场采购机会，避开或减少采购风险。

当市场变得越来越不确定时，采购预测也面临越来越大的挑战。它既需要最大可能地满足客户多变的需求，又需要尽量保持较低的物料库存水平，以降低风险。在多变的环境中，实时跟踪市场需求，综合考虑行业变化、安全库存和产能水平，制定不同优先级的采购策略变得尤为重要。

三、采购预测的基本步骤

预测应该遵循一定的程序和步骤，以使工作能够程序化，可统筹规划和协作。采购预测的过程大致包含以下步骤：

（一）确定预测目标

明确目标是开展市场预测工作的第一步，因为预测的目的不同，预测的内容和项目、所需要的资料和所运用的方法都会有所不同。明确预测目标，就是根据经营活动存在的问题拟定预测的项目，制定预测工作计划、编制预算、调配力量、组织实施，以保证采购预测工作有计划、有步骤的进行。

（二）搜集资料

进行采购预测必须掌握充分的资料。有了充分的资料，才能为采购预测提供分析、判断的可靠依据。在采购预测计划的指导下，调查和搜集预测有关资料是进行市场预测的重要一环，也是预测的基础性工作。

（三）选择预测方法

根据预测的目标以及各种预测方法的适用条件和性能，选择出合适的预测方法。有时可以运用多种预测方法来预测同一目标。预测方法的选用是否恰当，将直接影响到预测结果的精确性和可靠性。运用预测方法的核心是建立描述、概括研究对象特征和变化规律的模型，根据模型进行计算或者处理，即可得到预测结果。

（四）验证预测模型

验证就是要确定所选择的预测模型对于要进行的采购预测是否有效。

（五）做出预测

根据前面收集的相关数据资料和确定的预测模型，对所需要预测的对象做出合理的预测。

（六）预测分析和修正

分析判断是对调查搜集的资料进行综合分析，并通过判断、推理，使感性认识上升为理性认识，从事物的现象深入到事物的本质，从而预计市场未来的发展变化趋势。在分析评判的基础上，通常还要根据最新信息对原预测结果进行评估和修正。

（七）编写预测报告

预测报告应该概括预测研究的主要活动过程，包括预测目标、预测对象及有关因素的分析结论、主要资料和数据、预测方法的选择和模型的建立以及对预测结论的评估、分析和修正等。

（八）将预测结果付诸实际应用

这一步，就需要将得到的预测结果应用到实际中去，从而达到最初进行预测的目标。

上面这些步骤系统总结了开始、设计和应用一项预测的各环节。如果是定期做预测，数据则应定期收集，实际运算则可由计算机进行。

四、几种常见的定量预测方法

定量预测法是指利用统计资料和数学模型来进行预测。定量分析法包括直观法、移动平均法、指数平滑法、线性回归法等。下面介绍几种常用的定量预测方法。

（一）直观法

直观法是一种简单的需求预测方法。这种方法以过去的数据为基础，根据这些数据的发展趋势，绘制出符合发展趋势的图形，从而在图形上找到将来某个时间的需求值，如图3-1所示。

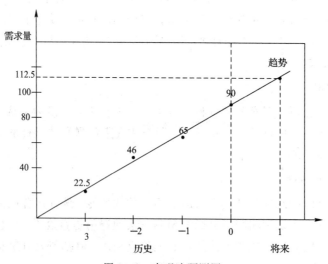

图 3-1 直观法预测图

在图 3 - 1 中，历史数据以清晰的直线方法排列，所以绘制趋势图很容易。在绘制直线时，只要保证这些数据散点均匀地分散在直线上下两边即可，这样散点与直线之间的距离和就会相对平衡。

当然，如果历史需求数据分布散乱，则很难绘制出趋势线。可以从图 3 - 1 中看出下期的需求量预计为 112.5。

（二）移动平均法

移动平均法是用一组最近的实际数据预测未来一期或几期公司产品的需求量、产能等的一种常用方法，适用于即期预测。当产品需求既不快速增长也不快速下降，且不存在季节性因素时，移动平均法能有效地消除预测中的随机波动，是非常有用的。

移动平均法是一种简单平滑的预测技术，它的基本思想是：根据时间序列资料逐项推移，依次计算包含一定项数的序时平均值，以反映长期趋势。因此，当时间序列的数值因受周期变动和随机波动的影响，起伏较大，不易显示出事件的发展趋势时，使用移动平均法可以消除这些因素的影响，显示出事件的发展方向与趋势（即趋势线），然后依趋势线分析预测序列的长期趋势。

移动平均法可以分为简单移动平均和加权移动平均，以下逐一详细介绍。

1. 简单移动平均法

简单移动平均法中各元素的权重都相等，其计算公式如下：

$$F_t = \frac{(A_{t-1} + A_{t-2} + A_{t-3} + \cdots + A_{t-n})}{n} \tag{3-1}$$

式中：

F_t：对下一期的预测值；

n：移动平均的时期个数；

A_{t-1}：前期实际值；

A_{t-2}，A_{t-3} 和 A_{t-n} 分别表示前两期、前三期直至前 n 期的实际值。

2. 加权移动平均法

加权移动平均法和简单移动平均法差不多，只是给予每个数据不同的权重。其原理是：历史各期产品需求的数据信息对预测未来期需求量的作用是不一样的。除了以 n 为周期的周期性变化外，远离目标期的变量值的影响力相对较低，故应给予较低的权重。加权移动平均法的计算公式如下：

$$F_t = W_1 A_{t-1} + W_2 A_{t-2} + W_3 A_{t-3} + \cdots + W_n A_{t-n} \tag{3-2}$$

式中：

W_1：第 $t-1$ 期实际销售额的权重；

W_2：第 $t-2$ 期实际销售额的权重；

W_n：第 $t-n$ 期实际销售额的权重；

n：预测的时期数。

且

$$W_1 + W_2 + \cdots + W_n = 1 \tag{3-3}$$

在运用加权移动平均法时，权重的选择是一个应该注意的问题。经验法和试算法是选择权重的最简单方法。一般而言，最近期的数据最能预示未来的情况，因而权重应大些。

（三）回归预测法

回归预测法是一种用于分析、研究一个变量（因变量）与一个或几个其他变量（自变量）之间依存关系的方法，其目的在于根据一组已知的自变量数据值估计或预测因变量的总体均值。在采购预测中，人们把预测对象作为因变量，把那些与预测对象密切相关的影响因素作为自变量。根据二者的历史和现在的统计资料建立回归模型，经过统计检验后再用于预测。

回归分析预测法有多种类型，根据相关关系中自变量的个数不同，可将其分为一元回归分析预测法和多元回归分析预测法。在一元回归分析预测法中，自变量只有一个，而在多元回归分析预测法中，自变量有两个或两个以上。下面介绍常用的一元线性回归分析预测法和多元线性回归分析预测法。

1. 一元线性回归分析预测法

一元线性回归分析预测法是一种最基本的因果关系预测方法。一元线性回归分析预测法仅适用于只有一个独立变量影响需求的情况，并且它们之间的关系呈线性。例如，影响饮料需求的因素仅为价格水平。通过一元线性回归模型可以预测在不同价格水平下饮料的需求情况。预测公式为

$$D = A - (B \times P) \tag{3-4}$$

式中：

D：预测的需求量（因变量）；

A：常数，它表示自变量（价格）为 0 时的需求量。可以假设，当价格为 0 时，这个常数就为饮料生产企业的最大生产量，（假设公司的最大产量为 300 万瓶）；

B：斜率（或回归系数），它表示因变量和自变量之间的关系。由生产企业根据历史的经验数据获得，即根据每瓶价格上涨 0.1 元时，每月需求量下降 50 000 瓶，即当一瓶价格上涨 1 元时，需求量就会下降 500 000 瓶来计算。

P：每瓶饮料的价格。

A 和 B 的值可以通过分析过去数据中价格和需求量之间的因果关系得出。公式中 A 后面的减号"$-$"表示价格上涨会导致需求量的下降。根据给定的 A 和 B 的值，可以计算机出价格为 2 元时饮料的需求量，即

$$D = 3\ 000\ 000 - (500\ 000 \times 2) = 2\ 000\ 000（瓶）$$

2. 多元线性回归法

多元线性回归法适用于一个因变量与两个或两个以上自变量线性相关时的分析。多元线性回归分析法中的因变量受两个或两个以上自变量的共同影响。例如，根据饮料生产企业的经验，当月平均气温从 35℃开始下降，每降低 1℃，月需求量就会减少 30 000 瓶。当每瓶价格为 2 元，月平均气温为 28℃时，根据公式（3-5），可以得到预测的需求值，即

$$D = A - (B \times P) - (B_1 \times T) \tag{3-5}$$

式中：

D、A、B、P 代表的内容和公式（3-4）相同；

B_1：斜率（或回归系数），每降低 1℃时，月需求量的减少值；

T：从 35℃算起下降的温度。

$$D = 3\ 000\ 000 - (500\ 000 \times 2) - 30\ 000 \times (35 - 28) = 1\ 790\ 000（瓶）$$

实际上，变量之间的关系并非完全呈线性，所以这两种基于线性相关假设的回归分析法，使用的时候会受到一定的限制。

针对变量之间非线性关系的预测，可以采用其他非线性回归的预测方法。这里不做介绍。

第二节　采购需求的确定

通常，采购非生产性的日常消耗品相对比较简单，因为这些物品是内部使用，并且在公司的可控范围之内。但是，量化生产性物品的需求则存在一定难度，这些物品的需求因受公司产品销售量或服务的外部市场环境的影响而时常波动。公司有时可以通过广告、降价等策略影响产品或服务的需求，但是并不能控制它。基于上述情况，需求可分为独立需求和相关需求。采购部门与实际需求部门协商制定需求计划时，首先应该明白所采购物品的需求类型。

一、独立需求和相关需求的定义

独立需求是指某产品或服务的需求是由外部市场决定的，和其他产品没有关联，是完全独立的。如新建一座办公楼的采购需求，通常被认为属于独立需求类型。

相关需求是指某种物料的需求量与其他物料有直接的匹配关系，当其他某种物料的需求确定以后，就可以通过这种相关关系把该种物料的需求量推算出来。

相关需求关系可以分为水平需求关系和垂直需求关系。例如，一个汽车制造厂对引擎的需求量与该厂生产汽车的销售情况相关。相关需求有时也受其他非关联产品的影响。例如，办公家具的需求与公司雇员的数量相关。

需求可能是连续的，也可能是间断的。如果需求是间断的，则不能够对其进行预测，如果需求是连续的，则可以利用一系列过去的需求数据对未来的需求进行预测。

二、目前常用的采购需求预测方法

某些情况下，可以确切地了解将要采购物品的数量和品种。例如，对物品的需求可以通过特定时期内公司签订的销售产品或服务的合同来明确。但是，在大多数情况下，并不能准确地知道某一物品的需求情况，因此很有必要使用某种方法对物品的需求进行预测。下面，探讨几种常用的需求预测方法。这些方法不仅可以用于生产性需求的预测，也可用于内部非生产性需求的预测。

（一）专家意见法

专家意见法是一种通过征求一些熟悉有关问题、具有丰富经验的专业人士的意见来预测需求的方法。例如，由市场、销售和产品管理部门的人员组成的小组，可以对某一产品的销售量做出比较准确的预测。这种方法通常用于供应需求量的预测。

专家意见法一般有以下两种形式：

（1）情景分析法。此方法是指专家小组成员根据假定的条件，指出最有可能出现的需求情景。其结果包括最好的和最差的情况以及在两者之间最有可能出现的情况。

（2）德尔菲法。此方法是指专家小组成员在互相独立的情况下，以匿名的方式分别进行需求预测，然后将各个成员的意见进行比较，再对不同之处进行讨论，最终达成一致结果。

在没有历史数据或环境变化太快以致于历史数据不能反映未来需求预测的情况下，可以使用专家意见法进行需求预测。例如，技术发展很快或产品处于生命周期的引入期时，可以采用专家意见法。

（二）市场测试法

市场测试法是指公司在产品或服务的目标市场中抽出一个试验样本，根据某一时期内对其进行试验性销售的情况来进行需求预测的一种方法。当面临大量不确定因素时，可以采用这种方法进行需求预测。

（三）定量分析法

定量分析法在上一节已经详细讲解过，这里不再复述。

（四）基于计算机的物料需求计划系统

目前，许多计算机信息系统可以在销售预测和产成品生产计划的基础上自动生成采购计划。许多制造企业常常利用这些系统产生和制定未来一段时期的采购计划。目前，这类计算机系统主要有以下几种：

1. 物料需求计划（MRP）系统

MRP（Material Requirement Planning）即物料需求计划，许多制造商都用 MRP 系统来指导生产及制定所需物料的计划。MRP 以物料需求清单（BOM，Bill of Materials）为工作基础，BOM 详细地制定了某种产品生产所需的各种物料的数量。MRP 的特点如下：

（1）需求的相关性。在流通企业中，各种需求往往是独立的。而在生产系统中，需求又具有相关性。例如，根据订单确定了所需产品的数量之后，由新产品结构文件 BOM 即可推算出各种零部件和原材料的数量，这种根据逻辑关系推算出来的物料数量称为相关需求。不但品种数量有相关性，需求时间与生产工艺过程的决定也是相关的。

（2）需求的确定性。MRP 的需求都是根据主产进度计划、产品结构文件和库存文件精确计算出来的，品种、数量和需求时间都有严格要求，不可改变。

（3）计划的复杂性。MRP 系统的功能目标是随时掌握计划状态、储存状态和供货状态，涉及多方面的计划、文件及其时间上的有机衔接，因此具有一定的复杂性。

MRP 既是一种管理理念、生产方式，也是一种方法技术、一个信息系统；既是一种库存控制方法，也是一种时间进度安排方法。其核心思想是：围绕物料转化组织相应的资源，实现在正确的时间、正确的地点得到正确的物料，实现按需准时生产，提高客户服务水平，同时使库存成本最低、生产运作效率最高。

MRP 系统的主要目标是控制企业的库存水平，确定产品的生产优先级，以满足交货期的要求，使生产运行的效率达到最高。其优点具体可归纳为以下几点：

（1）采购恰当数量和品种的零部件。选择恰当的时间订货，尽可能维持最低的库存水平。

（2）及时取得生产所需的各种原材料及零部件，保证按时供应用户所需产品。

（3）保持计划系统负荷的均衡。

（4）保证准确的制造活动、采购活动以及产品的交货日期。

图 3-2 为建立在 ERP 基础上的采购流程图。

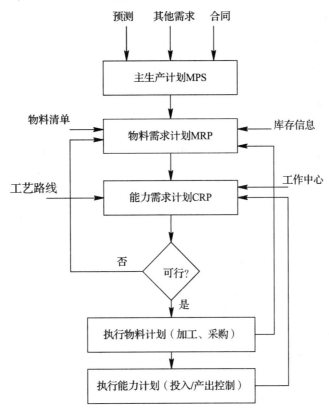

图 3-2　MRP 采购流程图

2. 分销资源计划(DRP)系统

DRP(Distribution Resource Planning)即分销资源计划,其包括了一个计划期内的商品在分销网络中流动的所有活动。通过互联网将供应商与经销商有机地联系在一起。供应商和经销商之间实时提交订单、查询产品供应和库存状况,并获得市场、销售信息及客户支持,实现供应商与经销商之间端到端的供应链管理,有效地缩短供销链。及时传递订单和销售量信息,掌握客户需求,对订货计划和资源分配计划进行管理,实现订单和客户需求对生产的驱动,而不是生产带动销售,改善客户关系,提高客户服务水平。

3. 企业资源计划(ERP)系统

ERP(Enterprise Resource Planning)即企业资源计划,其包括企业生产和供应在内的各种职能。

实际上,上述几种并不是需求预测方法,这些方法将销售预测与生产计划结合起来,利用销售预测和生产计划倒推需求预测,特别是预测与生产相关的物料需求。

三、确定采购需求的数量

一段时期内的需求确定后,就要确定订购批量和订购周期了。常用的确定订购批量和订购周期的方法有定量订货模型和定期订货模型。

(一)定量订货模型

1. 定量订货法的定义

定量订货法是指当库存量下降到预定的最低库存量(订货点)时,按规定数量(一般以经济订货批量(Economic Order Quantity,EOQ)为标准)进行订货补充的一种库存控制方法,如图3-3所示。

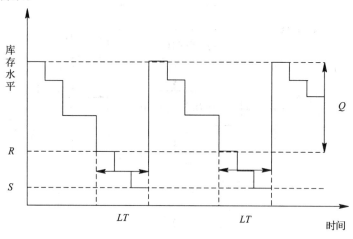

图3-3 定量订货模型图

一般常用的定量订货法有基本经济订货批量、批量折扣购货的订货批量以及分批连续进货的进货批量等几种方法。目前,在库存管理中运用最多的是基本经济订货批量法,下面将重点介绍基本经济订货批量法。

2. 基本经济订货批量(EOQ)法

基本经济订货批量法是简单、理想状态的一种方法。通常订货点的确定主要取决于需要量和订货交纳周期这两个因素。在需要量固定均匀、订货交纳周期不变的情况下,不需要设安全库存,此时,订货点为

$$R = LT \times \frac{D}{365} \qquad (3-6)$$

式中:

R:订货点的库存量;

LT:交纳周期,即从发出订单至该批货物入库所间隔的时间;

D:该商品的年需求量。

但在实际工作中,常常会遇到各种波动,如需要量发生变化,交纳周期因某种原因而延长等。这时,必须要设置安全库存S,订货点则应用下式确定:

$$R = LT \times \frac{D}{365} + S \qquad (3-7)$$

订货批量Q依据经济订货批量(EOQ)法来确定,即总库存成本最小时的每次订货数量。通常,年总库存成本的计算公式为

年总库存成本＝年购置成本＋年订货成本＋年保管成本＋缺货成本　　(3-8)

假设不允许缺货,则

年总库存成本＝年购置成本＋年订货成本＋年保管成本　　(3-9)

即

$$TC = DP + \frac{DC}{Q} + \frac{QH}{2} \tag{3-10}$$

式中：

TC：年总库存成本；

D：年需求总量；

P：单位商品的购置成本；

C：每次订货成本（元/次）；

H：单位商品年保管成本（元/年）；且 $H = PF$，F 为年仓储保管费用率；

Q：批量或订货量。

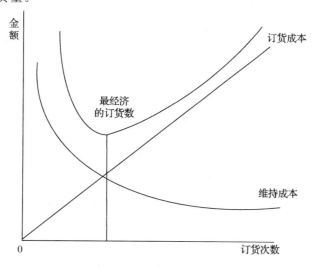

图 3-4 经济订货批量图

经济订货批量就是使库存总成本达到最低的订货数量，它是通过平衡订货成本和保管成本两方面因素后所得，如图 3-4 所示。其计算公式为

经济订货批量 $\qquad$ $\text{EOQ} = \sqrt{\dfrac{2CD}{H}} = \sqrt{\dfrac{2CD}{PF}}$ $\tag{3-11}$

此时的最低年总库存成本 $\qquad$ $TC = DP + H(\text{EOQ})$ $\tag{3-12}$

年订货次数 $\qquad$ $N = \dfrac{D}{\text{EOQ}} = \sqrt{\dfrac{DH}{2C}}$ $\tag{3-13}$

平均订货间隔周期 $\qquad$ $T = \dfrac{365}{N} = \dfrac{365\text{EOQ}}{D}$ $\tag{3-14}$

3. 定量订货法的应用

定量订货法主要用于 A 类物资订货量的确定，具体地讲，定量订货法适用的场合主要包括以下几个方面：

（1）单品种物资；

（2）价钱贵、订货量大的物资；

（3）需求量变动大以及难以预测需求的物资；

（4）管理耗费相对较大的物资。

4. 定量订货法的优缺点

（1）优点。订货点、订货批量一经确定，则定量订货法的操作就很简单。当订货量一定时，收货、验收、保管和批发可以利用现成的规格化器具和结算方式，可节省搬运、包装等方面的工作量。定量订货法充分发挥了经济订货批量的作用，可以使平均库存量和库存费用最低。

（2）缺点。要随时盘存，花费较大的人力和物力；订货模式过于机械；订货时间不能预先确定，所以难于加以严格的管理，也难于预先做出较精确的人员、资金、工作等的安排计划。此外，在实际工作中具体应用定量订货法时，还要注意它适用的环境条件。定量订货法的具体步骤见表 3-1。

表 3-1 定量订货法具体步骤

序号	步　骤	内　容
1	需求分析：确定需求的性质、规律和数量	做好基础工作，把所有品种进行 ABC 分类，A 类采用定量订货法
2	确定库存模型	根据第一步的分析，确定合适的库存模型
3	确定订货点	根据不同的库存模型确定各自合适的订货点
4	确定订货批量	根据具体情况确定订货批量
5	定量订货法具体运行	在具体运行实施时，保管员要随时检查库存，每天都求出库存量的余额，当库存量下降到给定的订货点，就发出订货，每次订货都订一个已经给定的订货批量

（二）定期订货法

1. 定期订货法的定义

定期订货法是按预先确定的订货时间间隔按期进行订货，以补充库存的一种库存控制方法。其决策思路是：每隔一个固定的时间周期检查库存项目的储备量，根据盘点结果与预定目标库存水平的差额确定每次的订购批量。假设需求随机变化，每次盘点时的储备量都不相等，因此，为达到目标库存水平 Q_0 而需要补货的数量也随机变化。这类系统的决策变量包括：检查时间周期 T、目标库存水平 Q_0。此类库存控制系统的储备量变化情况如图 3-5 所示。

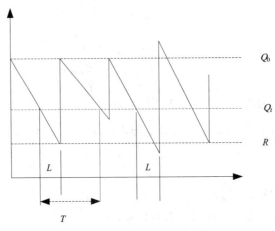

图 3-5 定期订货法示意图

2. 定期订货法的内容

1）订货周期的确定

订货周期一般根据经验确定，主要考虑制定生产计划的周期，常取月或季度作为库存检查周期，但也可以借用经济订货批量的计算公式，确定使库存成本最有利的订货周期。

$$订货周期 = \frac{1}{订货次数} = \frac{Q}{D}（年）\tag{3-15}$$

2）目标库存水平的确定

目标库存水平需满足订货期加上提前期时间内的需求量。它包括两部分：一部分是订货周期加提前期内的平均需求量；另一部分是根据服务水平保证供货概率的保险储备量。

$$Q_0 = (T+L)R + Z \times S_2\tag{3-16}$$

式中：

T：订货周期；

L：订货提前期；

R：平均日需求量；

Z：服务水平保证的供货概率查正态分布表对应的 t 值。

S：订货期加提前期内的需求变动的标准差。若给出需求的日变动标准差 S_0，则

$$S_2 = S_0\sqrt{T+L}\tag{3-17}$$

依据目标库存水平可得到每次检查库存后提出的订购批量为

$$Q = Q_0 - Q_t\tag{3-18}$$

式中：

Q_t：第 t 期检查时的实有库存量。

3）定期订货法的应用

定期订货法主要用于 B、C 类物资，即那些数量少、价值低、利润薄的物资采购量的估算，因而是不需要特别管理的物资订货。对于这些多数的品种实行定期管理，可以最大地保障供应、保证受益、降低成本。

（三）定量订货法与定期订货法的区别

（1）提出订购请求时点的标准不同。定量订购库存控制法提出订购请求的时点标准是，当库存量下降到预定的订货点时，即提出订购请求；而定期订购库存控制法提出订购请求的时点标准则是，按预先规定的订货间隔周期，到了该订货的时点即提出订购请求。

（2）请求订购的商品批量不同。定量订购库存控制法每次请购商品的批量相同，都是事先确定的经济批量；而定期订购库存控制法每到规定的请求订购期，订购的商品批量都不相同，可根据库存的实际情况计算后确定。

（3）库存商品管理控制的程度不同。定量订购库存控制法要求仓库作业人员对库存商品进行严格的控制与精心的管理，经常检查、详细记录、认真盘点；而用定期订购库存控制法时，对库存商品只要求进行一般的管理、简单的记录，不需要经常检查和盘点。

（4）适用的商品范围不同。定量订购库存控制法适用于品种数量少、平均占用资金量大、需重点管理的 A 类商品；而定期订购库存控制法适用于品种数量大、平均占用资金量少、只需一般管理的 B 类和 C 类商品。

第三节　采购计划的编制与管理

编制采购计划是采购员工作的起点，其重点在于确定什么时候采购多少物料。实际的计划编制基础是从每年的销售预测、生产预测、经济预测中获得的信息。销售预测提供关于材料需求、产品及采购后获得的服务等信息；生产预测提供关于所需材料、产品、服务的信息；经济预测将提供用于预测价格、工资和其他成本总趋势的信息。

一、编制采购计划的作用和目的

（一）编制采购计划的作用

古人云："凡事预则立，不预则废。"在计划、组织、人员配备、领导、控制等诸多管理功能中，计划被列为首要功能。编制采购计划的作用主要体现在以下几个方面：

（1）采购是企业生产经营活动的起始阶段，按计划组织采购活动，是实现有计划组织企业生产经营活动的重要保证。

（2）采购计划提高了购进原料的稳定性、可靠性和及时性，与企业完成销售等任务计划紧密衔接，提高了原料供应的保证程度。

（3）采购计划对相应的运输、仓储、资金、人员等项实施条件提出要求，因而采购计划是企业编制和落实财务计划、储运计划、人力资源计划等项计划的重要依据。

（4）采购计划的编制增强了企业内部采购、库存、销售等工作环节的协调，可促进企业内部产、供、销的整合和与外部供应单位的衔接，提高了预见性，减少了不确定性，这对缩减备运时间、降低库存水平、减少费用支出都是十分有利的。

此外，企业编制商品采购计划，对供应商也是很有好处的。供应商能据以适时备料，更好地计划和安排其生产经营活动，避免商品库存积压或因缺货而错过销售机会。有些供应商对买方能事先提报采购计划的，会给予价格优惠，这也是买方企业编制商品采购计划的一个好处。

（二）编制采购计划的目的

采购计划是根据市场需求、企业的生产能力和采购环境容量等确定采购的时间、采购的数量以及如何采购的计划。制定采购计划主要是为了指导采购部门的实际工作，保证产销活动的正常进行和企业的经营效益。因此，好的采购计划应达到以下目的：

（1）正确估计需用商品的时间和所需数量，保证连续供应。在企业的销售活动中，销售所需的商品必须能够在需要的时候即可获得，而且能够满足需要，否则就会因商品供应不上或供应不足，导致销售中断。因此，采购计划必须根据企业的销售计划、库存政策和采购环境等估算商品需用的时间和数量，在恰当的时候进行采购，保证经营的连续进行。

（2）配合企业的销售计划与资金调度。商业企业的采购活动与销售活动是紧密关联的，是直接服务于销售活动的。为此，采购计划一般要依据销售计划来制定，确保采购适当的商品以满足顾客的需要。

（3）避免商品储存过多，积压资金。在实际的经营过程中，库存是不可避免的，有时还是十分必要的。库存实质上是一种闲置资源，不仅不会在经营中创造价值，反而还会占用资金而增加企业的成本。也正因为如此，准时生产和零库存管理成为一种先进的生产运作和管理模式。在企业的总资产中，库存资产一般要占到20％～40％。商品储存过多会造成大量资金的沉淀，影响到资金的正常周转，同时还会增加市场风险，给企业经营带来负面影响。

（4）采购部门事先准备，选择有利时机购入商品。在瞬息万变的市场上，要抓住有利的采购时机并不容易。只有事先制定完善、可行的采购计划，才能使采购人员做好充分的采购准备，在适当的时候购入商品，而不至于临时抱佛脚。

二、采购计划的分类

根据不同的分类标准，采购计划可分为以下不同类型：

（1）按计划期的长短分，可以把采购计划分为年度物料采购计划、季度物料采购计划和月度物料采购计划等。年度采购计划反映大类或类别商品的订购总量，据以同市场资源进行平衡，同企业内部进、销、存能力进行平衡，同企业的计划任务量、资金、费用、盈利等指标进行平衡。季度或月份采购计划是按具体规格、型号编制的，它是具体组织采购的依据。市场采购计划是企业内部掌握的计划，表式没有统一的规定，由企业根据进货管理工作的实际需要制定。

（2）按物料的使用方向分，可以把采购计划分为生产产品用物料采购计划、维修用物料采购计划、基本建设用物料采购计划、技术改造措施用物料采购计划、科研用物料采购计划以及企业管理用物料采购计划。

（3）按物料的自然属性分类，可以把采购计划分为金属物料采购计划、机电产品物料采购计划、非金属物料采购计划等。

常见的物料采购计划表如表3－2所示。

表3－2 物料采购计划表　　　　　　　年　　月　　日

材料名称	规格	交货日期	每日用量	每日最高用量	基本存量	最高存量	基本存量比率	每次订购数量

采购计划除了按一定的表式用数字反映计划指标的安排外，还要附以文字说明。文字说明的主要内容包括：

（1）前期采购计划的完成情况和本计划中的突出问题；

（2）计划期货源形势的估计和计划的依据；

（3）根据满足需要、加速商品周转和提高企业经济效益的要求，说明安排商品采购计划、特别是组织短缺商品采购方面的主要措施和建议；

（4）可能采用的采购方式和资金来源；

（5）向领导和企业有关部门提出的要求和建议等。

例如，表3－3为某政府部门的月度采购计划表，表3－4为某企业的材料采购计划表。

表3－3　月度政府采购计划表

单位名称（盖章）：　　　　　联系人：　　　　　联系电话：

采购代码	采购项目	基本配置要求	数量	预算金额	资金来源			拟使用时间
					财政预算资金（元）	预算外资金（元）	单位自筹资金（元）	
合计								

预算金额合计人民币（大写）：

财政业务处室审核意见：

（盖章）
年　月　日

市采购办审核意见：

（盖章）
年　月　日

注：

1. 本月度采购计划适合于集中采购项目和采购限额标准以上的项目；

2. 其他集中采购项目和采购限额标准以上项目应分别填写；

3. 本表一式四联，每月25日前报送市采购办，未纳入会计集中核算的单位，本计划表须报财政业务处室审核；

4. 本表第一联由采购办留存，第二联由采购单位记账，第三联供采购单位（集中目录项目）或采购单位（限额标准以上项目）办理采购委托或自行组织采购的依据）保管，第四联交由财政业务处室留存。

表 3 - 4　某企业材料采购计划表

材料名称	规格	单位	全年采购量	单价	金额	每月采购计划																	
						1月		2月		3月		4月		5月		6月		7月		8月		9月		⋮	⋮
						数量	金额	数量	金额	数量	金额	数量	金额	数量	金额	数量	金额	数量	金额	数量	金额	数量	金额		

日期：　　　　　　　　　　　批准/日期：　　　　　　　　　　审核/日期：

三、采购计划的编制流程

采购计划的制定需要具有丰富的采购计划经验、采购经验、开发经验以及生产经验等相关知识的复合人才来负责，并且要与其他相关单位协调好。企业在具体操作过程中，一般先编制年度采购计划，在此基础上，再编制月度采购计划。编制好的月度采购计划在经过采购部经理和总经理的审核后，再进行下一步的具体采购环节。图3-6为采购计划的编制流程图。

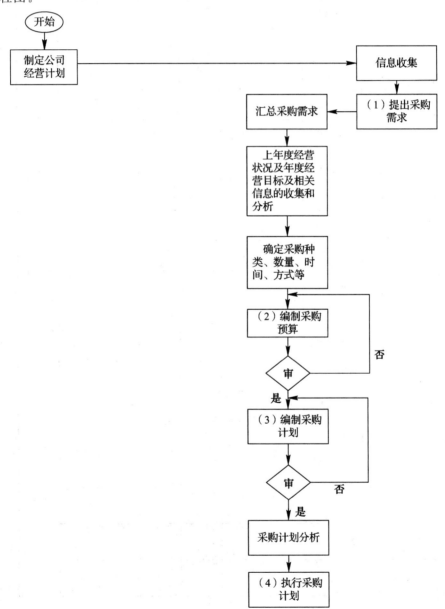

图3-6　采购计划编制流程图

在上述采购计划编制的流程中，共设置四个控制点，分别是：

（1）提出采购需求；

（2）编制采购预算；

（3）编制采购计划；

（4）执行采购计划。

以上四个控制点能够保证采购计划编制过程的可行性和科学性。对四个控制点，作简要说明：

（1）提出采购需求。主要指公司各部门根据企业经营计划和本部门情况提出物资采购需求，拟定部门物资需求清单，并填写请购单；

（2）编制采购预算。内容主要包括：采购部对各部门的采购需求申请进行汇总；采购部对物资的库存情况与各部门的采购需求进行分析，并结合企业上年度生产状况、销售状况等情况及本年度经营目标确定年度采购需求(采购需求主要包括采购物资类别、采购数量、采购金额、采购方式等)；采购部根据实际采购需求，编制采购预算并报采购经理、财务部审核；财务部根据年度采购预算和采购管理制度对采购部预算进行审核；报总经理审核。

关于采购预算的编制方法和具体编制步骤，在下一节中将会详细介绍。

（3）编制采购计划。主要内容包括：采购部对上述情况进行分析汇总，制定年度采购计划，并将年度采购计划上报采购经理、总经理审批。

（4）执行采购计划。主要指将年度采购计划分解出月度采购计划，如图3-7所示。

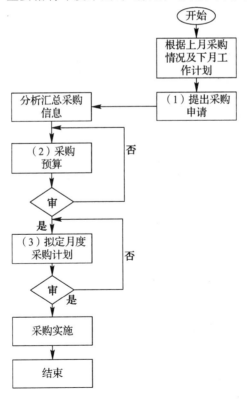

图3-7　月度采购计划编制流程

在图3-7的月度采购计划编制流程中，共设置三个控制点，分别是：

（1）提出采购需求；

（2）编制采购预算；

（3）拟定月度采购计划。

以上三个控制点能够保证采购计划编制过程的可行性和科学性。以下对三个控制点作简要说明：

（1）提出采购需求。主要内容包括：公司各部门提出部门的物资采购需求，向采购部提出请购单和采购计划调整申请单；仓储部填写月度库存量、安全库存和请购单。

（2）编制采购预算。主要内容包括：采购部收集各部门采购单和采购调整单；采购部汇总相关部门的采购需求，结合年度采购计划分解信息，月度生产、销售等情况确定采购需求，编制月度采购预算并报采购经理、财务部审核；采购部根据年度采购预算和相关制度，审核月度采购预算；报总经理审核。

（3）拟定月度采购计划。主要内容包括：采购部依据上述信息及采购计划编制要求，拟定月度采购计划；将月度采购计划上报采购经理、总经理审批后执行。

第四节　采购预算

一、采购预算概述

（一）采购预算的定义和现状

采购预算是一种用数量表示的计划，是将企业将来采购决策的目标通过有关数据系统地反映出来，是采购决策数量化的表现。一般来说，企业制定采购预算主要是为了促进企业采购计划工作的开展与完善，减小企业的采购风险与合理安排有限资源，保证资源分配的效率性，以便对成本进行控制等。

采购预算是指导和控制采购过程的"生命线"，是开启采购管理的钥匙。采购预算与采购计划是密不可分的，采购预算是在采购计划的基础上制定的，预算的时间范围与采购计划期应该一致。在编制采购预算时，必须体现科学性、严肃性、可行性，克服随意性，绝不可以用"拍脑袋"的方法来做预算。而目前，有些企业和地方政府专项资金预算项目不够细，没有制定配备的标准，预算随意性强，导致采购部门无法全面、准确、及时地掌握采购商品信息，无法按步骤来实施采购。

为此，必须高度重视采购预算的决策活动，了解本年度预算的实施情况，了解市场，只有做到知己知彼，才能百战不殆。同时，要从实际出发，瞄准影响企业采购成本的关键问题，制定降本增效的规划、目标和措施，从而保证制定的预算合理、正确。随着时间的推移，采购人员应积极主动地与不同的职能部门定期沟通，了解他们的计划和预算是否仍然准确或已发生了变化。

（二）采购预算的意义

采购主管进行采购一定要做到心中有"数"，"数"是什么？是预算。一般来说，企业制定预算主要是为了达到以下目的：

（1）促进企业计划工作的开展与完善，减小企业的经营风险与财务风险。预算的基础是计划，预算能促使企业的各级经理提前制定计划，避免企业盲目发展，遭受不必要的经营风险和财务风险。事实上，预算的制定和执行过程，就是企业不断用量化的工具使自身的经营环境、现有资源和企业的发展目标保持动态平衡的过程。

（2）使企业高层管理者全盘考虑企业整个价值链之间的相互关系，明确各自责任，便于各部门之间的协调，促成企业长期目标的最终实现。

（3）使部门之间合理安排有限资源，保证资源分配的效率性。

（4）有利于对成本进行控制。

企业预算一般分为财务预算、资本支出预算、业务预算和采购预算四种。其中，财务预算指有关现金收支、经营成果、财务状况的预算，包括现金预算表、利润表、资产负债表。资本支出预算是企业长期投资资产购建、扩建等的预算。业务预算指的是与企业业务相关的预算，主要包括销售预算、成本预算、费用预算等。采购预算作为企业预算管理中不可或缺的一部分，在企业的生产经营活动中扮演着重要的角色。采购预算过多或过少，都会影响企业的经营效益。

预算的实质是一种协调过程，它要求预算人员通过企业各个部门、各个层次的知识、所从事具体活动的经验以及各自的职责得出一个综合的或总的预算。每一部门或层次的预算由其下级层次的预算总和再加上管理这一特定部分或层次相关的成本和其他预算项目构成。也正因为如此，预算会影响资源的分配。由于企业的管理者常常根据预算与实际数据的比较来评定部门或个人的业绩，部门主管可能故意把预算做大或做小，例如，采购部门为提高其在企业内的地位，获得更多的资源，往往夸大其词，将预算做大，从而控制更多的人力、物力和财力。因此，采购部门提交更具有挑战性的预算报告，必须对业绩评估方式进行适当的修改。在充分审查了影响预算的内外不可控因素后，企业管理者应实事求是地制定假设条件，使业绩评估人员明确哪些是可控因素，哪些是不可控因素。对于不可控因素，在进行业绩评估时，必须要给予充分考虑，并向管理者提出建议。这样，就解决了部门主管绩效评估的后顾之忧，解开了束缚他们的绳索。

（三）采购中涉及到的预算类型

采购中涉及到的预算主要有以下几种：

1. 材料（经营）采购预算

材料或经营预算从对经营行为的预测开始，它的根据是销售预测和计划。通过销售预测和计划可以推断出用于原材料采购的所有资金。在原材料上的投资非常关键，因为资金的短缺就有可能导致物料的短缺，从而造成很大的损失。预算的最主要好处是能够分析清楚现金的流动情况，并且提前发现问题。敏感性分析给了采购部门一个机会去寻找或者开发其他替代品。通常，材料采购预算是年度或更短的计划，除了那些耗资高，生产周期长的复杂产品，例如，飞机或电厂就需要长期预算。

2. MRO 物品预算

MRO 预算为所有的维护、修理及辅助用料提供采购计划，通常为 12 个月。因为每一系列货品的数目都可能很大，以至于不宜为每一种货物做预算。通常，通过使用过去的比率来完成采购预算，例如维护、修理及辅助用料成本，将依据对库存和总的价格水平的预测变化而进行调整。

3. 资金预算

资金使用计划通常牵涉几年的时间，它的依据是公司对产品线、市场份额及开拓新项目的战略计划。依据生产需求、现有设备的淘汰情况、设备更新需求和拓展计划，可以制定资金需求计划。在做资金预算时，诸如供应商的提前期（它可能会很长）、资金成本、预期的价格上升以及需要给设备供应商的预付款等情况都必须考虑到。

4. 经营预算

依据预期的工作负荷，应该为每年的经营准备出所有的采购费用。这些费用包括工资、供热成本、厂地成本、设备成本、计算机使用或时间共享费用的数据处理成本、旅游和招待费用、参加研讨会和专业会议的人员教育费用、邮费、电话费、传真费、办公设备和商业杂志订阅费以及采购其他图书的附加费用。如果预算对以前的会计年度有影响，就应该比较预算和实际耗费，协调任何重要的差别。每一个月都应该比较费用和预算，以便于控制费用并及时发现问题。在了解过去部门的经营费用后，应该为下一个会计年度做出预算，这个预算包括工资的上涨、人员的增减以及与采购计划有关的、所预测的所有其他费用。最后的预算应该与企业的总预算相一致。

二、常用的几种预算方法

预算编制的方法多种多样，有概率预算、弹性预算、滚动预算、零基预算等。下面详细介绍几种常用的预算编制方法。

（一）概率预算

1. 概率预算的定义

概率预算是指对在预算期内不确定的各项预算构成变量根据客观条件做出近似的估计，估计他们可能变动的范围及出现在各个变动范围内的概率，再通过加权平均计算有关变量在预期内的期望值的一种预算编制方法。

概率预算属于不确定预算，一般适用于难以准确预测变动趋势的预算项目，如开拓新业务等。

2. 概率预算的基本特征

概率预算的基本特征是：

（1）影响预算对象的各因素具有不确定性，因而存在着多种发展可能性，并且这些可能性能够计量。

（2）由于对影响预算对象变量的所有可能都作了客观的估计和测算，因而拓展了变量的范围，改善了预算指标的准确程度。

3. 概率预算的编制

概率预算必须根据不同的情况来编制，大体上可分为以下两种情况：

（1）销售量的变动与成本的变动没有直接联系。这时，只要利用各自的概率分别计算销售收入、变动成本、固定成本的期望值，然后即可直接计算利润的期望值。

（2）销售量的变动与成本的变动有直接联系。这时，需要用计算联合概率的方法来计算利润的期望值。

概率预算的编制程序：

（1）在预测分析的基础上，估计各相关因素的可能值及其出现的概率，它可以根据历史资料或经验进行判断。

（2）计算联合概率，即各相关因素的概率之积。

（3）根据弹性预算提供的预算指标以及与之对应的联合概率计算出预算对象的期望值，即概率预算下的预算结果。

4. 概率预算案例

某公司计划明年投产一种新产品，单位售价为 9 元，经市场调研，预计该产品在明年的销售量有三种可能，分别是 50 000 件、55 000 件、60 000 件，对应的概率分别为 0.2、0.5、0.3。单位产品变动性制造成本可能是 5 元、6 元、7 元，各成本水平出现的概率分别为 0.2、0.6、0.2。单位变动性销售费用为 0.5 元，约束性固定成本为 10 000 元。当销售量分别为 50 000 件、55 000 件、60 000 件时，酌量性固定成本在不同产量水平下分别为 30 000 元、35 000 元、40 000 元。

根据上述资料，编制该公司明年的利润概率预算表，如表 3-5 所示。

表 3-5 利润概率预算编制表

组合	销售量	销售量概率	单位变动制造成本	单位变动销售费用	酌量性固定成本	约束性固定成本	利润	联合概率	利润期望值
1	50 000	0.2	5(p=0.2)	0.5	30 000	10 000	135 000	0.04	5 400
2	50 000	0.2	6(p=0.6)	0.5	30 000	10 000	85 000	0.12	10 200
3	50 000	0.2	7(p=0.2)	0.5	30 000	10 000	35 000	0.04	1 400
4	55 000	0.5	5(p=0.2)	0.5	35 000	10 000	147 500	0.1	14 750
5	55 000	0.5	6(p=0.6)	0.5	35 000	10 000	92 500	0.3	27 750
6	55 000	0.5	7(p=0.2)	0.5	35 000	10 000	37 500	0.1	3 750
7	60 000	0.3	5(p=0.2)	0.5	40 000	10 000	160 000	0.06	9 600
8	60 000	0.3	6(p=0.6)	0.5	40 000	10 000	100 000	0.18	18 000
9	60 000	0.3	7(p=0.2)	0.5	40 000	10 000	40 000	0.06	2 400
Σ	—	—	—	—	—	—	—	1.00	93 250

所以，该公司税前利润的概率预算为 93 250 元。

（二）弹性预算

1. 弹性预算的定义

弹性预算是指企业按照预算期内可预见的多种生产经营活动的业务量水平分别确定相应数据而编制的预算。

2. 弹性预算的特点

（1）它按预算某一相关范围内可预见的多种业务活动水平确定不同的预算额。

（2）待实际业务量发生后，将实际指标与实际业务量相应的预算额进行对比，使预算执行情况的评价与考核建立在更加客观可比的基础上，从而更好地发挥预算的控制作用。

3. 弹性预算的编制程序

弹性预算适用于业务量水平经常变动的企业。弹性预算的编制原理为：以成本分析为基础，将成本区分为固定成本和变动成本两部分，某一项目的预算数按下式确定：

弹性预算＝单位变动成本×业务量水平＋固定成本预算数

弹性预算的具体编制程序如下：

（1）确定某一相关范围，预计未来期间的业务活动水平将在这一相关范围内变动；

（2）选择经营活动水平的计量标准，如产量单位、直接人工小时、机器小时等；

（3）根据成本与计量标准之间的依存关系将企业的成本分为固定成本、变动成本、混合成本三大类；

（4）按成本函数（$y＝a＋bx$）将混合成本分解为固定成本和变动成本；

（5）确定预算期内各业务的活动水平；

（6）可利用多栏式的表格分别编制对应于不同经营活动水平的预算。

预算控制的关键在于能频繁地向管理人员提供反馈信息，使得他们能进行控制并有效地将组织的计划付诸实践。

（三）滚动预算

1. 滚动预算的定义

滚动预算又称永续预算或连续预算，它在预算的执行过程中自动延伸，使预算期永远保持在一年。

2. 滚动预算的特点

滚动预算的预算期与会计年度相脱节，始终保持在 12 个月或四个季度，其具有以下优点：

（1）可以保持预算的连续性与完整性，使有关人员能从动态的预算中把握企业的未来，了解企业的总体规划和近期目标。

（2）可以根据前期预算的执行结果，结合各种新的变化信息，不断调整或修订预算，从而使预算与实际情况相适应，有利于充分发挥预算的指导和控制作用。

（3）可以使各级管理人员始终保持对未来 12 个月甚至更长远的生产经营活动作周密的考虑和全盘规划，确保企业各项工作有条不紊的进行。

3. 滚动预算的编制程序

当预算执行过 1 个月后，即根据前 1 月的经营成果，结合执行中发生的变化等信息，对剩余的 11 个月加以修订，并自动后续 1 个月，重新编制一年的预算。这样逐期向后滚动，连续不断地以预算的形式规划未来的经营活动。滚动预算编制表如表 3-6 所示。

表 3-6 滚动预算编制

2007 年预算（2006 年下旬编制）

2007 年					
第一季度			第二季度	第三季度	第四季度
1 月	2 月	3 月	总数	总数	总数
2007 年第二季度—2008 年第一季度（2007 年 3 月下旬编制）					
2007 年第二季度—2008 年第一季度					
2007 年第二季度			2007 年第三季度	2007 年第四季度	2008 年第一季度
4 月	5 月	6 月	总数	总数	总数

（四）零基预算

1. 零基预算的定义

零基预算是指在编制预算时以零为基础，从根本上考虑各开支项目的必要性、合理性，从而确定预算金额的一种预算方法。

2. 零基预算的特点

零基预算冲破了传统预算框架的限制，以零为起点，观察分析一切费用开支项目，确定预算金额，其具有以下优点：

（1）合理、有效地进行资源分析。

（2）有助于企业内部的沟通、协调，激励各基层单位参与预算编制的积极性和主动性。

（3）目标明确，可区别方案的轻重缓急。

（4）有助于提高管理人员的投入产出意识。

（5）特别有助于服务性部门克服较难辨认的资金浪费的缺点。

当然，零基预算也存在不足，归纳起来有以下几方面：

（1）由于一切开支均以零为起点进行分析研究，编制预算的工作量较大，费用较高。

（2）评级和资源分配具有不同程度的主观性，易于引起部门间的矛盾。

针对零基预算的缺陷与不足，合理的解决办法是，每3～5年编制一次零基预算，几年以后再作适当调整，以减少浪费和克服低效。

3. 零基预算的编制程序

（1）划分基层预算单位。企业里各基层业务单位通常被视为能独立编制预算的基层单位。

（2）对基层预算单位的业务活动计划的目的性以及需要开支的费用逐项进行审核。

（3）由基层预算单位对本身的业务活动作具体分析，并提出"一揽子业务方案"。

（4）对每项业务活动的计划进行"费用-效益分析"，权衡得失，排出优先顺序，并把他们分成等级。

（5）根据生产经营的客观需要与一定期间内资金供应的实际可能，判定纳入预算中的费用项目可以达到几级，并对已确定可纳入预算的项目进行加工、汇总，形成综合性的费用预算。

（6）编制并执行预算。资金分配方案确定后，就制定零基预算正式稿，经批准后下达执行。执行中遇有偏离预算的地方要及时纠正，遇有特殊情况要及时修正，遇有预算本身问题要找出原因，总结经验并加以优化。

由于以上各种预算编制方法的特点和编制原理都有所不同，企业在预算编制过程中，应根据自己的外部环境及本企业的特点进行选择。对于市场价格及企业市场份额情况不确定的初创期或成长期的企业，应尽量采用弹性预算；对于市场确定的企业，采用固定预算更为合适；对于预算水平较高的企业可以选择较为先进复杂的一些预算方法，如滚动预算和零基预算，反之应该选择较为简单一些的预算方法，如固定预算，以防引起工作的混乱。

三、采购预算的编制

采购预算是采购部门为配合年度的销售预测，对需求商品等的数量按成本进行的估计。采购预算如果单独编制，不但缺乏实际的应用价值，也失去了其他部门的配合，所以采购预算的编制必须以企业整体预算制度为依据，编制预算涉及企业的各个方面。对整个企业而言，预算管理的最高组织协调者可以是公司的预算管理委员会或总经理；预算协调员可以是公司的部门经理或公司经理；预算编制人可以为一个部门、一个子公司，甚至一个业务员。采购预算编制的依据如表3-7所示。

表3-7　采购预算编制基础

序号	内容
1	生产预算的每季预计生产量
2	单位产品的材料消耗定额
3	计划期间的期初、期末存料量
4	材料的计划单价
5	采购材料的付款条件等

（一）采购预算编制步骤

预算编制应从采购目标的审查开始，接下来是预测满足这些目标所需的资源，然后制定计划或预算。采购预算编制一般包括以下几个步骤：

（1）审查企业以及部门的战略目标。采购部门作为企业的一个部门，编制预算要从企业总的发展目标出发，审查本部门和企业的目标，确保两者之间的相互协调。

（2）制定明确的工作计划。采购主管必须了解本部门的业务活动，明确它的特性和范围，制定出详细的工作计划表。

（3）确定所需的资源。有了详细的工作计划表，采购主管要对业务支出做切合实际的估计，确定为实现目标所需要的人力、物力和财力资源。

（4）确定较准确的预算数。确定预算数据是企业编制预算的难点之一。目前企业普遍的做法是将目标与历史数据相结合来确定预算数，即对历史数据和未来目标逐项分析，使收入和成本费用等各项预算切实合理可行。对历史数据可采用比例趋势法、线性规划、回归分析等方法找出适用本企业的数学模型来预测。有经验的预算人员也可以通过以往的经验做出准确的判断。

（5）汇总编制总预算。对各部门的预算草案进行审核、归集、调整，再进行汇总编制总预算。

（6）修改预算。由于预算总是或多或少地与实际有所差异，因此必须根据实际情况选定一个偏差范围。偏差范围的确定可以根据行业平均水平，也可以根据企业的经验数据。设定了偏差范围以后，采购主管应比较实际支出和预算的差距以便控制采购业务的进展。如果得出与估计值的差异达到或超过了容许的范围，就有必要对具体的预算做出建议或必要的修订。

（7）提交预算。将编制好的预算提交企业负责人批准。

（二）采购预算编制要点

为了确保预算能够规划出与企业战略目标相一致且可实现的结果，必须寻找一种科学的方法来达到这一目标。企业管理者应当与采购部门主管就目标积极开展沟通，调查要求和期望，考虑假设条件和参数的变动，制定劳动力和资金需求预算。

另一方面，为了使预算更具灵活性和适应性，以应对意料之外可能发生的事件，减少预算的失误以及由此带来的损失，企业在预算过程中应当尽力做到以下几点：

（1）编制预算之前要进行市场调研，广泛搜集预测信息和基础资料数据，如市场需求量、售价、材料价格、各种消耗定额、费用限额等，并对这些信息资料进行必要的加工、整理，然后再用于编制采购量预算。如果忽视了对市场的调研与预测，可能会使预算指标缺乏弹性，缺乏对市场的应变能力，致使采购预算不能发挥其控制作用。

（2）编制预算时，为最大限度地实现企业的总目标，应制定切实可行的编制程序、修改预算以及预算执行情况分析等的办法。

（3）确立恰当的假定，以便预算指标建立在一些未知而又合理的假定因素的基础上，便于预算的编制和采购管理工作的开展。预算编制中最令人头痛的问题是，预算编制人员不得不面对一些不确定的因素，也不得不预定一些预算指标之间的关系。比如，在确定采购预算的现金支出时，必须先预定各种商品价格的未来走向。因此，在编制预算时，要根据历史数据和对未来的预测确立合理的假定，确保采购预算的合理性、可行性。

（4）每项预算应尽量做到具体化、数量化。在编制采购预算时，必须对每一项支出都写出具体的数量和价格，只有越具体，才越可以准确地判断预算做得对与不对，才能促使部门在采购时精打细算，节约开支。在实际编制采购预算的过程中，应在采购预算表下附该预算期现金支出的计算表，以便编制现金预算。

（5）应强调预算的泛参与性，让尽可能多的员工参与到预算的制定中来，这样既可以提高员工的积极性，也可以促进信息在更大的范围内交流，使预算编制中的沟通更为细致，增加预算的科学性和可操作性。当然，在强调预算的广泛参与性的同时，也要注意预算编制的效率，要注意区分各级员工参与的程度，不能一视同仁。

（三）采购预算编制注意事项

1. 避免预算过繁过细

采购预算作为一种采购管理控制的手段，应尽量具体化、数量化，以确保其具有可操作性。但这并不意味着对企业未来采购活动中的每一个细节都应做出细致的规定。如果对极细微的支出也作了琐碎的规定，可能致使各职能部门缺乏应有的自由，从而影响到企业运营的效率。所以，预算不可能也不应太详尽，也不是越细越好，而应抓住预算中的关键环节予以列述，以免主次难辨，轻重不分。

2. 避免预算目标与企业目标不协调

在编制预算时，由于没恰当地掌握预算控制，以及为采购部门设立的预算标准没有很好地体现企业目标的要求；或者是企业环境产生了变化，出现预算目标与企业总目标脱离的现象；采购部门主管可能只热衷于使本部门的采购活动严格按预算的规定进行，却忘记了采购首要的职责是要千方百计地实现企业的目标，等等。因此，为了防止采购预算与企业目标冲突，一方面应当使预算更好地体现计划的要求；另一方面应当适当掌握预算控制的度，使预算具有一定的灵活性。

3. 避免一成不变

采购预算同采购计划一样，不能一成不变，在预算执行过程中，要对预算进行定期检查，如果企业面临的采购环境或企业自身已经发生重大的变化，就应当及时进行修改或调整，以达到预期的目标。可见，缺乏企业战略指导的预算，无视市场环境约束做的预算，基于过去凭空设计的预算，都将使采购预算的效果大打折扣。

本 章 小 结

　　采购计划与预算是整个采购运作的第一步，也是进行其他采购工作的基础。企业在进行采购时，首先需要解决采购什么、采购多少、什么时候采购的问题，也就是要解决采购员所代理的全体需求者们究竟需要什么、需要多少、什么时候需要的问题。企业依据采购需求分析结果进行采购计划编制，并进行采购数量的计算和确认，以此作为企业预算的基础，制定出企业的采购预算。

　　本章重点介绍了采购需求与调查的基本方法、采购计划编制的流程和采购数量的计算方法以及采购预算的编制过程。要求了解采购需求、采购调查、采购计划、采购预算的基本知识和内涵；掌握采购需求分析的基本方法和采购数量的计算方法；熟悉采购调查、采购计划、采购预算的过程和应注意的问题

思 考 与 讨 论

1. 简述采购预测的定义。
2. 简述采购预测的基本步骤和基本方法。
3. 简述独立需求的定义。
4. 简述相关需求的定义。
5. 简述采购需求预测的方法。
6. 简述采购需求数量确定的方法。
7. 简述采购计划编制的作用和目的。
8. 简述采购计划的编制流程。
9. 简述采购预算的定义和预算种类。
10. 讨论采购计划在采购与供应管理中的重要性。
11. 讨论各种预算方法的优缺点，并举例说明。

案例分析

第四章　供应商的选择与管理

☞ **本章学习目标**

(1) 掌握供应商管理的概念及其重要性；

(2) 掌握供应商管理的作用；

(3) 掌握供应商管理的基本流程；

(4) 熟悉供应商选择的过程；

(5) 了解关键供应商选择过程中的注意事项；

(6) 掌握供应商质量管理的概念和策略；

(7) 熟悉供应商关系的分类；

(8) 掌握合作伙伴关系的相关内容；

(9) 掌握供应商关系的管理流程。

采购实施过程中一个最重要的步骤是供应商的评估、选择和持续测评。按照惯例，竞争性投标是获得采购合同的主要方式。在过去，有三个投标，然后从中选择最低报价并签订合同，这样就足够了。现在，明智的采购者会利用大量资源对供应商在许多不同领域的绩效和能力进行评估。供应商选择过程变得如此重要，以至于跨部门团队的成员们经常要负责走访供应商并且对其做出评估。一个合理的选择决策可以减少或者避免许多问题。

如今，供应商评估和选择的重要性日益增长。如果企业合理减少它的供给库，而与留下来的供应商签署长期协议，那么其转换供应商的意愿和能力都会减弱。这就使得选择合适的供应商成为一个重要的企业决策。

本章将重点介绍供应商选择与管理中的相关问题，包括供应商发现、选择，供应商质量管理，供应商关系管理等问题。

第一节　供应商管理概述

一、供应商管理的概念

供应商是指那些向买方提供产品或服务并相应收取货币作为报酬的实体，是可以为企业生产提供原材料、设备、工具及其他资源的企业。

供应商管理是企业对供应商了解、选择、开发、使用和控制等综合性管理工作的总称。供应商管理是一种致力于实现与供应商建立和维持长久、紧密伙伴关系，旨在改善企业与供应商之间关系的新型管理。

目前，企业的采购业务主要围绕采购过程控制和供应商关系管理两条线展开，两者之间通过供应商信誉信息和材料价格信息紧密联系，两个业务过程的关系是相互依存、相互促进。在业务过程中，采购部门不断积累供应商信誉状况的信息，包括供应商对采购需求的响应度、投标状况、交货准确率、产品和服务质量、技术支持等内容，不断"扶优劣汰"，持续考核和评估供应商，逐步建立优质和稳定的供应商体系。而在这持续循环和优化的过程中，供应商不断提高产品的性价比，密切与采购方之间的关系；同样对于采购方而言，通过建立优质供应商管理体系，解决了业务开展的资源困扰，不断提高供应商管理水平，减少对供应商主动维护管理工作的成本，提高采购业务工作的效率，逐步打造整合供应链管理，整体控制和降低采购总成本。因此，对于采购部门来讲，加强供应商管理，建立新型的购销双方关系成为解决上述问题的法宝之一。

二、供应商管理的作用

供应商管理对于所有公司来说都是非常关键的，尤其是对于想确定哪些供应商最适合完成某些特定采购任务而言是必要的。如果没有按照需要认真、系统地进行供应商管理，那么公司所选择的供应商圆满完成供应任务的风险就会增加。供应商管理对于采购方的意义可以从以下几方面理解。

1. 做好采购管理工作的重要基础

毋庸质疑，开展采购工作首先需要一定的供应商资源作为基础。信息时代，采购方可以从网页、建材市场等渠道获取大量的信息，但如何真正意义上将信息归我所用、由少变多、由静至动、由好到优，还需要采购职能部门切实做好供应商管理工作，建立自身稳定、优质的供应商信息库，方可做到未雨绸缪。

2. 提升采购经济效益的要素

提高经济效益，我们通常会从"开源"和"节流"两方面着手。而对于提升采购经济效益，主要得依靠采购职能部门从"节流"方面下工夫。采购总成本主要包括物资采购成本和采购运营成本两方面，采购职能部门需要持续控制和降低物资采购成本，减少资源占用和组织运营成本，降低采购风险，实现采购经济效益最佳化。

1) 有效降低采购组织运营成本

实际采购业务工作中，采购工作运营成本主要包括购销双方沟通成本、活动组织成本、人员成本等。采购职能部门切实做好供应商管理工作，促进供应商主动、持续维护其相关信息，减少供应商信息库人为建立和维护成本；同时采购部门应注重培育战略和重要供应商，逐步形成伙伴和合作关系，签订长期供货协议，减少人力资源的占用，极大地提高采购工作效率，有效降低采购活动组织成本。

2) 直接控制和降低物资采购成本

在供应链管理思想的影响下，采购部门和供应商之间由过去的供需双方完全对立竞争的落后理念逐步演变为供需双方互惠互利、合作共赢和共同发展的新理念。在新型的采购战略下，采购职能部门依靠采购规模优势和与供应商稳定的伙伴关系，促进供应商持续提高自身产品质量和核心竞争力，提供更加实惠的价格和服务，有效降低物资采购成本。

3. 供应商管理是供应链管理的关键环节

对于生产企业来说，供应商的数量较多、水平不等，如果供应商选择不好，会给企业生产带来不利，轻者造成存货增多、延迟运送零件或原料，重者造成生产中断、出现缺货或残次物品，引发成品的运送延迟等不良后果。如果企业建立完整的供应商选择与评价体系，就可以掌握供应商的生产情况和产品价格信息；获取合理的采购价格和最优的服务；确保采购物资的质量和按时交货；可以对供应商进行综合、动态的评估；甚至把供应商结合到产品的生产流程中去，和供应商建立长期的交易伙伴关系以达到效益最优化。

三、供应商管理的基本流程

大多数采购专家认为，没有一种公认的、最好的供应商管理的方法，而企业一般会采用多种不同的方法。不管采用什么方法，供应商管理流程的总体目标就是降低采购风险并使采购方的整体价值最大化。

供应商管理流程包括多个步骤，该过程从确定进行潜在的供应商评估所使用的标准开始，随后以这些标准为基础识别和筛选出公司想要评估的供应商，并为实现评估目标收集相关信息。

公司应该为不同采购需求的相关评价标准设定不同的权重，并根据这些标准给不同的潜在供应商评定等级，从而得到最终的潜在供应商候选名单。评定等级工作完成后，公司还要对所选定供应商的优势和劣势进行分析，以预测可以从每一个供应商处得到的服务。公司必须将评估结果记录在供应商数据库内。

公司应该与供应商分享已评定的结果，以便确定必要时可以采取何种措施帮助供应商发挥其潜力并提高供应水平。

以上步骤如图4-1所示，具体内容将在下一节中详细介绍。

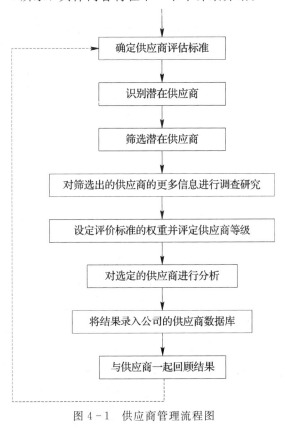

图4-1 供应商管理流程图

第二节　供应商管理流程

一、发现供应商

对于公司采购部门而言，找到好的供应商，那工作就轻松很多，只要按时下订单就好；如果找错供应商，将会非常麻烦，一下子质量出问题，一下子货又交不出来，影响公司生产。所以找到合适的供应商对于公司采购部门来说是非常重要的。常用的供应商识别方法有以下几种。

（一）等待法

当供应商出现在公司门前，其信息出现在邮箱中或者电子邮箱中时，公司就可以据此识别供应商，这是一个简单也是常用的识别供应商的方法。供应商和他们的销售代表总是在四处活动，寻求更多可以增加市场份额的机会。因此，公司最好是耐心等待，而不要急于采取行动。毕竟，与公司接触的诸多供应商使得公司有充分的选择余地。

除此以外，随着商业全球化及复杂化进程的日益加快，公司不可能仅限于对供应商的行动做事后反应，而是必须在每个可能的机会出现前抢先行动，因此必须寻找更合适的新供应商。

当然，那些主动与公司接触的供应商可能给公司带来一些好处，因为他们可能非常渴望与公司进行业务合作，这种积极性是很重要的。但是，这些供应商却不一定是公司身边最有能力的供应商。实际上，他们当中的一些可能只想利用短期内的商业机会，然后很快就消失掉了，因此，公司不能把这些供应商作为采购的唯一来源。另外，如果公司正处于一个非常激烈的竞争环境中，公司更应该通过寻找更合适的供应商而寻找新的商业机会。

（二）吸引法

如果公司具有一定的知名度，就能够很容易地吸引潜在供应商。但公司面临的问题是，在被吸引来的供应商中必然有一些各方面条件都很差的供应商，因此，公司必须对吸引来的供应商进行仔细的鉴别。

通常，公司可以通过专业杂志或其他各种商业信息交换体系等，以广告形式让供应商了解公司的采购需要。对于重要采购物料，利用报纸广告邀请供应商报价是比较普通的方法，目前一些大公司经常采取这种方法。随着互联网的发展，一种新的、更有效的进行商业接触的媒体出现了。公司可以通过自己的网站向供应商传达需求信息。

公司通过这种方式公布采购需求时，表现得尽可能专业和具有竞争力是非常重要的。公司如果希望吸引供应商，就一定要吸引到最好的供应商。公司网站是公司对外展示的窗口，也是外界对公司的第一印象，而第一印象总是会保持很长时间的。

下面就是某公司在其网站公告栏中发布的一条采购信息。

新供应商朋友们：

（1）假若你们的产品有"价格、质量、包装、品种或服务"上的优势，北京××公司采购部调诚欢迎你们前来洽谈。

（2）你们可以经由采购部的网址"www.…….com.cn"了解与本公司交易的程序。

（3）你们也可以从本接待柜台领取"新供应商进场程序"或"供应商手册"。

（4）在你们按"新供应商进场程序"或"供应商手册"，将"供应商基本资料表"、"供应商简介"、"供应商报价单"、"新供应商问卷调查表"、"新供应商产品问卷调查表"及"目录或照片"等资料提交给本接待柜台的一周之内，采购部将正式函复，告知是否需要进一步约定时间洽谈。

谢谢你们的合作，欢迎光临！

（三）直接寻找法

虽然前两种方法在识别供应商方面都是很好的方法。但是公司不能把成功的希望全部都寄托在供应商身上。公司必须从自身角度出发，利用各种方法去寻找并直接接触潜在的、有价值的供应商。

公司可以从对供应商市场进行分析开始。首先，这种方法可以帮助公司识别和评价潜在供应市场，以及分析其存在的风险和机会。通过对供应市场进行细分来确定最适合公司需要的细分市场（例如，国家、技术专利或供应渠道等方面）。通过这一分析，公司可以只集中精力研究最有希望的细分市场，进而更容易地找到最适合的供应商，节省大量的时间和精力。另一点应当注意的是，公司应该把寻找供应商的努力重点放在具有最高优先级别的采购商品上。

除此之外，公司直接寻找供应商，在数量方面要认真考虑，既不能太多也不能太少。目前经常采用的直接寻找供应商的方法有以下几种：

（1）网络（综合贸易和专业贸易的网络站点）。如"采购员论坛"、"阿里巴巴"、"中国制造"、"中国出口"、"广交会网上展览"等，还可以列出很多。

（2）商行名录。几乎所有行业都出版有生产产品或所提供服务企业的目录。这样的名录对该行业或其他行业对供应商不熟悉的采购方来说，是非常有价值的信息。

（3）贸易刊物。大多数行业都有一个组织机构负责出版一些贸易期刊或者杂志，定期发表一些报道各类公司的文章。这些文章通常侧重于某个企业的技术、物料、零部件、产品、流程或服务的创新发展。供应商也可以利用这些期刊来获取一些产品及服务的广告。大多数采购企业都密切关注这些贸易期刊。

（4）贸易展览会。贸易展销可能是同时与众多供应商接洽的好机会，也是个很有效的途径。展销会通常由地方政府或者行业协会投资组织举办。参加展会的采购方可以收集潜在供应商的信息，同时了解最新的技术发展，许多买卖双方的合同都是在贸易展销会上签订的。

（5）媒体广告信息。在收集了潜在供应源的信息之后，采购经理必须开始筛选并整理信息。这是一项大工作量的任务，取决于供应商的数目和已经获得的信息。比如，一家跨国公司为了采购一项产品需搜寻全球供应商，可能会收集或者需要收集 500 家供应商的信息。然后公司将这些信息分类，并输入到全球数据库为现在及将来做参考用。从某种意义上说，公司必须删除那些不符合采购方要求的供应商信息。

二、筛选供应商

信息收集的结果是，根据需要的产品，采购方可能有许多潜在的供应源可以选择。而供应商评估过程非常复杂且费时，尤其是对供应风险和费用支出很高的关键性物料的供应商进行评估，所以公司需要对潜在供应商的能力和积极性进行深入全面的测评。很明显，公司不太可能对大量供应商都进行这样的评价。因此，在着手进行更全面的分析之前，公司应尽量将所有不可能满足公司采购需要的供应商剔除。

（一）筛选供应商的目的

（1）快速确定供应商是否值得被全面评估，以免在根本不可能被选中的供应商身上浪费时间。

（2）在适当的情况下，将被评估的供应商数量降低到便于管理的数量。

（二）筛选供应商的标准

在筛选供应商这一步中，可以使用统一标准的供应商情况登记表来管理供应商提供的信息。这些信息应包括：供应商的注册地、注册资金、主要股东结构、生产场地、设备、人员、主要产品、主要客户、生产能力等。通过分析这些信息，可以评估其工艺能力、供应的稳定性、资源的可靠性以及其综合竞争能力。在这些供应商中，剔除明显不适合进一步合作的供应商后，就能得出一个供应商考察名录。表 4 - 1 中是一些常见的可供选择的供应商筛选标准。

表 4 - 1　供应商筛选标准表

序号	筛选标准
1	供应商的产品或服务范围是否能够满足公司的需求
2	供应商的产品或服务是否满足公司的最低质量要求
3	供应商是否能够以公司所需的最小/最大数量提供产品或服务
4	供应商是否能够按照公司的要求交货
5	供应商的营业年限是否满足公司的要求
6	公司所接触的有关供应商的信息中，是否反映出供应商存在的某些问题
7	供应商是否与公司的竞争者之间存在任何合伙关系
8	对公司来讲，供应商的规模是否过大或过小
9	供应商是否拥有以互联网为基础的电子商务设施
10	供应商是否与公司使用同种语言
11	价格表所列价格是否在公司可接受的价格范围内
……	……

在完成了一个或几个阶段的筛选工作后，公司就可以获得一个有限数量的供应商名

单，这些供应商将是公司进一步全面评估的对象。供应商筛选表如表4-2所示。

表4-2 供应商筛选表

采购项目			筛选供应商数量			筛选人员								
供应商名称	生产技术			设备情况			产品质量			服务水平			认证水平		管理水平
	优	良	差	优	良	差	优	良	差	优	良	差	优 良 差		优 良 差
筛选结果															
筛选总结															
总经理审批意见： 日期： 年 月 日															

编号： 筛选日期：

在进一步评估之前，供应商必须满足某种准入资格。准入资格是供应商可以进入评估和选择过程下一阶段必须具备的基本条件。这些条件可能是财务能力、合适的经营战略、强有力的管理能力、杰出的制造能力以及创新的设计能力。评估供应商耗费的时间和成本使得有必要限制候选名单上的供应商数目。

三、调查供应商

完成供应商筛选后，要针对目标供应商进行详细的调查，并依据调查结果进行供应商的评估工作。供应商调查过程可以分成三个阶段：第一阶段是资源市场分析；第二阶段是供应商初步调查；第三阶段是供应商深入调查。

（一）资源市场分析

资源市场分析又可具体分为资源市场调查和资源市场分析，下面介绍二者的具体内容和目的：

1. 资源市场调查的内容

（1）资源市场的规模、容量、性质。

（2）资源市场的环境，如管理制度、法制建设、市场的规范化程度、市场经济环境、政治环境等。

（3）资源市场中各个供应商的情况，把众多供应商的调查资料进行分析，就可以得出资源市场自身的基本情况。

资源市场的调查目的，就是要进行资源市场分析。资源市场分析对于企业制定采购策略以及产品策略、生产策略等都有很重要的指导意义。

2. 资源市场分析的内容

（1）要确定资源市场是紧缺性的市场还是富余性市场，是垄断性市场还是竞争性市场。

（2）要确定资源市场是成长性的市场还是没落性市场，如果是没落性市场，则要趁早准备替换产品。

（3）要确定资源市场总的水平，并根据整个市场水平来选择合适的供应商。

（二）供应商初步调查

所谓供应商初步调查，主要是了解供应商的名称、地址、生产能力、能提供什么产品，能提供多少，价格如何，质量如何，市场份额有多大，运输订货条件如何。

1. 初步供应商调查的目的

初步供应商调查，是为了了解供应商的一般情况。其目的，一是为了选择最佳供应商做准备，二是为了掌握整个资源市场的情况，因为许多供应商基本情况的汇总就是整个资源市场的基本情况。

2. 初步供应商调查的特点

初步供应商调查时内容浅，只要了解一些简单的、基本的情况；同时该阶段的调查面比较广，最好能对资源市场中各类供应商都有所调查、有所了解，从而能够比较全面地掌握资源市场的基本情况。

3. 初步供应商调查的方法

初步调查的基本方法是访问调查法，即通过访问有关人员而获得供应商的基本情况。例如，可以访问供应商单位市场部有关人员、用户、市场主管人员或者其他的知情人士。进行供应商初步调查可以通过访问建立起供应商卡片，企业在选择供应商时可以通过供应商卡片来做决定。当然，供应商卡片也要根据情况的变化经常进行维护、修改和更新。

4. 供应商分析的主要内容

产品的品种、规格和质量水平是否符合企业需要，价格水平如何。只有产品的品种、规格、质量水平都适合企业需求，才算得上是企业的可能供应商。对可能供应商有必要进行下面的分析：

（1）企业的实力、规模如何，产品的生产能力如何，技术水平如何，管理水平如何，企业的信用度如何。

（2）产品是竞争性商品还是垄断性商品。

（3）供应商相对于本企业的地理交通情况如何，进行运输方式、运输时间、运输费用分析，看运输成本是否合适。

表 4 - 3 为某公司供应商的基本信息调查表。

表 4 - 3　供应商基本信息调查表

供应商名称(户头)：	盖公章
税号：	盖税号章：
企业曾用名：	
注册国家：	注册地区(省)：
注册城市(市)：	
联系人：	联系人职务：

联系电话1：	联系电话2：	传真：
邮政编码：	电子信箱：	网址：
详细地址：		
以下为财务信息：		
国家：		开户行：
银行账户：		
付款条件：A. 网上支付	B. 货到付款	C. 定单付款
付款方式：	结算币种：	

填表须知：

（1）此表请用正楷字认真填写；

（2）内容真实；

（3）书写务必清晰准确，不得漏项。

（三）供应商深入调查

在完成了对供应商的初步考察之后，公司会选择其中一些供应商做进一步的深入调查工作，尤其是在下面两种情况下，第一种是准备发展成紧密关系的供应商；第二种是寻找关键零部件产品的供应商。在选择这两类供应商的过程中，对供应商的实地考察至关重要。必要时，可以邀请质量部门和工艺工程师做为审核团队成员一起参与，他们不仅会带来专业的知识与经验，共同审核的经历也有助于公司内部的沟通和协调。

在实地考察中，应该使用统一的评分卡进行评估，并着重对其管理体系进行审核，如作业指导书等文件、质量记录等，要求面面俱到，不能遗漏。比较重要的有以下几项：

（1）销售合同评审。要求销售部门对每个合同评估，并确认是否能按时完成。

（2）供应商管理。要求建立许可供应商清单，并要建立有效的控制程序。

（3）培训管理。对关键岗位人员建立完善的培训考核制度，并有详细的记录。

（4）设备管理。对设备的维护调整有完善的控制制度，并有完整记录。

（5）计量管理。仪器的计量要有完整的传递体系，这是非常重要的。

在考察中要及时与团队成员沟通。在会议结束后，总结供应商的优点和不足之处，并听取供应商的解释。如果供应商有改进意向，可要求供应商提供改进措施报告，并做进一步评估。表4-4～表4-7是企业在选择不同类型供应商时常常采用的调查表。

表4-4 主要产品/服务

主要产品/服务名称	年生产数量	销售额（万人民币）	该产品/服务占企业总销售额的 ％	剩余产能（每月可生产的数量/单位）	产品量产的时间	优势概述	说明

续表

主要产品/服务名称	年生产数量	销售额（万人民币）	该产品/服务占企业总销售额的 ％	剩余产能（每月可生产的数量/单位）	产品量产的时间	优势概述	说明

表 4-5　主要客户/市场

主要客户名	行业	地区	销售给该地区/客户的主要产品/服务	该地区/客户占企业总销售额的％	业务开始的时间	说明

表 4-6　关键生产设备

设备名称/型号	产地	生产商	技术指标或优势简述	设备生产时间	数量	同级设备购买计划

表 4-7　关键试验、检测设备

设备名称/型号	产地	生产商	技术指标或优势简述	设备生产时间	数量	同级设备购买计划

四、选择供应商

　　当代采购追求选择优质供应商，优质供应商有哪些准则？符合哪些标准？虽然，对于供应商选择的标准可以因产业类型、企业规模和经营模式的不同而不同，但供应商选择的标准具有一定的普遍意义。为使交付绩效和较短的前置期相一致，以支持零库存生产体系，可能需要强调供应商的时间计划和生产体系。例如，一个高科技买方企业会强调供应商的加工及技术能力，或是对研发的投入力度。而选择分销或服务提供者的企业，则会侧重另一套不同的标准。

（一）供应商选择标准

绝大多数企业选择供应商的标准为：成本结构、质量、供应商的积极性遵从环境法规以及财务稳定性。上述绩效要素是影响采购方选择供应商最关键的标准，下面将对这些标准进行详细介绍。

1. 成本结构

评估供应商的成本结构要求对供应商的总成本，包括直接劳动成本、间接劳工成本、物料成本、制造及加工成本以及总体管理费用等有深入的了解。了解供应商的成本结构有助于买方确定供应商生产一项产品或者提供一项服务的效率有多高。成本分析还有助于识别成本改善的潜在机会。

收集这些信息可能是一个挑战，或许供应商对自己的成本也没有一个详尽的了解。许多供应商并没有一个完善的成本核算体系，也无法有效地在各产品或流程之间分配管理费用。并且，一些供应商将成本数据看作是高度机密。他们担心将成本信息泄露会破坏他们的定价策略，或成为竞争对手用来控制自己的竞争优势。基于这些考虑，采购者在最初的供应商评估过程中，只能指定反向定价模型来对供应商的成本结构作一个大体的估计。

2. 质量

质量主要是指供应商所供给的原材料、初级产品或消费品等的质量。产品的质量是供应链生存之本，产品的使用价值是以产品质量为基础的。如果产品的质量低劣，该产品将会缺乏市场竞争力，并很快退出市场。而供应商所供产品的质量是消费品质量的关键所在，因此，在对供应商产品质量的要求上，应该强调适合和稳定。要考察这点，关键在于供应商是否有一套有效执行的产品质量检验制度，即控制质量的能力。在对供应商的质量管理要求上，考虑的因素主要包括质量管理方针、政策，质量管理制度的执行及落实情况，有无质量管理手册，有无质量保证的作业方案和年度质量检验的目标，有无评价机构的评鉴等级，是否通过 ISO9000 质量认证。

3. 供应商的积极性

当公司要采购的是新的或经常变化的产品，复杂的需要供应商提供支持和服务的产品时，供应商的响应就很重要。由于不同供应商对于积极性的理解不同，因而，很难找到能够用于对不同供应商积极性进行一致评价的标准和信息。

供应商在对客户的支持和响应上可能有一套总体的方法，但是买方可能有特殊的要求和问题。因此，对于买方来讲，了解供应商是否有足够的积极性迎合其特殊需求是很有价值的。尤其是当买方与供应商相距很远，或者公司的要求与供应商的其他一般客户的要求不同时，这一点就更有价值了。

当然，供应商的积极性会表现在：当公司需要有关供应商对不同客户的支持服务和响应水平的资料时，供应商是否有兴趣提供。供应商的积极性还可以反映在，供应商是否准备采取公司要求的措施，如：是否在公司需要紧急支持时提供优先安排；给公司员工提供所需的专业培训；指派客户经理专门处理公司的业务；准备参与联合应变计划等。

4. 遵从环境法规

新世纪，人们逐渐认识到工业对于环境的影响。目前的新闻中经常会出现由于一些公司不重视环境保护而收到巨额罚单的事件。毫无疑问，无论从公共关系还是潜在责任的角度看，采购方都不希望与有名的环境污染者有联系。

在评估供应商时，常用的环境标准包括环境违规记录的揭发、危险有毒废物的管理、回收管理、ISO14000 认证以及破环臭氧层物质的控制等。例如，Herman Miller 公司就把供应商包装作为评估的一项标准。标准化的、可重复利用的货运集装箱，比那些用完之后就要丢弃的集装箱更受欢迎，这样的集装箱还支持零库存配送。Herman Miller 公司还要求他的供应商在其生产的产品上面标示化学成分，以便回收利用者可以依据塑料零部件的确切成本进行分类处理。

5. 财务稳定性

对供应商财务状况的评估是在最初的评估过程中发生的。一些采购者将财务评估看做是在详细供应商评估开始之前筛选的基本条件。企业可能会采用财务评级服务详细了解供应商的财务状况。

选择财务状况较差的供应商意味着有许多风险。首先，供应商存在着倒闭的风险。其次，财务状况较差的供应商可能缺乏资源对工厂、设备或者研究进行投资，而这些对于长期技术或其他绩效的改善来说是必要的。再次，供应商可能在资金方面过分依赖采购方。最后一项风险是，财务状况不良，通常是有潜在的问题存在。这个不良状况是来源于低劣的质量还是交付绩效，或者是因为管理层大肆挥霍，还是这个供应商承担了太多债务。当然，可能会有一些环境因素来支持采购者选择财务状况不良的供应商。比如，该供应商正在开发一项处在科技前沿的技术，但是还没有出售，而这项技术可以为买方提供一项优势。还可能是因为不可控制的或无法重复的环境因素造成的不良财务状况。

当然，在进行供应商评估的时候，除了上述要素需要考虑之外，可能还需要采购者花时间和精力去评估供应商的管理能力、员工素质、供应商的生产柔性、供应商的存货政策等。

而供应链伙伴的选择一般可在现有的合作伙伴中进行筛选，也可寻找其他合作伙伴。考虑到供应链伙伴之间的合作更加紧密、相互之间也更加依赖，供应链伙伴的选择应该是一个长期考核、筛选的过程。一方面，供应链伙伴要打破采购商/供应商之间的篱笆，促使制造商与更少的供应商结盟，这已经成为一种趋势。另一方面，如果过分依赖某一个供应商会使得供应商过于强势，而且一旦供应商无法如期履约，公司将遭遇惨重的损失。为防止过分依赖的风险，应该采用多重采购渠道替代单一采购渠道。在选择供应链伙伴时应采取单一/多重混合型，以单一为主，尽量减少合作伙伴；以多重候补，防止过分依赖所带来的风险。表 4 - 8 为某公司的供应商资格审核表。

表 4 - 8 某公司的供应商资格审核表

编号：_____　　　　　　　　　　　填表日期：_____

供应商					
联系人		手　机		电　话	

续表

地　址		E-mail		传　真	

所持证件及编号：
□ 营业执照 _____ 　 □ 卫生许可证 _____
□ 税务登记证 _____ 　 □ 生产许可证 _____
□ 奶畜检疫合格证 _____ 　 □ 其他 _____

供货能力		供货方式	
生产设备		运输设备	
环　保		其他	

供应部评审意见：

评审人：_____ 　 评审日期：_____.

产品名称		规格型号	
质量管理能力评价		产品质量评价	

技术质量部评审意见：

评审人：_____ 　 评审日期：_____.

对该供应商资格综合审查结果：

评审人：_____ 　 评审日期：_____.

（二）供应商选择的方法

选择合作伙伴是对企业输入物资的适当品质、适当期限、适当数量与适当价格的总体进行选择的起点与归宿。选择合作伙伴的方法较多，一般要根据供应单位的多少、对供应单位的了解程度以及对物资需要的时间是否紧迫等要求来确定。目前，国内外已有的伙伴选择方法主要集中在供应商的评选上，较常用定性、定量以及二者相结合的方法，下面重点介绍几种常用的供应商选择方法。

1. 直观判断法

直观判断法是指通过调查、征询意见、综合分析和判断来选择供应商的一种方法，是一种主观性较强的判断方法，主要是倾听和采纳有经验的采购人员的意见，或者直接由采购人员凭经验做出判断。这种方法的质量取决于采购人员对供应商资料的掌握是否正确、齐全，决策者的分析、判断能力与经验是否过关。这种方法运作方式简单、快速、方便，但是缺乏科学性，受到较大程度的限制，常用于选择企业非主要原材料的供应商。

2. 线性加权法

线性加权法的基本原理是给每个准则分配一个权重，每个供应商的定量选择结果为该供应商各项准则的得分与相应准则权重乘积的和。通过对各候选供应商定量选择结果的比较，实现对供应商的选择。供应商选择标准确定后，公司首先需要考虑的是如何将评估标准转变为可用于测量的标准，如果缺乏可测量性，公司就不能客观地评价供应商。因此在线性加权法中，公司的供应目标以及根据供应目标所确定的评估标准的权重是两个最重要的因素。

1）供应目标

供应目标是线性加权法中评估标准权重的设定基础，即如何设定评估标准的权重与公司采购商品的供应目标直接相关。供应目标的优先级别取决于采购商品的性质以及该项目对公司的影响。例如，对于一些采购品，享有最高优先权的供应目标可能是获得最合适的设计和质量，而成本只是第二位要考虑的因素。这是因为这个采购品的设计和质量会对公司的竞争力以及盈利能力产生重要的影响。

在其他情况下，成本又会成为极为重要的因素。例如，当采购需要支付大量资金的标准产品时，成本就会处于非常重要的位置。同样在另一情况下，由于产品供不应求，公司最关心的可能是产品的可获得性。当采购的是需要供应商售后支持的项目（如机械等）时，供应商的响应将成为公司关注的重点。

公司应该在明确采购要求和供应计划的最初阶段就制定出供应目标。将供应目标与供应市场条件的评价结合起来，公司就可以制定出有效的供应策略，包括确定与采购品项的一个或几个供应商之间应建立何种关系等。然后，公司就可以利用这些结果和优先级别设定评估标准的权重了。

2）确定权重

当确定测评供应商标准的权重时，公司首先要考虑的问题应该是在与采购相关的所有评估标准中，应该按照什么样的重要性顺序来排列这些标准，以及如何量化这个顺序。针对不同的采购对象，权重的设定相差很大。

在对供应商进行综合评定的基础上建立科学的选择方法，根据项目类别及项目特点，首先确定在哪一等级的供应商中进行选择。对采购金额大、技术要求高的项目，通常在等级较高的供应商中选择；反之，则在等级较低的供应商中选择。在同等级的供应商中选择时，应包括以下几种情况的供应商：

（1）在以往采购中有中标经历，且履约情况良好的。

（2）在以往采购中虽未中标，但有一定竞争实力的。

（3）从未参与过政府采购竞标的。

在个别采购项目中，对由预算单位推荐的供应商，在确定供应商具备竞标资格的前提下，也可适当考虑，但不能超过被邀供应商总数的20％。通过这种方式，既可减少人为因素的影响，体现公平性，同时又可以不断提高竞争力，满足采购项目的实际需求。

清楚了公司的供应目标，就可以设定相应的权重，表4－9为一些公司的权重标准的设定表。

表4－9　不同公司的权重设定表

Walker Manufacturing		AT & T		S C Johnson's Wax		GTE		Cummins Engine	
因素	权重	因素	权重	因素	权重	因素	权重	因素	权重
质量	35％	质量/可靠性	18％	质量	35％	质量	35％	质量	35％
交付	35％	交付	25％	交付	35％	价格	15％	交付	25％
价格	20％	经营问题	15％	价格	20％	客户服务	25％	价格	25％
支持	10％	认证	10％	支持	10％	产品质量	25％	主观	15％
—	—	质量管理	12％	—	—	—	—	—	—
—	—	供应商合作	20％	—	—	—	—	—	—

3. 层次分析法

层次分析法是20世纪70年代由著名运筹学家赛惕提出的，韦伯等指出层次分析法可用于合作伙伴的选择。它的基本原理是：根据具有递阶结构的目标、子目标（准则）、约束条件、部门等来评价方案，采用两两比较的方法确定判断矩阵，然后把判断矩阵的最大特征向量的分量作为相应的系数，最后综合给出各方案的权重（优先程度）。由于该方法让评价者对照相对重要性函数表，给出因素两两比较的重要等级，因而可靠性高、误差小。不足之处是遇到因素众多、规模较大的问题时，难于进一步对其分组。它作为一种定性和定量相结合的工具，目前已在许多领域得到了广泛的应用。

4. 招标选择法

招标选择法是由企业提出招标条件，各招标供应商进行竞标，然后由企业决标，与提出最有利条件的供应商签定合同或协议。通过招标选择供应商的具体流程见招标采购一章。

5. 协商选择法

当潜在的供应商较多、采购者难以抉择时，也可以采用协商选择的方法，即由采购单位选择供应条件较为有利的几个供应商，同他们分别进行协商，再确定合适的供应商。和招标选择方法比较，协商选择方法因双方能充分协商，可选出在商品质量、供应条件等方面最有利的供应商。当采购时间紧迫、投标单位少、供应商竞争不激烈、订购物资规格和技术条件比较复杂时，协商选择方法比招标方法更为合适。

五、供应商选择注意事项

在供应商评估及选择过程中，会产生一些重要的问题。每个问题都会潜在地对最终决定产生影响。

（一）规模关系

采购方通常会选择拥有相对规模优势的供应商。买方仅仅会因为相对规模优势，或者因为供应商在其整个业务中占有较大的份额而做出选择。例如，Allen - Edmonds 鞋业公司是一个有着 70 多年历史的优质鞋制造商，它试图实施零库存的措施来加快生产、提升客户满意度并且节省资金，然而却没有成功。因为，Allen - Edmonds 公司很难让供应商同意其对零库存的要求，即同时满足对交货以及生产的需求。美国一家皮革鞋底的供应商同意将每月交货改成每周交货，而欧洲供应商供应小牛皮的制革厂拒绝合作。是因为该公司的产量规模还没有达到能够支配供应商的地步。

（二）利用国际供应商

在供应商评估和挑选的过程中，选择一个国外的供应商有着重要的意义。其一，国际采购一般来说都比国内采购更加复杂，因此，评估和选择国际供应商的过程会比较复杂。其二，由于其前置期通常是国内供应商的 2～3 倍，所以，跟国际供应商一起实施零库存策略比较困难。

（三）竞争者作为供应商

满足对消贸易的需求同样会对供应商选择产生影响。对消贸易是一种宽泛的术语，适用于所有贸易，指买卖双方至少有一部分产品是相互交易的商品。

商业飞机的制造商波音公司，就在它希望有业务的市场上采购了生产需求中的一部分物料。一个在全球市场上经营业务的企业，在它向跨国客户销售产品前，就必须对对消贸易的要求进行谈判，而这一点，对供应商评估和选择流程会产生直接影响。

（四）社会目标

绝大多数采购者试图同传统的非优势供应商合作，以增加自己的业务。其中，包括拥有女性、少数民族以及残障人士的供应商。买方还会跟拥有最高环境标准的供应商开展合作，这些社会目标对采购的影响还将继续保持强劲势头。

第三节　供应商质量管理

随着社会生产力的发展，社会分工越来越细，专业化程度也越来越高，供应商质量管理的重要性日益凸现，由供应商提供的原材料直接关系着最终产品的质量，因而原材料的质量已成为多米诺骨牌中的第一张。

一、供应商质量管理概述

（一）供应商质量管理的含义

在定义供应商质量之前，我们首先应该了解一下质量的定义。

质量是个大家熟知的词，在日常生活中，人们对质量的理解有时非常简单，即"好"和"坏"的差别，或"好坏"的程度。对质量的定义，在学术界或工业界却一直显得不那么轻松，存在着不同的定义和比较多的争论。对质量定义比较有名的是：

（1）质量大师朱兰（Joseph M. Juran）：质量就是适用性（Fitness for Use），即产品在使用期间能满足使用者的要求。

（2）田口玄一（Genichi Taguchi）：所谓质量，是指产品上市后给社会带来的损失，但是功能本身所产生的损失除外。

（3）ISO 8492：质量是产品或服务所满足明示或暗示需求能力的特性和特征的集合。

（4）ISO 9000（2000 版）：质量是一组固有特性满足需求的程度。

（5）IEEE：质量是系统、部件或过程满足明确需求和客户需要或期望的程度。

上述定义都相对客观，强调了产品（或服务）和客户/社会需求的一致性。在本书中，我们把质量定义为公司提供的产品和服务应与需求一致或超出客户的期望。

由质量的观点可以给出供应商质量的定义：在特定的绩效范围内，符合或超过现有和未来客户（买方或最终客户）期望或需求的能力。这个定义有三个方面的主要内容：

（1）一贯符合或超出标准绩效的能力。

（2）现在或未来的客户期望及要求。

（3）在关键绩效领域。

供应商质量不仅仅是指产品的实体特性。有素质的供应商在许多领域都能满足采购者的预期和要求，包括产品及服务的交货、产品及服务的一致性、售后服务、适用技术及特性以及总成本管理等。

（二）供应商质量管理的意义

供应商的质量高低会对采购方以下几个方面造成影响：

1. 对产品质量的影响

由于产品价值中 60％ 是经采购由供应商提供的。毫无疑问，产品的质量很大程度上受采购品质量的影响，也就是说，保证企业产品质量不仅是靠企业内部的质量控制，更依赖于供应商对质量的控制。这也是上游质量控制的体现。上游质量控制得好，不仅可以为下游质量控制打好基础，同时可以降低质量成本，减少企业来货检验费用（降低 IQC 检验频率，甚至免检）等。经验表明，一个企业要能将 1/4～1/3 的质量管理精力花在供应商的质量管理上，那么企业自身的质量（过程质量及产品质量）水平起码可以提高 50％ 以上。可见，通过采购将质量管理延伸到供应商质量控制，是提高企业自身质量水平的基本保证。

2. 对质量成本削减的影响

当供应商交付产品时，许多公司都会进行进料检查和质量检查。所采购货物的来料检查和质量检查成本的减少，可以通过选择那些有健全质量保证体系的供应商来实现。

3. 对供应商现在及将来绩效水平评估的影响

采购不但能够减少所采购的物资或服务的价格，而且能够通过多种方式增加企业的价值，这些方式主要有支持企业的战略、改善库存管理、稳步推进与主要供应商的关系、密切了解供应市场的趋势等。因此，加强采购管理对企业提升核心竞争力也具有十分重要的意义。

4. 对采购需求外包的影响

企业对供应商装配组件甚至是最终产品的依赖程度正在稳步上升。由供应商来制造产品的大部分或者提供所有企业自身的服务已经不再是某些产业的优势了。因此，买方正依赖的拥有设计和建造能力甚至具有较高技术水平或者满足复杂部件要求的微型处理器、电源设备等，都是从外部供应商那里采购回来的。最终产品由供应商提供的比重越大，他们对整个产品的成本及质量的影响也就越大。

（三）影响供应商质量管理的因素

采购部门必须承担管理外部供应商质量的领导责任。有许多因素影响着供应商质量管理：

（1）供应商的能力影响买方的全面质量。一些供应商会提供对企业成功与否非常关键的产品，采购必须对这些关键产品的供应商实施不同于提供低价值或有标准、易获得产品的供应商的管理方法。

（2）支持供应商质量管理改进的有效资源。只有有限资源来进行质量管理及改善的企业必须仔细选择从哪里支配这些资源。资源的有效性会对质量管理努力的范围有所影响。资源包括人员、经费预算、时间及信息技术等。

（3）采购企业实践世界范围质量管理的能力。采购企业只有在自己正确理解和使用了这些准则和工具之后，才可以帮助供应商理解质量准则、工具和技术的使用。

（4）供应商合作提高质量的意愿。不是所有的供应商都愿意与采购企业紧密合作。相反，一些供应商更愿意采用传统的、以有限的买家为特征的采购协定。

（5）供应商现有的绩效水平。供应商现有绩效影响着采购企业对其关注的程度和类型。世界级供应商需要的关注就少一些，而对质量低于要求的供应商则需要给予更多的关注。

（6）采购者收集和分析相关质量数据的能力。采购者必须留意供应商达到质量指标标准的程度如何。对大多数企业来说，这就意味着要有一套能够及时收集和发布与供应商质量有关的数据的系统。

二、供应商质量管理策略

采购方要求其供应商实施质量确认程序，以保证所提供的产品长期满足所指定的规格，且需考虑到社会、环境及经济方面的稳定可持续发展。以下方面被用于评估供应商质量系统的适用性以及延续性。

（一）供应商质量管理政策情况

1. 质量管理和目标

（1）是否存在质量管理说明；

（2）是否存在合适的质量管理条例；

（3）是否经常交流、理解及更新质量条例；

（4）质量目标是否被整合进入商业计划且可检测；

（5）计算及测量产品成本且质量目标是否被建立在商业计划中。

同时，可以从以下几方面来看供应商的行为、动机和态度：工人最基本的个人防护设备（手套、面罩等）的可得到性；机器和工作环境的安全需求（急停、安全条例等）；工作状况，特别是生产人员的工作状况（温度、照明、通风等）；符合国家和国际法律条例，考虑到防火，事故的预防以及有毒物质的处理。

2. 工艺安排

（1）质量管理系统所需要的工艺是否已经被识别且应用；

（2）产品生产所需的工艺是否被作为质量管理系统的部分；

（3）是否建立评估工艺有效性的方法和措施；

（4）是否有合适、合格的管理工艺的人力资源；

（5）是否建立工艺分析及持续提高的方法。

3. 组织

（1）组织图表是否正式表明质量功能的义务、权利以及定位；

（2）是否有负责质量功能实施的人员（管理代表用于质量管理系统的定义、实施及评估，且对客户需求有高度的意识）；

（3）是否存在质量管理系统的计划；

（4）是否建立内部交流体制。

4. 质量确保手册及内部审核

（1）是否正式建立质量确认手册以包括质量管理系统和工艺描述，保证定义技术和物流/服务质量；

（2）实施内部审核，使质量系统保证一致性，产品工艺保证有效性；

（3）内部审核程序包括：计划，应用的代表领域，方法，审核者的资格，报告，纠正行为，纠正方式有效性的确认，当合适时审核频率的转变。

（二）供应商提供产品的质量

1. 供应商的质量保证

（1）买来的产品是否符合下列要求：包括需求的表达、规格、合同、同意的来源、员工资格、控制方法；

（2）是否符合立法需求（环境、卫生、安全）；

（3）是否有用于生产合格产品的工艺（初级样品、工业测试）及服务；

（4）在使用前，系统为了保证原材料的一致性，是否对原材料进行评价（例如，能力指数——CP、CPK）；

（5）是否有风险的可能性评估，支持的解决方案及相关质量保证。

2. 对其供应商的评估

（1）质量管理组织是否有用于选择、评估、再评估其供应商的措施；

（2）是否有对组织的供应商质量保证程序的需求；

（3）组织是否有对其供应商质量系统的评估、再评估的循环措施；

（4）组织是否有致力于用来提高质量和服务的程序。

（三）供应商质量认证

供应商质量认证主要是通过供应商质量指标实现的。供应商质量指标是供应商考评的最基本指标，包括来料批次合格率、来料抽检缺陷率、来料在线报废率、供应商来料免检率等，其中，来料批次合格率是最为常用的质量考核指标之一。这些指标的计划方法如下：

$$来料批次合格率＝（合格来料批次/来料总批次）\times 100\%$$

$$来料抽检缺陷率＝（抽检缺陷总数/抽检样品总数）\times 100\%$$

$$来料在线报废率＝（来料总报废数/来料总数）\times 100\%$$

$$来料免检率＝（来料免检的种类数/供应商供应的产品总种类数）\times 100\%$$

其中，来料总报废数包括在线生产时发现的废品。

此外，还有公司将供应商体系、质量信息等也纳入考核，比如供应商是否通过了 ISO 认证，或供应商的质量体系审核是否达到一定的水平。还有些公司要求供应商在提供产品的同时，要提供相应的质量文件，如过程质量检验报告、出货质量检验报告、产品成分性能测试报告等。

（四）供求双方长期质量合作措施

供求双方可以通过多种方式实现战略发展、解决相关问题和持续改进质量。企业间经常采用的方式包括：定期召开合作策略回顾和发展会议；建立高层主管的供应商会议，共同探讨双方合作期间遇到的问题，努力找到解决方案，分享技术发展趋势和未来产品计划；建立持续改进小组，促进持续改进的进行；建立跨职能小组，管理和改进联盟与伙伴关系。

在上述所提到的各种措施中，经常交流是非常重要的。通过经常沟通，可以解决供应链成员之间对规格、期望及要求的误解等。与工程师和内部客户紧密合作的采购者必须提供明确的产品设计规格信息，以及所有影响到采购原料质量和交货的其他信息。采购者必须采取主动，通过在合同的磋商过程中、在常规的绩效回馈环节中以及期望的绩效量化考核过程中，以提出建议的方式清楚地表达自己的要求。供应商能否达到要求的能力评估也是采购者职责的一部分，即要清楚告知供应商他们希望得到的是什么。

当然，为了回报供应商对于质量改进做出的贡献，采购者应该做出一些积极的表示，以鼓励供应商能够做出持续的质量改进。可以用来鼓励供应商持续改进质量的奖励措施包括：

（1）提供长期采购合同；

（2）将采购者总量的较大份额分配给表现优秀者；

（3）公开表彰优秀供应商，包括"年度最佳供应商"奖项；

（4）分享由供应商主动改进所带来的成本节省；

（5）为供应商提供新技术；

（6）为供应商提供机会及产品发展计划，让其提早对新业务有所了解；

（7）邀请供应商提早参与新产品及流程发展项目；

（8）允许供应商与采购者签订供应协定，以获得优惠价格；

（9）邀请供应商参与买方-供应商执行委员会；

（10）列出有关供应商名录，给排名第一的供应商提供新业务。

三、ISO9000 供应商质量体系

（一）ISO9000 简介

在全球范围得到迅速认可的方法就是通过 ISO9000（International Organization for Standardization，ISO）认证。1987 年，ISO9000 在欧洲制定，之后分别在 1994 年和 2000 年进行了修订。它最初是一系列流程质量标准——并非产品标准，因为产品质量就是一个流程的结果。

到目前为止，已有 70 多个国家在它们的企业中采用和实施这一系列标准。中国对此十分重视，也采取了积极态度。一方面确定对其等同采用，发布与其相应的质量管理国家

标准系列 GB/T19000；同时积极组织实施和开展质量认证工作。

ISO9000 系列标准如此迅速地在国际上广为流行，其主要原因如下。

1. 市场经济特别是国际贸易的驱动

无论任何产业，其产品的质量如何都是生产者、消费者以及中间商十分关注的问题。市场的竞争很大程度上反映为质量的竞争。ISO9000 系列标准客观地对生产者（也称供方）提出了全面的质量管理要求和质量管理办法，并且还规定了消费者（也称需方）的管理职责，使其得到双方的普遍认同，从而将符合 ISO9000 标准的要求作为国际贸易活动中互相建立信任关系的基石。并且在国际贸易中，采购方把生产者是否达到 ISO9000 质量标准作为是否购买其产品的前提条件，取得 ISO9000 质量标准认证被人们当作进入国际市场的通行证。

2. ISO9000 系列标准适用领域广阔

ISO9000 的出现最初针对制造行业，但现已面向更为广阔的领域，这包括：

（1）硬件：指不连续的、具有特定形状的产品，如机械、电子产品，不只是计算机硬件。

（2）软件：通过支持媒体表达的信息所构成的智力产品。计算机软件当然属于其中。

（3）流程性材料：将原料转化为某一特定状态的产品。如流体、粒状、线状等，通过瓶装、袋装等或通过管道传输交付。

（4）服务：为满足客户需求的更为广泛的活动。

（二）ISO9000 系列标准的制定与实施

（1）强调质量并非只在产品的检验中存在，而是存在于生产的全过程。ISO9000 叙述了需方和供方应如何进行有组织的质量保证活动，才能得到较为满意的产品；规定了从双方签订开发合同到设计、实现以至维护整个产品生存期中应当实施的质量保证活动，但并没有规定具体的质量管理和质量检验方法和步骤。

ISO9000 的核心思想是"将质量制作入产品之中"。其实道理是很明显的，以软件为例，软件在完成编码以后，不论花多大的力气用于测试，提高质量都是有限度的，更不必说需求规格说明存在的问题常常是测试无法发现的。事实上，软件产品的质量取决于软件的生存周期。

（2）为把握产品的质量，ISO9000 要求"必须使影响产品质量的全部因素在生产全过程中始终处于受控状态"。仍以软件产品为例，为使软件产品达到质量要求，ISO9000 要求软件开发机构建立质量保证体系。首先要求明确供需双方的职责，针对所有可能影响软件质量的各个因素都要采取有力措施，做出如何加强管理和控制的决定。对与质量有关的人员规定其职责和职权，使责任落实到人，产品质量真正得到控制。

（3）ISO9000 标准要求"证实企业具有持续提供符合要求产品的能力"。质量认证是取得这一证实的有效方法。产品质量若能达到标准提出的要求，由不依赖于供方和需方的第三方权威机构对生产厂家审查证实后出具合格证明。显然，如果这一认证工作是公正的、可靠的，其公证的结果应当是可以信赖的。正确实施产品质量认证制度自然会在促进产品质量提高、指导消费者选购产品、提高质量合格产品企业的声誉以及节省社会检验大量费用等方面发挥积极作用。生产企业为了达到质量标准，取得质量认证，必须多方面开展质量管理活动。其中，企业负责人的重视以及企业全体人员的积极参与是取得成功的关键。

(4) ISO9000 标准还强调"质量管理必须坚持进行质量改进"。贯彻 ISO9000 标准是企业加强质量管理、提高产品质量的过程，这个过程包含的许多工作绝非轻而易举、一蹴而就所能奏效的。即使已经取得了质量认证也不能认为一劳永逸而放松质量管理。实际上认证通常以半年为有效期。取得认证之后尚需接受每年 1～2 次的定期检查，其目的在于促使企业坚持进行质量改进。

鉴于以上原因，供应商对得到 ISO 质量认证有极大的兴趣，尤其是客户（如买方）认为该证书有价值的时候。供应商可以从获得 ISO 认证中得到许多好处，例如，买方可能在单独认证项目中愿意接受 ISO 认证，这对于买方和供应商来说都意味着较低的成本。

采购企业还可以从已经获得 ISO 认证的供应商那里获益。首先，很少有企业有足够大的规模和资源来制定并实施复杂的供应商验证检测，而该认证恰恰对供应商质量体系的一致性提供识别力，这一点是买方有可能缺乏的。因此，采购企业就可以从获得质量认证的供应商那里获益，同时还不需要自己实际实施质量验证检测。

或许最重要的是，获得 ISO 认证的供应商的产品体现出比其他没有获得认证的供应商的产品更高的质量，买方会对这些供应商满足甚至超越质量要求的能力有更强的信心。

第四节 供应商关系管理

一、供应商关系分类

作为人类，我们会和别人相遇，就会和他们存在关系。有些关系很紧密，有些很疏远，而有些一生仅有一面之缘。同样，组织采购物品和服务的组织与大量供应商组织之间存在采购与供应关系。这些组织的特点及目标将引领他们与某些供应商组织建立更加牢固和更加频繁的关系。例如，一家工业组织很少需要餐饮专业公司的服务，因此它与餐饮公司的关系就比与原材料供应商的关系疏远很多。但是一家跑马场与该餐饮公司却有着紧密的关系，因为跑马场需要餐饮公司为其客户提供高质量食品。这就形成了买方与卖方之间的关系图谱(Relationship Spectrum)，图 4-2 说明了关系图谱的全景，紧密关系在右侧，疏远的关系在左侧。

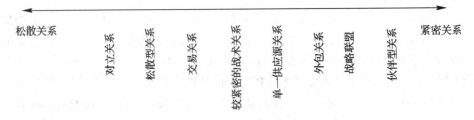

图 4-2 买卖双方关系图谱

通常情况下，将买卖双方之间的关系分为以下几种类型：

(1) 对立关系。买方和卖方都在给定的供应机会中寻找各自利益的最大化，甚至不惜损害对方的利益。这种关系所表现的特征是冲突、对立和很低的信任度。

（2）松散型关系。买方不频繁地从供应商处进行购买，数量不大，或需要进一步发展关系，无论供应商如何优秀，对于买方来说争取更加紧密的关系没有任何意义。只有在需要时才使用该供应商。

（3）交易关系。关注胜任的供应商向买方交付低价值、低风险的产品或服务的普遍交易的成功完成。这些交易的成功完成是公司业务运行的标志。在此情况下，形成对立关系将会对买方不利。

（4）较紧密战术关系。买方与能胜任的供应商之间的关系，这样的供应商注重低风险交易的成功完成，协调其他（二级）供应商对低风险产品和服务的供应。更紧密战术关系的优势在于值得在上游和下游进行适时的投资，但是真正的紧密关系并不是满足买方的需求。

（5）单一供应源关系。采购组织与某供应商针对某范围的特定产品所形成的排他性协议，通常在特定的时间段所拥有固定的单一关系。这种关系为买方和卖方提供了规模经济的好处。

（6）外包关系。在外包关系中，采购组织保留服务责任，但是通过商定的标准、成本和条款的合同，将这些服务的日常运作转包给一个外部组织。这是一种战略决策，就是应用供应商的专业技术，而不自行完成服务或生产产品。

（7）战略联盟关系。两个组织为了双方的利益而协同作业以提供产品和服务的关系。组织之间就全部或部分服务或产品组合，可能在某个特定地理区域，针对特定市场或防御原因，相互联合。买方可能成为联盟的一部分；然而，他们可能也面对着一个联盟，而且，在某些情况下他们可能并没有意识到他们正在面对一个联盟。

（8）伙伴型关系。伙伴关系是买方和卖方之间的一个长期关系的承诺。这种长期关系是建立在相互信任和明确的双方商定的目标上。通过下列共同目标，共担风险和分享回报是根本基础。

伙伴关系对于买卖双方都是非常有益的，特别在供应链环境下更是如此。下面将重点介绍这种关系。

二、供应商合作伙伴关系

传统的观点认为供应链渠道成员之间是一种此消彼长的零和博弈，每一方都想尽量从其他方身上多拿些好处，以提高自己的经济效益，从而导致价格不稳定。信息彼此封闭，设施重复浪费，实际上对双方的共同利益造成了损害。而在目前供应链环境下，要求企业不应该把渠道伙伴作为竞争对象，而应该选择合适的供应商伙伴，建立利益共享的战略联盟，使得交易各方通过相互协调合作，实现以低成本向最终消费者提供更高价值服务的目标，在此基础上实现双方的利益最大化。

（一）供应商合作伙伴关系的定义和内涵

供应商伙伴关系是企业与供应商之间达成的最高层次的合作关系，它是指在相互信任的基础上，供需双方为了实现共同的目标而采取的共担风险、共享利益的长期合作关系。具体包含以下内容：

（1）发展长期的、信赖的合作关系；

（2）这种关系有明确或口头的合约确定，双方共同确认并且在各个层次都有相应的沟通；

（3）双方有着共同的目标，并且为着共同的目标有挑战性地改进计划；

（4）双方相互信任、共担风险、共享信息；

（5）共同开发，创造价值；

（6）以严格的尺度来衡量合作表现，不断提高。

（二）供应商合作伙伴关系与传统供应关系的区别

面对供应市场的变化与越来越激烈的竞争市场，传统采购的弊端越来越明显：

（1）采购过程中信息封闭，供应商和采购方做不到有效的信息共享，影响采购效率，造成采购、库存成本的大大增加；

（2）对产品质量、交货期的控制难度大；

（3）供需双方的关系未能很好地协调，竞争多于合作，造成了更多的时间浪费，在解决日常问题和供应商频繁选择上，未能达成双赢的目的；

（4）供应商对用户的需求变化反应迟钝，缺乏应付需求变化的能力。

从表 4-10 中可以看出合作伙伴关系与传统供应关系之间的差别。

表 4-10　合作伙伴关系与传统供应关系比较一览表

合作伙伴关系	传统供应关系
采购总成本	最低价格
最终用户导向	产品规格导向
长期	短期，市场反映
机会最大化	避免麻烦
职能交叉小组，高层管理者参与	采购方责任
战略	战术
采购方与供应方互通长短期计划	双方信息基本不沟通
共担风险与机遇	—
标准化	—
合营	—
共享数据	—

（三）建立供应商合作伙伴关系的意义

在传统的采购模式中，供应商与需求企业之间是一种简单的买卖关系，因此无法解决一些涉及全局性、战略性的供应链问题，而基于战略伙伴关系的采购方式为解决这些问题创造了条件。与供应商建立合作伙伴关系可以解决以下问题：

（1）库存问题。在传统的采购模式下，供应链的各级企业都无法共享库存信息，各级节点企业都独立地采用订货点技术进行库存决策，不可避免地会产生需求信息的扭曲现象，因此供应链的整体效率得不到充分提高。但在供应链管理模式下，通过双方的合作伙伴关系，供应与需求双方可以共享库存数据，因此采购的决策过程变得透明多了，减少了需求信息的失真现象。

（2）风险问题。供需双方通过战略性合作关系，可以降低由于不可预测的需求变化带来的风险，比如运输过程的风险、信用的风险、产品质量的风险等。

（3）通过合作伙伴关系可以为双方共同解决问题提供便利的条件，通过合作伙伴关系，双方可以为制定战略性的采购供应计划共同协商，不必要为日常琐事消耗时间与精力。

（4）降低采购成本问题。通过合作伙伴关系，供需双方都从降低交易成本中获得好处。由于避免了许多不必要的手续和谈判过程，信息的共享避免了信息不对称决策可能造成的成本损失。

（5）战略性的伙伴关系消除了供应过程的组织障碍，为实现准时化采购创造了条件。当然还可以通过与供应商共享管理经验，推动企业整体管理水平的提高。

（四）避免供应商合作伙伴关系失败的要素

1. 双赢的思路

双赢描述伙伴间能够创造具体有效的成果，是双方建立伙伴关系的最根本因素。

首先，成功的伙伴关系可以提高生产力和附加价值，改善获利能力，因而双赢可以说是每一个成功伙伴关系"存在的理由"。双赢可能来自供应商与客户间创新能力的整合，专业服务公司就是将其咨询能力与客户结合而创造新价值；而在零售业，双赢则来自于系统（如信息、资源、业务流程等）的整合，因而双赢可以依产业不同而呈现出不同的形式。

其次，双赢来自从未使用过的巨大的生产力宝库。借助重新思考、彼此合作的形态，重新设计组织界限，就能赋予自己和合作伙伴更佳的生产力，从而打开这个取之不竭的宝库，这在传统的买卖关系中是完全不可能的。例如，在传统的买卖关系中，供应商不时被竞争者所取代，这种关系是充满变化且不堪一击的，相反，伙伴关系提供了一种真正持久的竞争优势。

2. 亲密的关系

"亲密"描述业务伙伴关系间的紧密程度。双赢不会凭空而得，在以买卖为基础的环境下，想要改变供应商与客户间的关系基本上是行不通的。双赢需要一个培育伙伴关系生生不息的环境，激励它们彼此进行变革，以维系长期的、深层次的合作方式。成功的伙伴关系超越了交易关系而达到相当高的紧密程度，这种紧密的结合在以往的买卖模式中是难以建立的。因此，亲密超越了交易关系，亲密是极致的表现，是第二大因素。

当合作双方都愿意就提高生产力的目标来重新思考与改变现有关系时，就开发了一种新的生产力之源。伙伴关系归功于彼此间的高度信任，甚至可以超越对自己公司内部同仁的信赖。一些伙伴团队树立了积极的、可达成的目标，并一致合力支持该目标，因此能够获得辉煌的成功；而有些企业则是因为能与伙伴共享价值理念，所以才能建立长久有益的关系。例如，IBM供应商的人员可以佩带IBM的员工徽章并常驻IBM办公，而且可以参阅除专利权以外的所有工程设计资料；IBM主要供应商的销售人员也会参与它内部机要的采购与产品设计会议，希望藉此影响IBM的需求，同时也敦促自己提高满足这些需求的能力。又如，家乐福可以对雀巢公开自己的商业机密——每天的销售数据，使双方的供需关系更加清晰和紧密。正如 NEC 公司的高斯先生所说："如果没有亲密关系的存在，就无法为伙伴企业带来贡献。身为伙伴，我不再是个局外人，而是内部关系人；在达到这层亲密性之前，我无法有所贡献。"可见，亲密使得伙伴关系的高度贡献成为可能。

3. 一致的目标

目标的一致是供应链伙伴关系的导航系统，伙伴关系对于供应商与客户双方都有着强烈且深远的影响，因此绝对需要有一个清晰的指引方向，并对所追求的目标有明确的远景。在非常亲密的伙伴关系中，目标可以彻底转变伙伴双方的组织，引导出一个在普通环境下绝对无法达成的潜在机会。当 Intel 公司的设计能力与应用材料公司的制造技术相结合时，就开发出了震撼全球的芯片。伙伴关系远景通过合作直接促使组织改进效率，并增进双方利益。

通过伙伴关系达到共赢的例子很多，例如，新西兰的一个番茄酱生产商为了开发出果实大而籽少的番茄，参与了对番茄的种植研究工作，并与为它供货的番茄栽培方确定了伙伴关系，为合同栽培方提供了种苗以确保将来可产出更好的果实。由于这些合同栽培方多是一些个体的和小型的番茄种植者，为了提高他们的生产力，番茄酱生产商又进一步与一些设备供应商、化肥和其他农业化学品供应商进行谈判并签订合同去帮助种植方。种植方受到了鼓舞，踊跃地使用合同折扣价去购买农业机械和农化产品。结果在使用了优质的种苗、农业机械和农化产品的情况下，番茄结出了硕果，同时几方都得到了意想不到的收益。相比之下，国内外一些大型超市无视供应链伙伴关系，自持店大能欺客，挟大额采购的优势逼迫和压榨上游供应商，最后造成了"多"败俱伤的结果，这不能不说是伙伴关系的一个反面例证。

由此可见，保持供应链伙伴关系，必须具备双赢的思路、亲密的关系和一致的目标三个要素，这样，伙伴关系的一方就能为另一方创造贡献的能力，使对方获得竞争优势的同时，自己也得到应有的回报，从而使伙伴关系的各方都能具备一定的竞争优势，最终实现多赢的局面。表 4-11 为某公司采用的供应商评价表。

表 4-11 某公司的供应商评价表

供应商名称：　　　　　　　　　年　月　日　　　　　　　编号：

序号	项目	内　容	适 用 内 容
一	企业概况	1. 企业类型：跨国公司、国内知名企业、国内集体企业、私营企业	
		2. 注册资金	
		3. 资信等级：AAA, AA, A	
		4. 经营范围：出口产品，国内大型企业使用，国内中小型企业使用	
		5. 营业期限	
二	技术可靠性	1. 采用标准：国际标准，国内标准，行业标准，企业标准	
		2. 技术先进性：国际先进，国内先进，行业先进，地区先进	
		3. 是否专有技术	

续表

序号	项目	内　容	适用内容
三	质量保证	1. 检验报告：国家检验，行业检验，市级质检	
		2. 生产许可证	
		3. 煤安标志准用证	
		4. 防爆合格证	
		5. 质量体系产品的认证	
		6. 主要原材料外购部件来源及质量状况	
		7. 质量承诺：三包期，备品备件供应，使用寿命，质量损失赔偿	
		8. 产品合格证和3C证	
四	产品价格	1. 销售价格：零售价格，批发价格，出厂价格或出厂浮动价格	
		2. 定价依据：国家定价，行业定价，企业定价，市场价格	
五	售后服务	1. 进货及时性及履约承诺	
		2. 技术服务：培训、咨询、定期巡检	
		3. 售后服务的及时性	

三、供应商关系的管理流程

公司与供应商建立了合作关系后，就应该对这种关系进行必要的跟踪管理。一般来说，公司在处理与供应商的关系方面，通常的流程包括：记录供应商的信息、供应商评估结果反馈、供应商能力拓展、供应商积极性提升以及最后如何结束双方的关系，供应商关系的管理基本流程如图4-3所示。

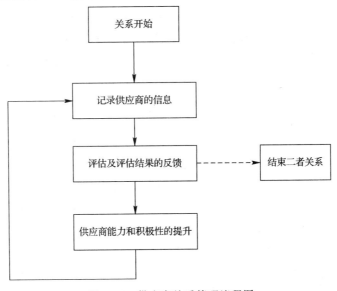

图4-3　供应商关系管理流程图

（一）记录供应商的信息

将供应商的信息完整地记录下来，以及跟踪已获得的每一个供应商的信息，对进行供应商评估和对其采取后续行动是非常重要的。虽然公司可能更关注候选供应商的信息，但是记录下那些被剔除的、丧失了资格的供应商以及剔除原因也是重要的。在未来某些时候，只要公司还要寻找更多可供选择的供应商，或者当某供应商再次与公司接触并希望进行业务合作的时候，这些信息就非常有用。

记录方法可以采用手工系统和计算机系统两种。不管是用手工系统还是计算机系统，记录资料中都应该包含供应商的以下有关信息：

（1）供应商的相关文件，包括年报、宣传手册、产品目录、用户指南、维修手册等；

（2）公司能够收集到的有关供应商的公开信息，包括新闻报道、信用报告等；

（3）其他用户对于该供应商的反映，包括用户满意度的调查信息；

（4）供应商在质量控制、成本控制以及技术开发方面所做的努力情况；

（5）供应商对问讯的反应，以及为公司的供应商拜访和调查准备的报告；

（6）由供应商的证明人及其他有关联系人提供的信息；

（7）供应商询价反馈速度、退货条件信息；

（8）公司从邮寄调查问卷、评价反馈、咨询和后续工作中直接或间接获得的供应商信息，其他可能影响供应链合作关系的信息，等等。

（二）供应商评估及评估结果反馈

供应商管理当中一个重要的部分就是对供应商的评估。一个企业必须具备一些考核、管理及发展供应商绩效的工具。没有一个评估绩效的系统，采购者不可能真正了解供应商履行其职责到什么程度。供应商绩效考核过程包含了一些方法和系统，来为考核、评定或者优化供应商绩效排名持续收集并提供信息。考核系统在采购过程中是一个关键部分——主要以"供应商工作成绩鉴定表"的形式存在。供应商绩效考核不同于最初评估和选择供应商的程序，这是一个持续的过程而不是一次性事件。

对于供应商的评价结果，公司应该及时将其反馈给所有被评估的供应商，不论其是否通过了评价。对于那些没有成功进入公司候选名单的供应商，可以从评价结果中了解到自己的不足，并在未来针对问题进行改善。从长远看，这对公司也是非常有好处的。

公司中最为重要的，当然是那些已作为候选人的供应商，但那些存在小问题，有待于克服缺点的供应商也很重要。让这些供应商了解其劣势，并认识到克服这些缺点就会提高他们真正成为公司供应商的可能性。

在向供应商通报评价结果时，公司只能给供应商提供有关自己公司的信息，而不能向其泄露任何其他竞争者的信息。这对公司是非常重要的，也是商业职业道德的基本准则。

由于反馈是一个双向的过程，公司也应该在这个时候努力获得有关供应商作为公司的潜在客户对公司的看法。这样，双方都可以采取措施克服劣势，并增加建立真正的业务合作关系的机会。

（三）供应商能力拓展与积极性提升

公司获得正确的反馈后就可以采取进一步行动了。当公司发现候选供应商中没有一个能够完全满足公司对其在能力和积极性方面要求时，采取进一步行动就更有价值了。

1. 供应商的能力拓展

如果候选供应商存在的是能力方面的问题，如某供应商在技术、资源或经验方面存在不足，这些不足会影响其完全按照公司的要求交货。在这种情况下，公司必须采取一些措施帮助提高该供应商的能力。这些措施可能包括：

（1）为供应商提供产品/服务和有关专业技术方面的建议和帮助。所涉及的范围包括：设计、生产计划和生产过程控制、质量管理、技术支持、配送与交货以及其他供应商有缺陷的方面。公司可以通过派遣员工（如管理者、工程师和技术员）为供应商提供现场指导，或者对供应商的员工进行在职培训，当然公司只有在希望与供应商建立长期合伙关系时才会采取这些措施。

（2）提供生产资金，如通过提前支付设备的采购款，或者预先支付供应商需要的采购原材料或零部件的费用等。

（3）帮助供应商整合其信息系统，使该系统与本公司的系统更具兼容性，以方便两个公司之间的沟通，便于双方联合制定计划等。

2. 供应商积极性的提升

如果供应商在与公司合作的过程中积极性方面存在问题。公司首先要做的是找到供应商积极性不足的原因，针对具体原因找到解决措施。一般来说，对于供应商积极性方面的问题，可以采用以下解决措施：

（1）增加从该供应商处的采购量，公司可以考虑供应商目前能够提供的所有产品或服务（或者可以包括供应商未来可以提供的产品或服务），同时考察公司未来的需求，以确定是否存在进一步扩展双方业务合作的可能。

（2）与供应商保持信息的畅通，充分证明本公司是供应商的一个优质客户。当公司采购的是总价低、风险高的采购品时，这一点更为重要。可以通过采取以下措施向供应商说明，虽然公司的业务量相对很小，但公司是一个优质的、值得与之合作的客户：

① 公司处理商业交易的过程是有效和高效率的。

② 展示公司的能力是很强的，不需要供应商经常地、费事地予以配合（不会成为供应商烦恼的客户）。

③ 证明公司一贯准时付款。

④ 为供应商指派一个客户经理，以方便供应商处理与本公司相关的业务。

⑤ 主动提出处理所有外部管理事务（如银行的要求、检查、客户需办理的正式手续以及文件等），减少供应商处理这些事务的麻烦。

⑥ 以职业的、符合商业道德的方式从事各项工作等。

吸引和说服潜在供应商与公司进行业务合作的尝试经常被称作"反向营销"。这意味着采购公司主动进行采购并吸引供应商，这是与销售经理吸引采购者的一般做法相对应的。

（四）结束双方关系

当合作伙伴关系失败而决定终止合作时，双方常常会对对方怀有讽刺乃至敌意，而不是采用更合适的态度。但当今世界已越来越小，说不定哪天又会需要用到其中某个供应商；或者供应商中的一个 CEO 跳到了其他公司，而这家公司正是目前公司所依靠的。因此公司要将转换供应商这一过程尽量做得天衣无缝，同时又不损害客户满意度、公司的利润以及公司的名誉。

1. 拆伙种类

从采购方来讲，可分自愿与非自愿拆伙两种。自愿拆伙的原因中最多见的是对供应商表现不满。比如当公司连续向对方派出质量小组帮对方解决重复性的问题，对方却没有做出相应的改变，存在的问题还在持续发生，最终公司只能放弃它转而去寻找一家能做出积极响应或更有能力的供应商。非自愿拆伙往往来自于供应商的破产或无法预测的风险。这种拆伙也可能是供应商被别的企业收购导致公司所依靠的工厂行将关闭而不得不做出的反应。

除了上述原因外，另一导致供应商伙伴关系破裂的普遍原因是相互失去了信任。与供应商失败的沟通，尽管双方都是无意的，但能直接损害双方的信任。因此，为了公司的利益，为了使破坏最小化，需要尽可能地减小与供应商的敌意，这样在转换供应商的过程中才能得到他们的协作。

2. 拆伙策略

企业采购部应坦率而直接地向达到剔除条件的供应商发出警告信号。企业可以利用供应商档案中的详细信息说明双方合作过程出现的问题，解释企业要求解除合作关系的原因和必要性。为了保证公司的利益，保证在转换供应商的过程中得到被淘汰供应商的协作，使破坏程度最小化，企业需要尽可能地减小与供应商的敌意。采购人员通过积极主动的沟通使供应商理解并接受拆伙。

有的企业会在事先没有会知对方的前提下突然向供应商提出结束合作；或以一些含糊的指责，如"你做得不好"或"你欠了我们"，甚至是不光彩的手法来结束与供应商的合作。所有这些都会使供应商充满敌意，同时也会使新的供应商觉得以后是否会被同样对待，而企业的声誉也会遭受损害。什么是企业与供应商友好"离婚"的最佳途径呢？简单地说，公司可以在供应商的表现、管理或者成本接近"危险区"时，坦率而直接地发出警告信号，而不是隐瞒你的不满，这样供应商就不会感到不合理。这里有三个"P"可以帮助企业在与供应商拆伙时减小对方的敌对情绪。

Positive attitude(积极的态度)：与其面对延续的挫折，不如现在先结束合作，等以后双方情况改变后再寻求合作机会。

Pleasant tone(平和的语调)：不要从专业的或个人的角度去侮辱对方。这好比离婚，双方都会有种失落感，都不要过多地相互指责。

Professional justification(专业的理由)：这不是个人的问题，要告诉供应商，你的职责是为公司创造价值，吸引和留住客户。

所谓拆伙中的转换过程，是指在供应商理解企业要求拆伙的基础上，企业与供应商共同确立公平的拆伙方案以便将双方损失降到最小。拆伙方案明确双方的责任和合理的时间安排。双方责任包括对已发生的费用如何结算、如何以最低的成本处理现有库存等。

企业采购部根据供应商淘汰的原因将所淘汰的供应商级别从日常供货供应商降为准合格供应商、潜在供应商或作永久删除。

3. 拆伙的理想结果

对拆伙这一公平的过程所期望的结果应是：

（1）有秩序的退出；

（2）对你的客户没有损害；

（3）最少的浪费和开支；

（4）清楚的双方签字的结算记录；

（5）对这次拆伙原因有清醒认识；

（6）即使情况最坏，对所有相关人员也是一次教训；

（7）事后曾经合作的双方都会说："我以后再也不会犯那种错误了！"

企业以坦诚的态度、专业的拆伙方案对供应商进行淘汰，虽然终止了当前不令人满意的合作状态，但并不会成为今后再次与该供应商合作的障碍。

本 章 小 结

供应商管理是对供应商的了解、选择、开发、使用和控制等综合性管理工作的总称。供应商管理是一种致力于实现与供应商建立和维持长久、紧密伙伴关系，旨在改善企业与供应商之间关系的新型管理。

本章系统地介绍了供应商管理的概念和供应商选择与管理的相关知识。重点介绍了供应商选择过程，包括如何发现供应商、筛选供应商、调查供应商以及最后选定供应商。

由于供应商质量管理对于企业来说重要性非同一般，文章中重点介绍了供应商质量管理的概念以及供应商质量管理的具体策略。

在供应链环境下，如何与供应商搞好关系是关系到企业生死存亡的大事，本章介绍了供应商关系的分类，同时重点介绍了供应商关系的管理流程。一个好的供应商应该：

（1）保证产品质量，致力于产品零缺陷；

（2）使得交付绩效成为优势，包括向采购方厂房的使用区域交货时，有缩短时间提高交货频率的意愿；

（3）采用合格的、方便接近的人员负责为采购方提供必要的服务，确保对采购方需求的快速反应；

（4）与采购方一起尽可能缩短前置期，长的前置期使得计划困难，而且也会提高供应链成本；

（5）为采购方提供提高能力及减少工作量的信息；

（6）创造未来而不是担心未来；

（7）将其利润的一部分用于再研发投资，从长远的角度考虑，并且愿意为明天付账；

（8）满足严格的财务能力标准，这一标准应用于评估潜在的新客户的信誉。

关注选择最好的供应商，对提高整个企业的竞争力有很大的帮助。这需要对提供产品和服务的供应商进行仔细的评估和选择，以满足企业最终客户的需要。

思 考 与 讨 论

1. 讨论供应商有时候不愿意与买方共享成本信息的原因，特别是处在买卖关系确定初期。

2. 简述供应商管理的概念及其重要性。

3. 为什么企业在做出选择供应商的决定之前，要花费大量资源和时间去评估供应商？

4. 简述供应商管理的基本流程。

5. 简述供应商选择的过程。

6. 为什么买方要关心供应商质量绩效？

7. 说明供应商通过 ISO 认证的好处。

8. 简述供应商关系的分类。

9. 简述供应商关系的管理流程。

10. 分析讨论一个采购者可能选择一个有财务危机的供应商的情形。

11. 讨论下面的观点：如果采购方基于最初评估的结果决定选择某个供应商，那么供应商就必须满足采购和后续的绩效要求。

 案例分析

第五章　采购价格与成本管理

☞ **本章学习目标**

(1) 熟悉采购价格的定义；

(2) 掌握采购价格的影响因素；

(3) 熟悉商品定价的基本方法；

(4) 掌握采购价格分析的主要调查范围；

(5) 熟悉采购价格信息收集的方式和渠道；

(6) 了解采购价格审核的作用；

(7) 熟悉采购底价制定的好处；

(8) 掌握采购底价的制定方法。

如今的经济背景下，全球竞争背后的驱动力量可以用下边的公式来概括：

$$价值 = \frac{质量 + 技术 + 服务 + 周期}{价格}$$

尽管采购对这个公式分子中所有的变量都有很大的影响，但本章主要讨论分母——价格，以及影响价格的主要因素——成本。采购的一个重要任务就是保证对每一种货物所支付的价格都是公平和合理的。所采购产品或服务的价格将直接影响终端客户对产品价值的评价，因而将决定生产商能否在市场上拥有竞争优势。采购通过持续降低成本的流程传输价值，从而提高了边际利润和企业的资产回报率。因此，采购过程本身成为了推动采购发展的真正力量。

对供应商产品或服务实际成本及实际支付的采购价格的估计是所有行业正在面临的挑战。许多时候，对成本的控制需要关注企业生产一种产品或服务的相关成本，而并非只是简单地分析最终价格。这样的情况下，新的定价法包含了成本识别，而成本识别又是制定最终价格的一个流程。其他情况下，采购部门不需要花费那么多精力了解成本，相反，只要考虑在特定的市场竞争条件下价格是否公平即可。

本章将会对采购价格和成本管理的基本原理进行讨论，同时涉及一些管理价格和成本的新工具。

第一节　采购价格概述与其影响因素

一、采购价格概述

（一）采购价格的定义

价格可以定义为以标准货币单位为尺度的商品或服务的价值，也就是说商品的价值与货币价值的对比。采购价格是指企业进行采购作业时，通过某种方式与供应商之间确定的所需采购的物品和服务的价格。

（二）采购价格的种类

依据不同的交易条件，采购价格会有不同的种类。采购价格一般由成本、需求以及交易条件决定，一般有到厂价（送达价）、出厂价、现金价、期票价、净价、毛价、现货价、合约价等。

1. 到厂价与出厂价

1）到厂价

到厂价（送达价）是指供应商的报价，负责将物品送达采购方的工厂或指定地点，期间所发生的各项费用均由供应商承担。对于国际贸易而言，到厂价即离岸价（Free On Board，FOB）加上运费（包括在出口厂商所在地至港口的运费）和货物抵达采购方之前的一切运输保险费。其他还有进口税、银行费用、利息及报关税等。这种到厂价通常由国内的代理商以人民币方式报价（形成国内采购），向外国原厂进口货品后，再售于采购方，一切进口手续都由代理商办理。

2）出厂价

出厂价是指供应商的报价，不包括运送费用，即由采购方雇用运输工具，前往供应商的制造厂提货。该情形通常出现在采购方拥有运输工具或供应商加计的运费偏高时，或当处于卖方市场，供应商不再提供免费的运送服务时。

2. 现金价与期票价

1）现金价

现金价是以现金或相等的方式，如电汇（Telegraphic Transfer，T/T）或即期信用证支付货款，但是"一手交钱，一手交货"的并不多见。现金价可使供应商免除交易风险，而采购方享受现金折扣。

2）期票价

期票价即采购方以期票或延期付款的方式来采购物品。通常供应商会加计延迟付款期间的利息于售价中。如果供应商希望取得现金周转，会将加计的利息超过银行现行的利率，以迫使采购方放弃期票价而选择现金价。

3. 净价与毛价

1）净价

净价指供应商实际收到的货款，不再支付任何交易过程中的费用，这点在供应商的报价单条款中通常会写明。

2）毛价

毛价是指供应商的报价，可以因某些因素加以折扣。如采购空调设备时，供应商的报价已包含货物税，采购方若能提供工业用途的证明，即可减免货物税。

4. 现货价与合约价

1）现货价

现货价是指每次交易时，由供需双方重新议定价格，若有签订买卖合约，也在完成交易后即告终止。在众多的采购项目中，采用现货交易的方式最频繁。买卖双方按交易当时的行情进行，不必承担预立契约后价格可能发生巨幅波动的风险或困扰。

2）合约价

合约价是指买卖双方按照事先议定的价格进行交易，合约价格涵盖的期间依合约而定，短则几个月，长则一两年。由于价格议定在先，经常会与时价或现货价有差异，使买卖时发生利害冲突。因此，合约价必须有客观的计算公式或定期修订，才能维持公平、长久的买卖关系。

5. 定价与实价

1）定价

定价是指物品标示的价格。如某些商场的习惯是不二价，自然牌价（定价）就是实际出售的价格，但有些商场仍然流行"讨价还价"的习惯。当然，使用牌价在某些行业却有正常的理由。例如钢管、水泥、铝皮等价格容易波动的物品，供应商经常提供一份牌价表给买方，表中价格均偏高且维持不变。当采购方要货时，供应商则以调整折扣率来反应时价，无需提供新的报价单给采购方。所以牌价只是名目价格，而非真实价格。

2）实价

实价是指采购方实际上所支付的代价。特别是供应商为了达到促销的目的，经常会提供各种优惠的条件给采购方，例如数量折扣，免息延期支付，免费运送与安装等，这些优惠都会给采购方带来真实的价格降低。

二、采购价格的影响因素

（一）采购价格高低的基本影响因素

1. 供应商成本的高低

供应商成本的高低是影响采购价格的最根本、最直接的因素。供应商进行生产，其目的是获得一定利润，否则生产无法继续。因此，采购价格一般在供应商成本之上，两者之差即为供应商的利润，供应商的成本是采购价格的底线。一些采购人员认为，采购价格的高低全凭双方谈判的结果，可以随心所欲地确定，其实这种想法是完全错误的。尽管经过谈判后供应商大幅降价的情况时常出现，但这只是因为供应商报价中水分太多的缘故，而不是谈判决定价格。

2. 规格与品质

采购企业对采购品的规格要求越复杂，采购价格就越高。价格的高低与采购品的品质也有很大关系。如果采购品的品质一般或质量低下，供应商会主动降低价格，以求尽快脱手。

3. 采购物品的供需关系

当企业所采购的物品为紧俏商品时，供应商就处于主动地位，就可以趁机抬高价格；当企业所采购的商品供过于求时，采购企业则处于主动地位，可以获得最优的价格。

4. 供应市场中竞争对手的数量

供应商毫不例外地会参考竞争对手的价格，确定自己的价格，除非它处于垄断地位。

5. 客户与供应商的关系

与供应商关系好的客户通常都能拿到好的价格。

上面几种情况是采购价格的基本影响因素，目前还存在其他一些影响采购价格的因素，这些因素可能导致厂商给予购买者一定程度上的折扣。

（二）采购价格折扣

价格折扣通常是指在基本定价之外，厂商对符合一定条件的购买者给予的特别价格。它一般包括数量折扣、现金折扣、季节性折扣、交易折扣、功能性折扣以及不退货折扣。

1. 数量折扣

所谓数量折扣，是指买方大量采购时，卖方给予买方的价格折让。通常由于买方的大量购买，卖方会因此获得规模效益，而把一部分好处转让给买方。数量折扣包括一次性折扣和累计折扣，前者是根据每一次采购规模来确定折扣率，后者是根据一定时期内多次采购的总规模来确定折扣率。仓储式超市在确定采购规模时，既要考虑数量折扣因素，又要考虑店铺销量、储存成本、运输费用等多重因素。

2. 现金折扣

所谓现金折扣，是指买方可以在一定的时间期限内付清购货款项，卖方因此所给予的价格折扣。典型的折扣条件是"2/10，30 天"，表示付款期限 30 天，若客户能在 10 天内付清，则给予 2％折扣。现金折扣的目的在于鼓励顾客提早付款，以降低公司的收账成本。

3. 季节性折扣

所谓季节折扣，是指为刺激非旺季商品销售而给予买方的价格折扣。这种折扣与采购数量、采购者无关，只是鼓励买方在旺季之前订货，使厂商的淡季不淡。提供季节性折扣的目的在于使公司产品的生产量维持在一个较稳定的水平上。

4. 交易折扣

所谓交易折扣，是指卖方根据买方的业务功能和组织特征，给予有利于自己的购买组织一定的价格优惠。因为仓储式超市多为连锁组织形态，所以会享受到供应商的交易折扣。例如，一方面是 50 家独立的店铺，分散地向供应商进货，另一方面是 50 家连锁分店，由总部统一进货，对于供应商来说，后者的业务成本会大大低于前者。

5. 功能性折扣

功能性折扣（functional discount）又称为交易折扣（trade discount），通常是因营销渠道中的成员所扮演的特殊功能与角色而给予的折扣，这些功能包括销售、储存和作进、出货记录。

6. 不退货折扣

不退货折扣实际是买断商品的价格，是指供应商对实行买断商品、不再退货的商场给予的价格优惠。值得强调的是，世界上许多著名的跨国零售巨子对其经营的主力商品均采用了现金买断制，以同时获得现金折扣和不退货折扣，进而在价格竞争中占据有利地位。

第二节　商品定价方法

要对采购商品的价格进行管理，必须对供应商的定价方法有所了解，下面介绍企业一般的定价步骤和商品定价方法。

一、商品定价概述

一般来说，企业的定价程序可以分为六个步骤，即确定企业定价目标、评估市场需求、估算商品成本、分析竞争状况、选择定价方法以及定价。这个定价程序包括的内容如图5-1所示。

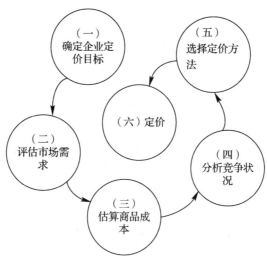

图 5-1　商品定价流程图

（一）确定企业定价目标

企业的定价目标是不同的：有的是为了拓展新市场，有的是为了利润最大化，有的是为了提高市场占有率，有的是为了应对竞争者……确认定价目标是定价的首要任务。

（二）评估市场需求

评估市场需求是指通过市场细分，识别目标市场需求，确认潜在用户及其需要。

（三）估算商品成本

设计一个应用于各个细分市场的系统，确定每个市场部分的边际成本和特殊成本。

（四）分析竞争状况

确定价格时，除了要了解自身的状况外，还要对订价目标、产品的原价及随时在变化的四周环境有很高的敏感性，同时要估计可能的竞争对手，包括了解竞争对手的价格水平，分析竞争对手的优势与劣势等。

（五）选择定价方法

（1）确认顾客或用户的需求内容；

（2）确定产品的价格水平；

（3）分析不同产品间的价格和功能的差异程度；

（4）探讨价格变化的影响因素，并决定不同市场条件下最有利的定价方法。

（六）定价

（1）确认可行的定价方案。

① 估计期望价格水平和推出时机的销售额；

② 估计产品的直接成本；

③ 识别产品改变时成本的差异程度。

（2）估计不同销量水平下生产和市场营销的直接和间接成本。

（3）计算不同销量水平下每个细分市场的期望利润。

（4）确定最后价格。

二、几种常用的定价方法

（一）成本导向定价法

成本导向定价法是生产者以成本为基石制定价格的方法，即以成本为基础加一定盈利来确定价格。这是一种完全按卖方意图来确定商品价格的方法。其优点是保证企业不亏本，计算简单，但所定价格国际市场的顾客未必接受。它的理论依据是"成本制定价格的最低经济界限"。

按照定价成本性质的不同，该方法可分为以下几种具体方法。

1. 完全成本加成定价法

完全成本加成定价法是将生产经营中耗费的固定成本和变动成本加总，再除以产品数量，求出单位成本，加入与成本成一定比例的利润，即成为纳税前价格。纳税前价格再加上应纳税金，便形成商品的出售价格，其计算公式为

$$商品价格 = 完全成本 + 利润$$

$$含增值税价格 = 完全成本 + 利润 + 增值税价格$$

这里的完全成本指的是单位产品的完全成本，先求出总体的完全成本，再除以产品的数量就可算出。利润的计算是以完全成本为依据，利用利润率来计算的。

2. 比较成本定价法

比较成本定价法是以某种同类型商品为标准品，以其现行价格为依据，通过比较成本制定新品种产品价格的方法，其公式为

$$新品种产品价格 = 标准品价格 + （新品种成本—标准成本）$$

比较成本定价法是一种比较简单的定价方法，有利于开拓市场，有利于保持同类商品价格的基本稳定。但是，采用这种方法时，标准品的选择非常重要，必须合适，否则定价不会合理。

3. 盈亏平衡分析定价法

盈亏平衡分析定价法又称保本定价法，它是以销售产品的总收入与商品总成本的平衡来确定商品价格的一种方法。盈亏平衡时商品销售量为

$$Q = \frac{FC}{P - AVC} \qquad (5-1)$$

其中 Q 为盈亏平衡时的销售量；FC 为固定成本；P 为保本销售价格；AVC 表示单位商品变动成本。由上式可以推导出保本价公式，即

$$P = \frac{FC + Q \times AVC}{Q} \qquad (5-2)$$

利用保本价格计算公式，可以进一步推算出获得一定目标利润时的商品价格计算

公式为

$$P = \frac{TP + FC + Q \times AVC}{Q} \tag{5-3}$$

式中，P 表示获得一定利润时的商品价格，TP 表示预期利润量。

4. 目标成本定价法

目标成本定价法是以期望达到的成本目标为经济依据制定出厂价格的方法。其中的目标成本不等于实际成本，它是为谋求长远利益和整体利益而测定的一种影子成本，其公式为

$$价格 = 目标成本 + 目标利润$$
$$= 目标成本 \times (1 + 目标成本利润率)$$

由此推出

$$目标成本 = \frac{价格}{1 + 目标成本利润率}$$

以目标成本为基础定价，适用于需求弹性比较大的商品，尤其是固定成本比例比较大的商品。采用目标成本定价法，能保证生产者近期收回投资，并能获得预期利润，计算也比较简单。

但产品价格根据预期产量计算，并非一定能保证销量也同步达到预期目标。

5. 变动成本定价法

变动成本定价法又称目标贡献定价法，它是在商品变动成本基础上，加上一定的目标贡献来制定商品价格的一种方法。所谓目标贡献是商品价格与变动成本之间的差额，即

$$目标贡献 = 商品销售单价 - 目标成本$$

因此商品销售价格为

$$商品价格 = 单位商品变动成本 + 目标贡献$$

变动成本定价法能及时反映市场激烈竞争的情况，不失为一种好的方法。这种定价法的缺点是，如果目标贡献率等于零或大于零而小于固定成本，生产者将得不到利润，固定成本没有办法补足，从长期看不利于生产者的生产。

（二）需求导向定价法

需求导向定价的价格不再以成本为基础，而是根据消费者对商品价值的认识和需求程度来确定。一般先拟定一个消费者可以接受的价格，然后根据所了解的中间商成本加成情况，逆推计算出出厂价。需求导向定价法包括认知价值定价和需求区别定价两种。

1. 认知价值定价

认知价值定价是指公司以消费者对其产品的认知价值而非以产品成本为定价基础。公司在定价方面的工作主要是正确地预测需求曲线，推算出每一级价格上的消费人数。一经确定真实价格，凡在这级价格内购买的顾客，都认为产品值得花这么多的钱去购买。认知价值定价与现代市场定位观念是相吻合的。公司为其特定的目标市场发展一种产品观念，这种产品须能够达到预期的质量和价格。然后估计在此价格水平上渴望达到的销售量，由此得出所需要的产能、投资和单位成本。再计算在该价格和成本条件下可否获得相当的利润。认知价值定价法的关键在于准确地计算出市场对该产品的认知价值。估计认知价值的方法有三种：直接价格评比法，即直接要求顾客对同类产品进行估价；直接认知价值评比

法，即让顾客对同类产品打分，而后根据市场平均价格水平，得出各产品的价格；诊断法，是根据同类产品的属性和相对重要性，按一定方式（如百分制）进行分配评估，而后将评分乘其权数，即可得出产品的价格差异。

2. 需求区别定价

需求区别定价又称价格差异法，指某项商品或服务以两种以上的价格出售，而这种价格上的差别并不和成本的差别成正比。采用需求区别定价的条件是：市场是完全垄断的；市场可以细分，而且细分化的市场对产品或服务的需求价格弹性不同；市场细分所需成本不能超过由细分所得的收益；支付低价的细分市场无法将产品转售到较高价格的细分市场。

（三）竞争导向定价法

竞争导向定价法是根据主要竞争对手的商品价格来确定自己商品的价格，也就是以竞争为中心的定价方法。这种定价方法并不要求企业把自己的商品价格定得与竞争对手商品的价格完全一致，而是使企业的产品价格在市场上具有竞争力。可将其细分为下面几种方法：

1. 相关商品比价法

相关商品比价法是以某种类型的商品为标准，通过成本和质量的比较来制定可行的价格。用这种方法定价，首先要知道标准品（或代表品）的价格，然后请专家对新产品功能逐项评估，使之与标准品相比较。这种方法既能体现按质论价的原则，又能促使新产品投入市场，增强其在市场的竞争能力。

2. 分期付款定价法

分期付款定价法是企业对一些价值大、数量多、需要扩大销路的商品常采用的一种推销方法。

3. 投标定价法

投标定价法是买方引导卖方通过竞争成交的一种方法。通常用于建筑包工、大型设备制造、政府大宗采购等。一般是由买方公开招标，卖方竞争投标，密封递价，买方按物美价廉的原则进行选择，到期公布中标者，中标者与买方签约成交。投标递价主要以竞争者可能的递价为转移。递价低于竞争者，可增加中标的机会，但又不可过低。过低则不能保证适当收益。

4. 拍卖定价法

拍卖定价法即由卖方预先展出待卖物品，让买方预先看货，到规定时间公开拍卖。拍卖时，由买方竞相给价，不再有人竞争的最后一个价格，即为成交价格。这是西方一种古老的买卖方式。现在，一般在出售文物、旧货以及处理破产者财务时，仍采用此法。

（四）生命周期定价法

产品就像人一样，一般要经历几个发展阶段。当然也有例外，有些产品很快被淘汰，甚至胎死腹中；有些产品生命力很强，发展迅猛，让人产生错觉，认为它们能永远生存下去。尽管有例外，典型的产品生命周期模式为我们提供了一个正视现在、预测未来，为尽量利用好每个阶段作好准备的机会。生命周期定价法就是借助产品生命周期而帮助企业制定定价策略的定价方法。

无论产品的品牌、样式风格如何千变万化，市场总是逐渐演变的。一个产品从产生开始，逐渐被顾客接受，然后被所有顾客接受，最后被更能满足顾客的新产品代替而步入死亡。在产品市场生命周期的不同阶段，相关成本、购买者的价格敏感性和竞争者的行为是不断变化的。因此，定价策略要适合时宜、要保存有效性，必须要有所调整。

1. 市场引入期的定价策略

创新产品是新的、独特的、顾客从未体验过的产品。在市场开发期，重要的是向顾客介绍产品，让大家认识到产品的益处，把它作为满足自己需求的一种手段。新产品要获得成功，必须对购买者进行培养教育。创新产品营销工作的关键是找到最先尝试新产品的"革新者"，尽一切努力确保他们对产品持肯定态度。

什么样的定价策略对于创新产品是合适的呢？回答这个问题必须要注意，消费者刚接触到新产品时的价格敏感性与他们长期的价格敏感性之间是没有联系的。顾客缺乏确定产品价值和公平价格的参照物，因此，可以理解为什么大多数潜在购买者不会被低于产品价值的价格所吸引，为什么革新者不在意创新产品的高价。

市场开发期，创新产品的价格应该制定得能向市场传达产品的价值。顾客参照价格来估计产品的价值，确定价格折扣以及进一步减价的价值。如果采取适中定价策略，零售价应与对价格不敏感的顾客心目中的产品价值相近。对创新产品不宜采用渗透定价策略，因为顾客的价格敏感性低，会使该策略无效，甚至可能由于价格-质量效应而损害产品的声誉。

在市场引入期，培养顾客，推销新产品，开发市场的一般方法包括：

（1）让利试用来推销新产品。培养顾客的最便宜且最有效的方法是让他们试用产品。

（2）直销。对于购买支出费用较大的创新产品，往往通过直销人员来培养顾客。

（3）通过分销渠道促销新产品。通过分销渠道行销时，一般通过分销渠道间接销售。市场开发的一个基本环节是对批发商和零售商采取较低的引导性价格。

在产品的市场引入期，通常采用的两种基本定价策略是撇油性定价策略（Skimming）和渗透性定价策略（Penetration）。

2. 市场成长期的定价策略

一旦一个产品在市场上有了立足点，定价问题就开始发生变化。购买者可以根据以往的经验来判断产品价值或参考革新者的意见，其注意力不再单纯停留在产品效用上，开始精打细算的比较不同品牌的成本和特性。不考虑产品战略，成长期的价格最好比市场开发阶段的价格低。

随着竞争的出现，原来的创新者以及后进入者都设定自己的竞争地位，并设法保护它。为此，企业必须在从纯差异化战略到纯成本领先战略的连续统一体中，找到合适的制定企业产品价格的营销战略。

1）差异产品的定价

采用产品差异化战略的企业致力于为自己的产品开发独特的形象。在成长期，企业必须迅速在研究、生产领域以及顾客心目中确立自己的地位，成为具有这种属性的重要供应商。当竞争趋于激烈时，产品独特的差异可产生价值效应，降低顾客的价格敏感性，保证企业仍能获得较高的利润。如果行业普遍实行产品差异化，企业应采用适中价格或渗透价格来吸引顾客，从巨额销量中得到回报。

2）低成本产品的定价

采用成本领先战略的企业致力于成为低成本企业。在成长期，企业必须集中力量开发生产成本最低的产品，通常是减少产品差异性，期望能凭借成本优势在价格竞争中获利。如果公司依靠销售量大创造成本优势，就应该在成长期采用渗透价格占领市场，给以后的竞争者进入市场制造障碍。如果企业的成本优势是通过更有成本效率的产品设计创造的，仍然可以采用渗透价格获利。如果市场不是对价格很敏感，宜采用适中定价，这与追求成本领先也是步调一致的。

为了和定价战略保持一致，企业应考虑所有市场和企业自身能力的问题。很少有纯粹的产品差异化战略或纯粹的成本领先战略。各个企业战略的重要区别表明，企业在对价格和产品差异的强调方面是不同的。成功的战略要综合考虑如何满足若干细分市场对价格和产品特色的要求。

3. 市场成熟期的定价策略

成熟期阶段受环境影响，决策的伸缩余地变小，但有效定价仍是必不可少的。成长期利润主要来自向扩张市场的销售，成熟期这一利润来源基本衰竭。企业要能够发现恢复行业增长速度的营销战略，或者实现技术突破、推出更具特色的产品。此外，企业可找到改进定价效性的方法：

（1）将相关的组合产品和服务拆开出售。

（2）改进对价格敏感性的量度。

（3）改进成本控制和利用。

（4）扩展产品线。

（5）重新评价分销渠道。

在这一阶段，企业通常采用的两种战略是产品歧异化战略和成本领先战略。

4. 市场衰退期的定价策略

需求急剧下降可能具有地区性，也可能是整个行业性的；可能是暂时的，也可能是永久的。在市场衰退期一般有三种战略可供选择：紧缩战略、收割战略和巩固战略。

紧缩战略意味着全部或部分地放弃一些细分市场，将资源重新集中于企业更有优势的市场上。紧缩战略是经过精心规划和执行的战略，它将公司置于更有利的竞争地位上，并不是为了避免公司瓦解而不得已采取的办法。紧缩战略的实质是把资金从公司薄弱的市场上撤出来，用于加强公司具有优势的市场。

收割战略意味着逐步退出行业，最终完全退出。

巩固战略试图在衰退期加强竞争优势以从中获益。这种战略仅适用于财力雄厚的企业，它可以助其渡过使众多对手溃败的难关。成功的巩固战略能使企业在危机后重新组合，在缺乏竞争的行业中获利。

即使是在生命周期最糟糕的阶段，企业仍可改进战略的选择。不过这种选择不是任意的，它取决于公司执行战略并在竞争中取胜的能力，且要求公司能预见未来、合理规划。

第三节　采购价格分析

一个企业所需要使用的原材料,少的有八九十种,多的达万种以上,按其价格划分,可分为高价物品、中价物品与低价物品三类。由于采购物资种类繁多,规格复杂,有关采购价格资料的搜集、调查、登记、分析十分困难。采购规格有差异,价格就可能相差悬殊,而且世界各地商业环境变化莫测,要做好国际商业环境调查更是困难。

一、调查的主要范围

在大型企业里,原材料种类不下万种,但限于人手,要做好采购价格调查并不容易。因此,企业要了解帕累托定律里所说的"重要少数"原则,即通常数量上仅占 10％ 的原材料,而其价值却占总值的 70％～80％。假如企业能掌握住 80％ 左右价值的"重要少数",那么,就可以达到控制采购成本的真正目的,这就是 2/8 管理法。根据一些企业的实际操作经验,可以把下列六大项目列入主要的采购调查范围:

(1) 选定主要原材料 20～30 种,其价值占总值的 70％～80％ 以上;

(2) 常用材料、器材属于大量采购项目的;

(3) 性能比较特殊的材料、器材(包括主要零配件),一旦供应脱节,可能导致生产中断;

(4) 突发事件紧急采购;

(5) 波动性物资、器材采购;

(6) 计划外资本支出、设备器材的采购,数量巨大,影响经济效益深远的。

以上所列六大项目,虽然种类不多,但所占数值比例很大,或影响经济效益甚广。其中(1)、(2)、(5)三项,应将其每日行情的变动记入记录卡(如表 5-1 所示),并于每周或每月做一个周期性行情变动趋势分析。由于项目不多,而其金额又占全部采购成本的一半以上,因此必须作详细细目调查记录。至于(3)、(4)、(6)三项,则属于特殊性或例外性采购范围,价格差距极大,也应列为专业调查的重点。

在一个企业中,为了便于了解占总采购价值80％的"重要少数"的原材料价格的变动行情,就应随时记录,真正做到了如指掌。久而久之,对于相关的项目,它的主要原料一旦涨价,就可以预测到成品价格的上涨情况。表 5-1 为采购询价记录表。

表 5-1　采购询价记录表

采购计划单工作号		询价单工作号		申请采购商品序号	上月价格
供应商	电话	供应商报价(单位:元)			备注
		出厂价	批发价	零售价	
	平均价				

调查员:　　　　　调查员员工号:　　　　　　　　询价日期:

二、信息收集方式和渠道

（一）信息收集方式

根据信息来源渠道，可将信息收集方式分为一手资料调查、二手资料调查两种，其中二手资料多是通过查询官方出版物、行业概览等文案调研方式得来的。据统计，采购人员约有 27% 的时间从事各类信息的搜集工作。信息搜集的方法可分为以下三类：

1. 上游法

上游法即了解拟采购的产品是由哪些零部件或材料组成的，即查询供应商的可变成本和固定成本，同时查询拟采购产品市场上的平均利润率水平。

2. 下游法

下游法即了解采购的产品用在哪些地方，即查询拟采购的产品的最终去向，包括客户群、销售水平和产品的利润率。

3. 水平法

水平法即了解采购的产品有哪些类似产品。换言之，查询替代品或新供应商的资料。

（二）信息收集渠道

信息收集常用的渠道有：

（1）杂志、报纸等媒体；

（2）信息网络或产业调查服务业；

（3）供应商、顾客及同行；

（4）参加展览会或参加研讨会；

（5）加入协会或工会。

由于商情范围广阔，来源复杂，加之市场环境变化迅速，因此必须筛选正确有用的信息以供决策。信息收集不能单单满足于以往简单的报纸、电视等渠道的信息获取，每位采购人员应该通过跑市场及时把握现今动荡的市场销售行情，通过网络随时了解相关产品原料的市场行情以及期货市场行情、进口产品的汇率市场变化。每位采购人员从接到计划起就要从原材料的价格、生产工序等方面分析产品的价格构成，对所采购产品的价格可行性进行把关。

（三）调查资料的处理

企业可将采购市场调查所得资料加以整理、分析与研讨。在此基础上提出报告及建议，即根据调查结果编制材料调查报告及商业环境分析报告，对本企业提出有关改进建议（例如，提供采购方针的参考，以求降低成本，增加利润），并根据科学调查结果，研究更好的采购方法。表 5-2 为常用的产品市场价格调查表。

三、采购价格调查流程

从收集信息到最终确定采购的具体价格，采购价格调查流程涉及到企业中多个部门，各部门完成其中的某一个环节，多个部门合作完成采购价格的调查、确认工作。采购价格调查、确认的基本流程如图 5-2 所示。

表 5-2　产品市场价格调查表

品　名	规格	厂牌	单价	价格来源根据 （发票或经办人）	对品质价格的批评
说明					

负责人：　　　　　　　　　制表人：　　　　　　　　　年　月　日

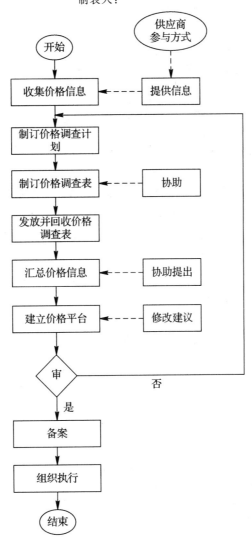

图 5-2　采购价格调查流程图

四、采购价格的审计

(一) 采购价格审计的意义

采购价格审计是指企业的内部审计机构或内部审计人员以采购价格及其构成要素为对象,对内部有关职能部门(单位)使用企业资金获取货物,工程和服务的价格进行审核、监督、评价,确认采购价格的合理性、合法性、效益性,促进企业实现价值最大化的经济效益审计。

在计划经济体制下,我国的企业不可能也没有必要重视采购价格,因为当时的价格都由国家统一制定,企业只需按照国家规定的价格实施采购。在寻求节约采购成本的途径时,只需考虑提高采购物资的利用率,而不必考虑采购的价格因素。在市场经济条件下,如果再不重视采购价格的管理和控制,不致力于从采购价格上挖掘增收节支的潜力,就必然会造成企业效益的损失。

在现实生活中,市场信息具有不对称性,即交易双方对交易品所拥有的信息数量不对等。俗话说"只有错买的,没有错卖的",一般情况下,卖方比买方对采购标的信息知道得更多,在这种情况下,如果缺乏有效的制约机制,有关人员很容易通过不合理的价格谋取私利,致使企业蒙受损失。实践证明,开展采购价格审计有着重大的现实意义。

1. 可以促进企业改善管理

企业产品的成本源于生产要素的消耗,在保证产品质量的前提下,降低生产因素的进价和消耗,意味着降低产品成本、增加盈利,采购价格审计正是抓住效益审计的敏感点,通过建立大件大宗物资采购制度、工程项目招议标制度、基建工程竣工决算审计制度等一系列规章制度,规范企业有关工作流程,减少人为因素的干扰,发现企业采购价格执行和管理中的各种问题,促进企业增强市场意识和效益观念,改进和加强内部管理。

2. 能够带来直接的经济效益

采购价格审计程序简单、易于操作且效果明显,为不少单位节约了大量的经费,带来了显著的经济效益。如江苏省扬州大学在制定并执行了大件大宗物资采购制度后,通过询价、招标、议标、谈判等手段,每年为学校节省物资采购资金数百万元。工程造价审计虽有一定难度,但在配备了专业人员和制定了相关审计制度后,也能从施工单位那里"虎口夺食",为单位节省大量的建设经费。再如,潍坊亚星集团有限公司在工程建设中规定了"四个不准":工程预算不经审计不准签订合同,不签合同不准预付工程款,工程项目无资金来源和开工前各项手续不经审计不准开工,工程预算不经审计不准结算。仅几年时间,共审计核减工程造价 3180 万元,创造了实实在在的效益。

3. 具有显著的社会效益

随着市场经济的发展,国家对价格的控制逐渐放开,尤其在买方市场条件下,出现了名目繁多的促销手段,其中不乏非法交易,采购物资和工程建设过程中存在高买高卖、高估冒算、暗箱操作、收受回扣、变相回扣、变相折让、贪污受贿等不良现象。对采购价格进行审计可以净化经济环境,从源头上遏制腐败,产生良好的社会效益。

(二) 采购价格审计的基础

要想在保证使用需要的基础上获得合理的价格,就必须制定完善的内控制度,认真进行市场调研，采取合适的采购方式，确定合适的供应商，签订规范的合同，严格规范验收手续。因此，采购价格审计不仅仅是对价格这个数据进行审计，而是要对获得价格的全过程进行审计，包括对采购政策、采购计划、采购程序以及采购管理等各个方面进行审计。

1. 建章立制，规范行为

完善的制度是有效实施采购价格审计的基础，也是规范内审人员、各相关管理部门人员行为的准则和开展采购价格审计的依据。建章立制就是要紧密结合企业资金活动现状，建立和完善基建工程项目管理、物资采购、经济合同管理等方面的内控制度，明确采购组织、程序及采购、监督、财务等相关部门职责。并根据不同的采购金额和采购方式，规定相关的采购和监督程序。

2. 对采购全过程进行审计监督

全过程的审计是指对计划、审批询价、招标、签约、验收、核算、付款和领用等所有环节的监督。审计重点是对计划制定、签订合同、质量验收和结账付款四个关键控制点的审计监督，以防止舞弊行为。全方位的审计是指内控审计、财务审计、制度考核三管齐下，将审计监督贯穿于采购活动的全过程，是确保采购规范和控制质量风险的第二道防线。科学规范的采购机制不仅可以降低公司的物资采购价格，提高物资采购质量，还可以保护采购人员和避免外部矛盾。具体内容包括：

（1）审"买不买"，即对采购计划的审查。审查公司采购部门物料需求；物资采购计划的编制依据是否科学；调查预测是否存在偏离实际的情况；计划目标与实现目标是否一致；采购数量、采购目标、采购时间、运输计划、使用计划、质量计划是否有保证措施。

（2）审"何时买"，即对采购时间的审查。要充分发挥规模采购的优势，对有关部门提出的采购计划，进行合并、分类，能集中采购的绝不零星采购。另外，如果采购时间选择不当，将会影响企业的生产经营或增加企业的仓储成本。

（3）审"怎么买"，即对采购方式的审查。采购方式可以采取公开招标、邀请招标、竞争性谈判、单一来源采购、询价等，每种方式各有特点，采取哪种方式要根据具体情况灵活掌握，以获得合理的采购价格。这就需要在审计时，较多地运用经验、知识来具体分析判断，避免在选择采购方式过程中受人情关系、私心杂念影响。采购方式选择得当，不但可以加快采购速度，而且还可以节约投资，减少不必要的人力和物力消耗。

（4）审"向谁买"，即对供应商和开标过程的审查。在对供应商进行考查、了解的基础上，对供应商的选择要制定一个严格的标准，将信誉好、实力强的供应商招进来，将不符合要求的剔出去，以保证支付合理价格的同时，获得较好的质量，要特别注意不能让人情关系左右审查标准。对开标过程进行审查主要是为了禁止开标过程中的暗箱操作，以维护公开、公平、公正的竞争原则。审计监督时，应特别注意对招标文件和评议标准的审查，看有无漏项问题，有无表达不清和不合理的问题，有无责任不清问题，有无与国家法规、政策不一致的问题，还应该注意有无招标者内定中标者或向投标者泄露标底的问题，评标过程中有无不公平、不公正、不合理问题等违规行为。开标过程中存在的问题将会改变招标采购的意义，应予以高度重视。

（5）对采购合同进行审计，依法订立采购合同是避免合同风险，防患于未然的前提条件，也是强化合同管理的基础。首先，要对采购经办部门是否履行职责进行审计。审查采购部门和人员是否对供应商进行调查，包括供货方的生产状况、质量保证、供货能力、公司经营和财务状况。每年是否对供应商进行一次复审评定，所有供应商都必须满足ISO9000标准的要求，考评主要指标是对每年所执行的合同情况，如供货质量、履行合同次数、准时交货率、价格水平、合作态度、售后服务等进行评审，是否在全面了解的基础上，作出选择合格供应商的正确决策，使合同建立在可行的基础上。采购招标是否按照规范的程序进行，是否存在违反规定的行为发生。其次，要对合同中规定的品种、规格、数量、质量、交货方式与时间、交货地点、运输方式、结算方式等各项内容，按照合法性、可行性、合理性和规范性等四个标准，逐一进行审核。

（6）对采购合同执行过程的审计。

① 审查合同的内容和交货期执行情况，是否做好物资到货验收工作和原始记录，是否严格按合同规定付款。如有与合同不符的情况，是否及时与供方协商处理，对不符合合同部分的货款是否拒付。是否对有关合同执行中的来往函电、文件都进行了妥善保存，以备查询。

② 审查物资验收工作的执行情况，是否对物资进货、入库、发放过程进行验收控制。

③ 对不合格品控制执行情况的审计，审查是否对发现的不合格品及时记录。

④ 还应重视对合同履行违约纠纷处理的审计。

⑤ 审查采取"零库存"策略的公司，是否保持一定的产成品存货以规避缺货损失；是否保持一定的料件存货以满足需求增长引起的生产需要；是否建立牢固的外部契约关系，保证供货渠道稳定，降低风险，规避成本。

（7）审"验收和结算"，即对采购标的的数量、质量是否符合采购合同的要求，与采购商的资金结算是否符合合同规定，该保留质量保证金的项目是否按规定保留了等。这是一个不容忽视的环节，它也关系到采购活动的成败。即使以上环节无懈可击，如果验收手续不严格，也有可能导致采购活动的失败，给企业带来损失。有的供应商以合理的价格取得供应权后，在供货时采用偷工减料，以次充好，降低软、硬件的配置水平，降低服务质量等手段，以牟取不正当的利益，从而损害企业利益。所以应严把验收关，对于重要的采购活动，审计人员应亲自参与；对于专业性很强的采购活动，还可以继续聘请参与采购工作的专家来验收，从而保证质价相符和采购活动的成功。

（8）对采购绩效的审计考核。要督促相关部门建立合同执行管理各个环节的考核制度，并加强审计检查与考核，审查是否把合同规定的采购任务和各项相关工作转化成分解指标和责任，明确规定出工作的数量和质量标准，分解、落实到各有关部门和个人，结合经济效益进行考核，以尽量避免合同风险的发生。

3. 加强信息系统建设

用什么样的标准来衡量采购价格的合理性、有效性，并据此确定采购的取舍，是采购价格审计的核心。因此，建立一个容量大、反应灵敏的价格信息系统，对于实施采购价格审计至关重要。内审机构要改变目前审计手段落后、难以适应工作要求的状况，变被动为主动，充分利用互联网等资源，加强市场价格调查，开辟信息源，增加信息量。可以通过内、外两个渠道获得有关价格的信息。

（三）实施采购价格审计时应注意的几个问题

（1）将采购价格的审计工作重点放到以防为主、防患于未然上来。审计监督的根本目的在于防止违法违纪问题的出现，影响采购价格的合理性、效益性和采购标的质量。因此，要加强事前监督，完善约束机制，对容易出现的问题提出防范性的意见，给领导当好参谋。

（2）严格依法审计，做到"到位"不"越位"，处理好与有关部门的关系。也就是说，在审计工作中，应严格按照法定的程序和职责权限开展审计监督，对发现的违法违纪问题应依法严肃处理，不得徇私舞弊，但也不得越权行事。在审计过程中必须处理好与其他监督部门和各管理部门的关系，在各行其政、各负其责的基础上，注意加强部门间的沟通和交流，增进理解和尊重，确立相互协作、密切配合的采购工作体系，发挥整体连动功能，共同为采购效益最大化努力工作。

（3）提高审计人员的业务素质。为了满足采购价格审计的需要，审计人员必须学习和掌握相关的招标法规、合同法规、政府采购法规，学习和掌握招标采购全过程的各项业务知识。

第四节　采购成本分析工具

一、学习曲线

（一）学习曲线概述

学习曲线（Learning curve）是表示单位产品生产时间与所生产的产品总数量之间关系的一条曲线。学习率代表当产量比之前增加一倍时产生的进步或改善情况。例如，80％的学习率表示，每当产量翻一番，生产单位产品所需要的直接人工成本会降低20％。学习曲线示意图如图5-3所示。

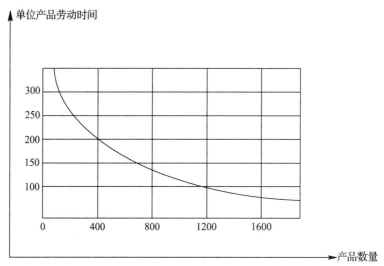

图5-3　学习曲线示意图

90％的学习率表示产量的加倍会使得对直接人工的需求降低10％。学习曲线的一个原则就是随着产量的翻番，直接劳动的需求也会以观测的和预测的比率下降。改善率随情况的不同而不同。表5-3中给出一些企业的学习曲线案例。

表5-3　学习曲线案例

例子	改进参数	累积参数	学习曲线的学习率/%
1. 福特 T 型车生产	价格	产量	86
2. 飞机组装	单位产品的直接工时	产量	80
3. GE 的设备维修	替换一组零件的平均时间	替换的数量	76
4. 钢铁的生产	单位产品的生产工人工时	产量	79
5. 集成电路	单位产品的平均价格	产量	72
6. 手持计算器	平均工厂销售价格	产量	74
7. 磁盘存储驱动器	单位比特的平均价格	比特的数量	76
8. 心脏移植	一年的死亡率	完成移植的数量	79

采购中为什么要关注学习曲线呢？如果供应商在履行采购合同责任时通过学习取得了进步而采购商并没有把进步考虑在内，供应商就会获取由于学习进步得到的全部财政收益。如果发生了学习进步，由此而来的利益必须有所归置——或流入供应商的利润线，或成为采购商的成本节约预算。如果双方为合作关系，采购商和供应商可以共同努力，分享由学习曲线带来的收益和生产率进步。

（二）学习曲线与成本的关系

随着累计产量的增加而出现成本下降的经验效应有以下几个原因：

（1）学习。重复从事某工作能提高熟练程度，从而提高工作效率，此即通常人们所说的熟能生巧。

（2）专业分工。产量的增加使更为专业化和标准化的分工成为可能，例如，流水线作业就是一个明显的例证，从而促使生产效率大幅度提高。

（3）产品和工艺的改进。随着累计产量的增大，产品和工艺改进必然会提高效率，导致成本下降。例如，执行标准化、提高原材料利用率、改进设备和工装，此外以计算机技术为基础的先进生产技术也可以提高效率。

（4）规模经济。规模经济是指扩大生产规模形成的投资费用相对节约和成本下降。年产量的增加使固定费用可以分摊到更多的产品中去，从而导致成本下降。

（5）专门技术。随着时间的推移，企业会在生产、技术和管理等方面逐步积累出丰富的经验和知识，形成企业所拥有的重要竞争优势。例如，计算机集成制造、ERP、精益生产方式等。

以某种产品的整个生命周期为例，其学习曲线和成本是具有一定关系的。在产品引入期，企业的经验较少，成本相对较高。进入成长期后，随着经验的积累，员工熟练程度提高，工时开始下降；专业的设备和工装开始投入使用后，某些合适的产品可以应用流水作业，效率提高，成本开始下降，利润大幅度增加，开始吸引竞争者进入本行业参与竞争，导致价格下降。产品从成长期转入成熟期后，由于价格竞争激烈，产品差异化减少，同质化严重，降低成本成为企业的重点工作，经验曲线发挥着重要的作用。处于成本劣势的企业将逐步退出，剩余效率较高的少数企业在竞争中逐步进入衰退期，此时学习曲线的效用已经发挥到终点，产品要么被淘汰，要么出现新产品、新技术，形成新的学习曲线，重新发挥作用。

（三）学习曲线运用的时机

并非所有流程或产品都能从学习中获得收益或得到改善。实际上，不正确的应用会大大降低生产成本。因此，只有在特定的运转条件下，才能运用学习曲线法。

当供应商使用一种新的生产流程或第一次生产一种产品时，可以运用学习曲线分析。当供应商员工开始熟悉新流程时，生产效率通常会得以提升。学习曲线分析适用于以下两种情况：供应商第一次生产一种技术上非常复杂的产品；产品需要很高的直接人工成本。

运用学习曲线，必须保证产品初期人员的相对稳定性。如果一家公司的人事变动非常快，那么这些工人可能不会呈现出预期的学习率。例如，20世纪60年代，道格拉斯飞机公司刚开始生产DC-6，由于紧俏的劳动力市场，公司经历了高人事变动率，没能实现预期的劳动力效率，而它之前在制定飞机价格时，已把此因素考虑在内。结果，超计划成本的出现使公司陷入了财政紧张状态。

学习曲线要求所收集成本和劳动力数据必须准确，尤其在生产初期。采购方必须相信，学习率为一固定不变的值且任何进步都来自工人的学习。初始生产数据通常为进步率预期和计划降低价格的谈判提供基础。

二、价值工程

（一）价值工程概述

所谓价值工程，是指通过集体智慧和有组织的活动对产品或服务进行功能分析，使得以最低的总成本（寿命周期成本），可靠地实现产品或服务的必要功能，从而提高产品或服务的价值。价值工程的主要思想是通过对选定研究对象的功能及费用进行分析，提高对象的价值。这里的价值，指的是反映费用支出与获得之间的比例，用数学比例式表达如下：

$$价值 = \frac{功能}{成本}$$

价值工程法40年代起源于美国，麦尔斯（L. D. Miles）是价值工程的创始人。1961年，美国价值工程协会成立时他当选为该协会第一任会长。二战之后，由于原材料供应短缺，采购工作常常碰到难题，经过实际工作中孜孜不倦的探索，麦尔斯发现有一些相对不太短缺的材料可以很好地替代短缺材料的功能。后来，麦尔斯逐渐总结出一套解决采购问题行之有效的方法，并且把这种方法的思想及应用推广到其他领域，例如，将技术与经济价值结合起来研究生产和管理的其他问题，这就是早期的价值工程。1955年，这一方法传入日本后与全面质量管理相结合，进一步被发扬光大，成为一套更加成熟的价值分析方法。麦尔斯发表的专著《价值分析的方法》使价值工程很快在世界范围内产生巨大影响。

（二）价值工程涉及的对象

价值分析毫无疑问决不仅仅是采购工具，其涉及许多组织功能部门。然而，由于大多数产品和服务的主要投入都需要供应商提供，因而，采购在协调价值分析时应起到非常积极的作用。应用价值分析最常用的方法包括成立一个价值分析小组。这个小组由懂得产品或服务的专家们组成。许多功能团体都能促进价值分析小组活动的展开。

1. 执行管理层

执行管理层可以为价值分析流程提供指导和支持。同时，对时间、预算和工作人员进行配置，以便更积极地进行价值分析。

2. 供应商

由于价值分析的大部分涉及对构成部件成本和设计的分析，因此，让供应商提供投入信息并不是没有逻辑的。供应商能够为原料的替代品提出建议，提供有关其他公司运营状况的信息，并能识别降低生产成本的方法。

3. 设计工程师

设计工程师评估对产品设计所提议的任何改动。他们还帮助确定产品性能，制定质量和工程标准，并评估价值分析变动对产品其他部件的影响。

4. 市场营销

营销小组分析价值变动对客户可能产生的影响，并提出相关见解。

5. 生产

生产小组有责任生产最终产品。它还能建议一些更好的生产产品和服务的方法，以提升质量或降低总成本。同时，还应注意到非常有必要的一点，其他功能小组提议的任何变动都应通知生产小组。

6. 工业或流程工程

工业或流程工程团体能够提供广泛的支持和帮助，尤其在讨论生产和交付产品原料对生产流程的影响及包装要求方面。

7. 质量控制

质量控制可以评估提议的变动对质量可能产生的影响。质量控制还可以确定怎么样及在哪儿评估提议的生产方法所能达到的质量水平。质量控制小组还可以与采购小组合作，对供应商的质量控制做出努力。

（三）价值分析流程

项目价值分析遵循一个系统性的流程，共有四个步骤：

（1）选择分析对象。进行一项价值分析，首先需要选定价值工程的对象。一般说来，价值工程的对象是要考虑社会生产经营的需要以及对象价值本身有无被提高的潜力。例如，选择占成本比例大的原材料部分如果能够通过价值分析降低费用提高价值，那么这次价值分析对降低产品总成本的影响也会很大。当我们面临一个紧迫的境地，例如，生产经营中的产品功能、原材料成本都需要改进时，研究者一般采取经验分析法、ABC 分析法以及百分比分析法。

（2）收集信息。选定分析对象后需要收集对象的相关情报，包括用户需求、销售市场、科技技术进步状况、经济分析以及本企业的实际能力等。价值分析中能够确定的方案的多少以及实施成果的大小与情报的准确程度、及时程度、全面程度紧密相关。

（3）功能分析，方案实施。有了较为全面的情报之后就可以进入价值工程的核心阶段，即功能分析。在这一阶段要进行功能的定义、分类、整理、评价等步骤。经过分析和评价，分析人员可以提出多种方案，从中筛选出最优方案加以实施。在决定实施方案后应该制定具体的实施计划，提出工作的内容、进度、质量、标准、责任等，确保方案的实施质量。

（4）总结和跟踪。为了掌握价值工程实施的成果，还要组织成果评价。成果的鉴定一般以实施的经济效益、社会效益为主。

作为一项技术经济的分析方法，价值工程做到了将技术与经济紧密结合。此外，价值工程的独到之处还在于它注重与提高产品的价值，注重在研制阶段开展工作，并且将功能分析作为自己独特的分析方法。

第五节　降低采购成本的策略

采购一直是影响公司成功和盈利能力的关键因素。对很多制造业企业而言，外部采购占据公司费用的最大部分，占公司平均费用的 60％～80％。所以，采购费用的略微降低将对公司的盈利产生重大影响。如何运用有效的采购成本管理方法对企业来说至关重要，下面将介绍几种采购成本控制策略。

一、传统采购成市控制策略

（一）设计优化法

所谓设计优化法，即在产品设计开发时就注意材料、器件的选用，将合适的而不是最好的物料用于新产品中，使得产品在保持性能满足市场要求的情况下达到成本最低。产品的设计开发处于开始阶段，一旦新产品定型，其所使用的物料也就基本确定，虽然日后可能会进行部分更改，但一般来说幅度不会很大，也就是说新产品的成本基本确定。当然，也可通过日后对零部件降价来降低成本，但这种通过零部件降价带来的收益是十分有限的。

通常，同类部件因其性能不同，价格差别很大，有时甚至会有成倍的差异，而如果设计人员在选材时忽视产品定位，一味追求高质量、高性能，选用最好的部件，日后虽然可通过降价实现部分收益，但远没有在开始时就选用适合产品定位的器件效果来得好。这就需要设计开发人员有成本意识，在产品的设计开发阶段就对所用物料、部件进行权衡选择，使零部件和产品的市场定位相匹配，做到成本合理，防止出现"质量过剩"或"质量不足"现象，使产品具有最佳的性价比。

（二）成本核算法

成本核算法就是通过一定的方法对部件的成本进行核算和评估，确保部件价格的合理性。即通过核算，给定一个价格范围，防止出现价格过高的情况。一般来说该方法适用于加工较为简单的镀金、注塑等行业产品，其中"部件价格＝材料成本＋加工费用＋合理利润"、"材料成本＝单价×耗用（净耗用＋损耗）"。该方法中"加工费用"的核算比较麻烦，如对一般注塑件的核算，则根据注塑机设备不同，按不同注塑机的吨位制定费用标准，设定计算公式进行计算。利润则根据双方的共识设立比例或金额计算，在此基础上即可大体估计部件价格。

需要特别说明的是，这种核算只是对部件价格的一个近似估计，主要是防止价格过高，而且有些加工工艺特殊的部件不适用此方法，同时计算公式也要根据经验和实际情况不断调整更新。

（三）类比降价法

类比降价法就是通过与结构、材料相似的物料进行类比，通过类比找出差异或改进点，从而进行降价的方法。类比降价法的关键就是类比件的选择，类比件一定要有代表性，与原件可以类比，其价格应经过验证，确实具有竞争力，否则类比的结果可能适得其反。很多厂商都碰到过这种情况，自己的产品与对手类似，为什么对手的价格会比我低呢？原因当然很多，但有一点可以肯定，是因为对手在用料和结构方面领先于你。通过与竞争对手的比较可以发现这些差异，可以作一些改变，以做得更好。通过这些活动，不仅可以实现部件成本的降低，同时，也会使自己的产品更具竞争力。

（四）招标竞价法

招标竞价法就是通过组织供应商进行招标，利用这种方式降低零部件价格。招标竞价法目前已得到广泛的应用，而且除了传统的现场招标外，网上招标也越来越多地被企业采用。如生产物资的招标应注意以下几点：

首先，对招标的物料心中有数。要了解招标物料的采购数量、采购金额、原材料价格趋势、目前价格水平等情况，对原材料价格正在上涨，且价格水平已不是很高的物料，招标的效果可能不大，甚至有相反的效果，可采取其他方法。

其次，对供应商有充分了解。要想组织招标，供应商至少应有三家以上。另外，由于企业供货有一定的稳定性，且随着降价的不断进行，利润越来越低，部分供应商就会相互"合作"，影响降价效果，这时就要适时引进 1～2 个新供应商，打破这种合作关系，以取得最好的招标效果。

再次，对招标后配额的分配要仔细。招标后的供货比例对供应商的吸引力和影响力较大，一个好的方案会改变供应商的投标态度。

（五）规模效应法

规模效应法是指企业将原先分散在各单位的通用物料的采购集中起来，从而形成规模优势，在购买中通过折扣、让利等方式实现降低成本的方法。随着批量的加大，采购价格会不断降低。规模效应法就是利用这种方法，通过大批量采购，争取最优惠的价格。这种方法对原材料的购买效果显著。

（六）国产化降价法

国产化降价法是指通过将进口部件由国内厂家生产、提供从而实现降价的方法。把国产化作为降低成本的方法是由我国目前的实际情况决定的。很多生产企业都有部分部件需要从国外进口，而且往往是关键部件，成本很高。而我国目前生产资料的价格很低，且很丰富，这些部件若能在国内生产，光运费、关税等费用就可以节省很多，而且国产化部件带来的成本降低效应往往出乎人们的意料。因此，国产化对那些进口物料很多的厂家来说，无疑是降低成本的极重要手段。但要实现国产化，也不是简单的事情，因为这些进口部件一般技术含量都比较高，对生产厂家的实力和技术能力有很高的要求。

当然除了以上提到的几种方法外，传统采购成本管理方法还有 ABC 分析法、材料标准化技术及采购产品材料规划与控制方法。这些传统方法在采购成本的局部或部分控制上得到了很好的应用，在实际企业应用中使用较广泛，但是它们不太适应现代全球一体化和信息化时代的节奏，需要采用新的采购理念和采购成本方法来重新思考。

二、现代采购成本控制策略

现代企业发展要能在全球化环境下不断提高其自身竞争力，而企业采购范围也突破了传统的区域限制范围，企业采购需要站在企业战略的高度，以及企业整体价值链上来进行控制。一方面，全球化环境要求企业实施走出去战略，首先必须实施采购全球化战略，用战略采购的思路来代替传统局部和短期成本控制方法；另一方面，现代信息技术和网络技术为企业价值链管理提供了科学的工具，从而使得供应链管理得以实施。

（一）战略采购成本控制方法

通过战略性采购来加强公司营运能力及市场定位的系统方法——战略采购方法被引入成本控制过程，可以有效地降低零部件价格、简化供应链程序并改善市场反应度，从而产生大量的成本节余。

战略采购可以降低产品采购和服务成本。虽然它不仅仅是一种控制成本的工具，但它降低购买产品及服务总成本的能力很强。此外，是指"总成本"而不是发票成本，因为它代表了公司拥有这些零部件的总成本。运用"总成本"的概念有助于将管理重点引向获得所有权的总成本。为以更低的总成本购得货物，战略采购运用一种有力的以数据分析为基础的方法，帮助公司针对各个采购类目制定采购战略。一旦战略定下来，就可以运用多种策略予以执行，并能更有效地处理供应商确认、挑选、谈判及与供应商关系管理等事项。通过运用全球采购和采购量集中等策略，公司可以进入更大的供应基地，并增强对各个供应商的影响力。另外，运用如重建与供应商关系、改善合作过程等策略，公司可以简化采购过程，加强买主跟供应商的关系，从而降低交易成本。

（二）供应链采购成本管理方法

供应链管理技术是一种新兴的企业成本管理技术。它的定义是：在满足服务水平需要的同时，为了使系统成本最小而采用的把供应商、制造商、仓库和商店有效地结合成一体来生产商品，并把正确数量的商品在正确的时间配送到正确的地点的一套方法。

供应链管理的作用在于通过系统地设计与管理各供应环节，使企业达到两个目的：一是供应链系统的总成本最优；二是更能满足客户需求。这样，供应链管理必然对企业成本管理的诸多方面带来比较大的影响，体现在以下几个方面：

（1）供应链管理使企业成本管理的目标具有两重性。

（2）供应链管理使企业成本管理活动具有层次性。

（3）供应链管理使企业成本管理活动具有整体性。

（4）供应链管理使企业成本管理更重视信息技术的应用和信息的收集工作。

供应链管理的实现主要通过利用信息技术和供求信息在企业间的整合。因此，这个电子化的供应链系统方案应包括：客户关系管理系统（CRM）、企业资源规划系统（ERP）、供应链管理系统（SCM）、产品资讯系统（PDM）、全球采购管理（GPM）、全球需求管理（GDM）和电子商务（e-Commerce）。实施供应链管理需要耗费大量的时间和财力，在美

采购与供应管理 Purchasing and Supply Management

国，也只有不足50％的企业在实施供应链管理。Kearney咨询公司指出，供应链可以耗费整个公司高达25％的运营成本。但实施这项管理的收益也是巨大的。从国外的经验看，实施供应链管理成功的例子明显多于失败的例子，而且失败的原因也已被总结。但是，目前对国内绝大多数企业来说，供应链成本管理还处在很低级的层次上。

三、采购成市控制的制度措施

（一）建立严格的采购制度

建立严格、完善的采购制度，不仅能规范企业的采购活动，提高效率，杜绝部门之间扯皮，还能预防采购人员的不良行为。采购制度应规定商品采购的申请、授权人的批准权限、商品采购的流程、相关部门（特别是财务部门）的责任和关系、各种商品采购的规定和方式、报价和价格审批等。比如，可在采购制度中规定采购的物品要向供应商询价、列表比较、议价，然后选择供应商，并把所选的供应商及其报价填在申请表上，以供财务部门或内部审计部门核查。

（二）建立供应商档案和准入制度

企业要为正式供应商建立档案，供应商档案除有编号、详细联系方式和地址外，还应有付款条款、交货条款、交货期限、品质评级、银行账号等，每一个供应商档案应经严格的审核才能归档。企业的采购必须在已归档的供应商中进行，供应商档案应定期或不定期的更新，并由专人管理，同时要建立供应商准入制度。重点材料的供应商必须经质检、物流、财务等部门联合考核后才能进入，如有可能要实地到供应商生产地考核。企业要制定严格的考核程序和指标，达到标准者才能成为归档供应商。

（三）建立价格档案和价格评价体系

企业采购部门要对所有采购商品建立价格档案，对每一批采购物品的报价应首先与归档的材料价格进行比较，分析价格差异的原因。如无特殊原因，原则上采购的价格不能超过档案中的价格水平，否则要做出详细的说明。对于重点材料的价格，要建立价格评价体系，由公司有关部门组成价格评审组，定期收集有关的供应价格信息，来分析、评价现有的价格水平，并对归档的价格档案进行评价和更新。视情况，这种评议可一季度或半年进行一次。

（四）建立采购标准和奖惩采购业绩

建立商品的标准采购价格并对采购人员根据工作业绩进行奖惩。财务部对重点监控的材料应根据市场的变化和产品标准成本定期制定标准采购价格，促使采购人员积极寻找货源，货比三家，不断地降低采购价格。标准采购价格亦可与价格评价体系结合起来进行，并提出奖惩措施，对完成降低公司采购成本任务的采购人员进行奖励，对没有完成采购成本下降任务的采购人员，分析原因，确定对其奖惩的措施。

通过以上四个方面的工作，虽然不能完全杜绝采购人员的暗箱操作，但对完善采购管理、提高效率、控制采购成本，确实有较大的成效。

本 章 小 结

本章介绍了采购价格的种类以及采购价格的影响因素，同时介绍了商品定价的基本方法，包括成本导向定价法、需求导向定价法、竞争导向定价法、生命周期定价法。接着文章重点介绍了采购价格分析，包括采购价格的调查范围、信息收集方式和渠道以及采购价格调查流程，介绍了采购价格的审核流程。

采购者和供应链专家们利用多种工具和方法支持和改进采购流程。对于世界级的采购和供应链管理而言，一些定量的分析工具还是非常必要的。比如本章中所介绍的学习曲线以及价格分析工具。

本章最后介绍了一些降低采购成本的策略：这些策略中既包括目前企业应用得比较多的方法，比如成本核算法、类比降价法、招标采购法等一些传统的方法，同时介绍了基于供应链的一些采购成本控制方法。

思 考 与 讨 论

1. 简述采购价格的定义和种类。
2. 简述采购价格的影响因素。
3. 简述商品定价方法。
4. 商品定价法之一——竞争导向定价法的主要方法有几种？
5. 采购价格分析的主要调查范围有哪些？
6. 简述采购价格信息收集方式和渠道。
7. 简述价格审核的作用。
8. 学习曲线的定义。
9. 学习曲线为什么主要适用于直接劳动力而非间接劳动力？
10. 讨论：当采购商准备订立采购合同时，掌握供应商学习率的重要性。
11. 讨论：当对一种产品或服务进行价值分析时，为什么不同的功能小组通常会进行合作。

 案例分析

第六章　采购谈判和合同管理

☞ **本章学习目标**

（1）掌握采购谈判的含义；

（2）熟悉采购谈判的使用场合；

（3）掌握采购谈判的过程；

（4）了解采购谈判的基本原则；

（5）掌握采购谈判的策略和技巧；

（6）掌握采购合同的分类；

（7）掌握采购合同格式和内容；

（8）熟悉采购合同的履行。

第一节　采购谈判的基础

一个成功的谈判包括两部分工作，第一部分是进行谈判准备，第二部分是对谈判过程的控制。谈判准备包括了解对方的意图、确立你和对手的地位、确定关键问题之所在、制定谈判战略和战术以及合理地组织谈判言辞。谈判过程包括理解谈判的定义和目的、何时进行谈判、有效谈判有哪些障碍、成功谈判者的特点、推动谈判的技巧以及谈判中的洞察力等。

一、采购谈判的含义及适用场合

谈判有狭义和广义之分。狭义的谈判仅指在正式专门场合下安排和进行的谈判。而广义的谈判则包括各种形式的"交涉"、"洽谈"、"磋商"等。作为探讨谈判实践内在规律的谈判理论，主要以建立在广义谈判基础之上的狭义谈判为研究对象。

谈判实际上包含"谈"和"判"两个紧密联系的环节。谈，即说话或讨论，就是当事人明确阐述自己的意愿和所要追求的目标，充分发表关于各方应当承担和享有的责、权、利等看法；判，即分辨和评定，它是当事各方努力寻求关于各项权利和义务一致的意见，以期通过相应的协议正式予以确认。因此，谈是判的前提和基础，判是谈的结果和目的。

（一）采购谈判的含义

采购谈判是指企业为采购商品作为买方，与卖方厂商对购销业务有关事项，如商品的品种、规格、质量保证、订购数量、包装条件、售后服务、价格、交货日期与地点、运输方式、付款条件等进行反复磋商，谋求达成协议，建立双方都满意的购销关系。成功的谈判是一种买卖之间经过计划、检讨及分析达成互相接受的协议或折中方案。这些协议或折中方案里包含了所有交易的条件，而非只有价格。

采购商有效谈判的能力意味着与供应商交易成功与失败的不同结果。因此良好的谈判技能会对企业竞争力和利润的提高起到重要的作用，其贡献的程度会依所谈判商品或服务的特性和价值的不同而不同。在多数情况下，提高了谈判绩效能够实现以下多项目标：

（1）更低的供应总成本；

（2）更好的品质、耐用性和性能；

（3）使合同的履行更加有效并能按时进行；

（4）更好的售后服务；

（5）减少采购过程中的各种争执等。

（二）采购谈判适用场合

在商品采购过程中，并非所有的采购过程都要进行谈判，因为它是一个耗费时间和金钱的过程。一般来说，在下列情况会发生采购谈判：

（1）采购价值较高的产品或服务时；

（2）当有保证长期供应的要求时；

（3）至少有两个以上供应商时；

（4）在采购很复杂且除了价格之外还有很多因素（如规格、交货和服务）要考虑的时候；

（5）公开招标过程没有找到合适供应商时；

（6）对于合同内容无所借鉴，价格、完成的条件和技术要求必须先给予澄清，再做出决定时。

二、采购谈判过程

绝大多数谈判都包括以下三个主要阶段，如图6-1所示。

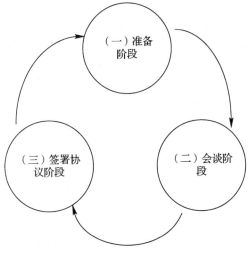

图6-1 谈判过程图

（一）准备阶段

无需争辩，进行准备是谈判最重要的阶段之一，一个小时的谈判会晤，需要数小时的准备工作。这对那些高支出或高风险的重要项目的采购是非常必要的。而对那些不重要的采购品，计划的阶段可以缩短。

准备阶段一般包括了解谈判的采购背景、了解关于市场和其他方面的相关信息以及制定谈判目标和策略等。

1. 收集信息

（1）市场行情信息。市场价格信息，特别是供应商产品在市场的比重、成长、市场占有率、新市场等信息。

（2）环境信息。影响企业采购活动的外部因素，如国家经济政策的制定、价格体系的改革、进出口政策方针的制定、价格体系的改革等。

（3）企业内部需求信息。企业所需原材料、零配件用量计划，企业计划任务的变更，资金状况等。

2. 确定谈判目标

谈判目标是指通过谈判能够得到的量化结果。公司与特定供应商谈判所要达到的目标应该同公司的总体目标以及采购职能目标完全一致。具体明确的谈判目标有助于谈判的成功；盲目、含糊不清的目标将导致谈判的失败。

谈判目标可分为三个层次：

（1）最好的目标。这种目标是采购者期望通过谈判所要达到的上限目标，这一目标实现的难度很大。

（2）最坏的目标。这种目标是采购者可接受需求的最低限度，如果不能达到，谈判应该有其他选择。

（3）现实的目标。介于最好目标和最坏目标之间的目标。

在复杂谈判中，设立目标需要周密考虑，因为这些目标通常会设计相互联系的变量组合，而且为目标确定一个正确的组合并不容易。谈判团队需要充分地谈论最佳的变量组合。

假如供应商制定了不能满足最低目标要求的报价，采购者就必须准备终止谈判并继续寻找其他供应商的最佳选择。因此，在一个特定谈判的框架内准备一些备选方案，如果这次谈判失败，采购者应该知道选择哪一个方案来代替。表 6-1 就是一个常用的采购谈判计划表。

表 6-1 采购谈判计划表

谈判目标			谈判议程	谈判议题	参加人员	谈判策略	
最好目标	最坏目标	现实目标				实施策略	备选策略

3. 制定谈判策略

制定谈判策略就是制定谈判的整体计划，从而在宏观上把握谈判的整体进程。制定谈判策略包括确定最有利于实现谈判目标的方法。在准备阶段收集到的信息是制定谈判策略的基础。

制定谈判策略涉及到要进行一系列的决策，这些决策包括：

（1）是单赢还是双赢。

（2）先谈判什么问题，后谈判什么问题。

（3）开始的立场是什么。

（4）谈判团队人员组成。

（5）谈判地点选择。

（6）当有特殊情况发生时应急方案是什么，等等。

采购者在双方谈判之前，应该把谈判中可能涉及的这些问题思考清楚。谈判准备阶段作的越充分，下一步真正的会谈阶段就越能够取得预期的成果。

（二）会谈阶段

会谈阶段有以下特点：验证设想、提出建议、分析取舍以及议价（通过与情境相符的说服技巧的使用）。达成协议并接受各方在协议中的主要责任。谈判的主要程序如图 6-2 所示。

图 6-2 谈判程序

1. 开局阶段

谈判的开局阶段是指谈判准备阶段之后，谈判双方进入面对面谈判的开始阶段。谈判开局阶段中的谈判双方对谈判尚无实质性感性认识。各项工作千头万绪，无论准备工作做得如何充分，都免不了遇到新情况、碰到新问题。由于在此阶段中，谈判各方的心理都比较紧张，态度比较谨慎，都在调动一切感觉功能去探测对方的虚实及心理态度。所以，在这个阶段一般不进行实质性谈判，而只是进行见面、介绍、寒暄，以及谈判一些不很关键的问题。这些非实质性谈判从时间上来看，只占整个谈判程序中很小的部分；从内容上看，似乎与整个谈判主题无关或关系不太大，但它却很重要，因为它为整个谈判定下了一个基调。因为谈判开局处理不好，会导致两种弊端：一是目标过高，使谈判陷于僵局；二是要求太低，达不到谈判预期的目的。

谈判开局阶段需要做的几项工作：

（1）创造和谐的谈判气氛。要想获得谈判的成功，必须创造出一种有利于谈判的和谐气氛。任何一种谈判都是在一定的气氛下进行的，谈判气氛的形成与变化，将直接关系到谈判的成败得失，影响到整个谈判的根本利益和前途，成功的谈判者无一不重视在谈判的开局阶段创造良好的谈判气氛。谈判者的言行，谈判的空间、时间和地点等都是形成谈判气氛的因素。谈判者应把一些消极因素转化为积极因素，使谈判气氛向友好、和谐、富有创造性的方向发展。

（2）进一步加深彼此的了解和沟通。这是指在准备阶段简要了解的基础上，就谈判的有关问题作进一步的询问或介绍。通过直接的询问，对产品的质量、性能、使用情况及一些需要专门了解的问题获得满意的答复。

（3）洞察对方，调整策略。在这一期间，主要是借助感觉器官来接受对方通过行为、语言传递来的信息，并对其进行分析、综合，以判断对方的实力、风格、态度、经验、策略以及各自所处的地位等，为及时调整己方的谈判方案与策略提供依据。当然，这时的感性认识还仅仅是初步的，还需在以后的磋商阶段加深认识。老练的谈判者一般都以静制动，用心观察对手的一举一动，即使发言也是诱导对方先说，而缺乏谈判经验的人，才抢先发表己见，主张观点。实际上，这正是对方求之不得的。

如果谈判者不想在谈判之初过多地暴露弱点，就不要急于发表己见，特别不可早下断语，因为谈判情势的发展，往往会使早下结论者陷于被动。正确的策略是：在谈判之初最好启示对方先说，然后再察言观色，把握动向；对尚不能确定或需进一步了解的情况进行探测，这就涉及到谈判正式开始时的启示、察颜观色、探测等方面的问题。

（4）开局的另一项任务是共同设计谈判程序，包括议题范围和日程。

2. 摸底阶段

在合作性洽谈中，摸底阶段双方分别独自阐述对会谈内容的理解，希望得到那些利益，首要利益是什么，可以采取何种方式为双方共同获得利益做出贡献，以及双方的合作前景。这种陈述要简明扼要，将谈判的内容横向展开。

要想启示对方先谈看法，可采取几种策略，灵活、得当地使对方说出自己的想法，又表示了对对方的尊重。

（1）征询对方意见。这是谈判之初最常见的一种启示对方发表观点的方法。如"贵方对此次合作的前景有何评价？"，"贵方认为这批原料的质量如何？"，"贵方是否有新的方案？"，等等。

（2）诱导对方发言。这是一种开渠引水，启示对方发言的方法。如"贵方不是在电话中提到过新的构想吗？"，"贵方对市场进行调查过，是吗？"，"贵方价格变动的理由是？"，等等。

（3）使用激将法。激将是诱导对方发言的一种特殊方法，因为运用不当会影响谈判气氛，应慎重使用。如"贵方的销售情况不太好吧？"，"贵方是不是对我们的资金信誉有怀疑？"，"贵方总没有建设性意见提出来？"。在启示对方发言时，应避免使用能使对方借机发挥其优势的话题，否则，则会使己方处于被动。

在摸底阶段，不仅要注意观察对方发言的语义、声调、轻重缓急，还要注意对方的行为语言，如眼神、手势、脸部表情，这些都是传递某种信息的符号。优秀的谈判者都会从谈判对手起始的一举一动中，体察对方的虚实。

同时，要对具体问题进行具体的探测。在有些情况下，察颜观色并不能解决问题，这就要进行一些行之有效的探测了。例如，要探测对方主体资格和阵容是否发生变化，可以问："某某怎么没来？"；要探测对方出价的水分，可以问："这个价格变化了吧？"；要探测对方的资金情况，可以问："贵方一定要我们付现金吗？"；要探测对方的谈判诚意，可以问："据说贵方有意寻找第三者？"；要探测对方有否决策权，可以问："贵方认为这项改变可否确定？"等。此外，谈判者还可以通过出示某些资料，或要求对方出示某些资料等方法来达到探测的目的。

3. 磋商阶段

在磋商阶段，所有要讨论的议题内容都要横向展开，以合作的方式反复磋商，逐步推进谈判内容。通过对采购商品的数量、价格、交货方式、付款条件等各项议题的反复讨论，互作让步，寻找双方都有利的最佳方案。由于此阶段是全部谈判活动中最为重要的阶段，故其投入精力最多、占有时间最长、涉及问题最多。所以，在此阶段应把握好以下几个方面的问题。

1) 合理地报价、还价或提出条件

报价又称提出条件，是指谈判磋商阶段开始时提出讨论的基本条件。但这一阶段并不是单指一方的报价，同时也指对方的还价。因此，报价、还价运用的科学、合理，关系到整个谈判过程的利益得失。

先报价的有利之处在于：

(1) 先行报价对谈判的影响较大，它实际上是为谈判划定了一个框框或基础线，最终协议将在此范围内达成，比如买方报价某货物购进价为1000元，那么，最终成交价不会低于1000元，而如果卖方报价为1000元，则最终成交价不会高于1000元。

(2) 首先报价，如果出乎对方的预料和设想，往往会打乱对方的原有方案，使其处于被动地位。

先报价的不利之处：

(1) 对方了解到我方的报价后，可以对他们自己原有方案进行调整，这等于使对方多了一个机会，如果我方的交易起点定得太低，他们就可以修改先准备的定价，获得意外的收获。

(2) 先报价会给对方树立一个攻击的目标，他们常会采用集中力量攻击这一报价，迫使报价方一步步退让，而报价方有可能因并不知道对方原先方案的报价而处于被动。

2) 报价应遵循的原则

(1) 对卖方来讲，开盘价必须是最高的。相应地，对买方而言，开盘价必须是最低的，这是报价的首要原则。

(2) 开盘价必须合乎情理。虽然说对于卖方开盘价，也即是报价要高，但绝不是漫天要价，毫无根据，而应该是合乎情理，如果报价过高，又讲不出道理，会使对方感到你没有诚意，甚至不予理睬，扬长而去。对于买方来说，也不能漫天杀价，这会使对方感到你没有常识，而对你失去信心，或将你一一攻倒，使你陷于难堪之境。所以无论是买方或卖方，在报价时都要有根有据，合乎情理。

(3) 报价应该坚定、明确、完整，不加解释和说明。开盘价要坚定而果断地提出，这样才能给对方留下认真而诚实的印象，如果欲言又止，吞吞吐吐，就会导致对方产生怀疑。

3) 还价策略

谈判就是要对各不相同的主张和条件进行磋商，而谈判的双方一拍即合，也就勿需深入的讨论。所以，谈判的磋商阶段中，一方报了价，另一方就可能会还价，要还价，就要讲究还价的科学和策略。

(1) 在还价之前必须充分了解对方报价的全部内容，准确了解对方提出条件的真实意图。要做到这一点，还价之前应设法摸清一下对方报价中的条件哪些是关键的、主要的，哪些是附加的、次要的，哪些是虚设的或诱惑性的，甚至有的条件的提出，仅仅是交换性的筹码，只有把这一切搞清楚，才能提出科学且有策略的报价。

(2) 准确、恰当地还价应掌握在双方谈判的协议区内；即谈判双方互为界点和争取点之间的范围，超过此界线，便难以使谈判获得成功。

（3）如果对方的报价超出谈判协议区的范围，与己方要提出还价条件相差甚大时，不必草率地提出自己的还价，而应首先拒绝对方的还价。必要时可以中断谈判，给对方一个出价，让对方在重新谈判时另行报价。

这个阶段，要注意双方共同寻找解决问题的最佳办法，当在某一个具体问题上谈判陷入僵局时，应征求对方同意，暂时绕开难题，转换另一个问题进行磋商，以便通过这一议题的解决打开前一个问题的僵局。

这一阶段，要做好谈判记录，把双方已经同意解决的问题在适当时机归纳小结，请对方确认。

（三）签署协议阶段

谈判在历经了准备阶段、开局阶段、磋商阶段之后，就进入了达成最终协议阶段，在这一阶段，总结和明确阐述所达成的协议尤其重要，这也是决定下一步目标以及为完成协议确定角色责任的时候。记住协议阶段不是工作的结束而是一种开始，除非双方都对协议感到满意，并清楚地了解协议所涉及的内容，否则迟早就可能会出现问题。

一般情况下应该寻找对双方都公平和有效益的协议，这将是双方所遵照执行的唯一协议。所以，应该仔细察看任何有利的协定和一些可能没有意识到的陷阱。记住一句话，"如果协议太好而显得不真实，那么他可能就是不真实的！"

协议签署应注意以下几个方面：

（1）起草协议应从实际出发，反映谈判所解决的实际需要，切忌照搬、照抄别人合同或标准性格式。

（2）关于法律适用条款问题。在一些涉外谈判所达成的协议内容中，一般都涉及不同国家的国内法、国际惯例、公约或国家间的条约。这些法律、惯例、公约、条约对谈判协议的格式、内容、当家人的权利义务、国际支付等都有不同的规定。因此，在谈判的终局阶段签订合同时，应注明适用何国法律。

（3）关于协议文本文字的使用问题。按照国际谈判惯例，协议使用的文字应是谈判当事人国家的法定文字，通常应是谈判各方所在国的多种文字，并具有相同的效力。

（4）审查或修改谈判协议。谈判协议一旦形成，必须抓住最后的机会，严格的审查，一丝不苟，遇有问题立即要求修改。谈判中的协议、文件是谈判各方就其权利与义务关系协商一致的范文，对谈判各方均具有约束力，任何一方违约都要承担违约责任。因此，老练的谈判者总是要利用复查，即修改协议的最后机会，进一步谋求己方的利益，杜绝漏洞，避免失误。

第二节　采购谈判的原则、策略及方法

谈判不是球赛，更不是战争，在球赛或战争中只有一个赢家，另一个是输家，在成功的谈判里，双方应该都是赢家（双赢），不过一方可能比另一方多赢一些。很多采购员都误认为，采购谈判就是"讨价还价"。但其实绝大多数成功的谈判，都是一种买卖双方经过研究、计划和分析，最后达成互相可接受的协议或折中方案。采购合同中条款那么多，如果只纠缠于价格和费用条款，不但容易将谈判搞僵，而且还容易失去更好的结果。所以大多数谈判的结果是落到妥协中，或者落到协作中。供应商不是傻子，他在某项上失去的，肯定还要在另外的项目上找回来。

一、采购谈判的基本原则

（一）谈判前要有充分的准备

知己知彼，百战百胜。采购员必须了解商品知识、品类市场现有价格、品类供需状况、本企业情况、供应商情况、本企业所能接受的价格底线与上限以及其他谈判的目标。以数据事实说话，提高权威性。无论什么时候都要以事实为依据。事实主要是指充分利用准确数据的分析结果，如销售额分析，市场份额分析，品类表现分析，毛利分析等，进行横向及纵向的比较。

（二）只与有决定权的人谈判

谈判之前最好先了解谈判对方的权限。采购人员应尽量避免与无权决定事务的人谈判，以免浪费自己的时间，同时也可避免事先将本企业的立场透露给对方。

（三）尽量在本企业办公室谈判

采购员应尽量在本企业的业务洽谈室里谈业务。除了提高采购活动的透明度，杜绝个人交易行为之外，最大的目的其实是在帮助采购员创造谈判的优势地位。

（四）对等原则

不要单独与一群供应商的人员谈判，这样对自己不利。也就是说，我方的人数与级别应与对方大致相同。如果对方极想集体谈，先拒绝，再研究对策。

（五）以数据事实说话，提高权威性

无论什么时候都要以事实为依据。利用供应商的成本模型对事实数据进行分析，对于实现成功谈判是非常重要的。用事实说话，对方就没办法过分夸大某些事情，要永远保持职业化的风格，让对手在无形中产生"他说的是对的，因为他对这方面很内行"的感觉。

二、采购谈判的策略和技巧

在采购谈判中，为了使谈判能够顺利进行和取得成功，谈判者应善于灵活运用一些谈判策略和技巧。谈判策略是指谈判人员通过何种方法达到预期的谈判目标，而谈判技巧是指谈判人员采用什么具体行动执行谈判策略。在实际工作中，应根据不同的谈判内容、谈判目标、谈判对手的个体情况等选用不同的谈判策略和技巧。

（一）采购谈判的策略

1. 避免争论策略

谈判人员在开始谈判之前，要明确自己的谈判意图，在思想上做必要的准备，以创造融洽、活跃的谈判气氛。然而，谈判双方为了谋求各自的利益，谈判中出现分歧是很正常的事。出现分歧时应始终保持冷静，防止感情冲动，尽可能地避免争论。遇到分歧时，比较理想的解决措施有：

（1）冷静倾听对方的意见，当对方说出你不愿意听或对你很不利的话时，不要感情冲

动或生气地立即打断以及反驳对方，应耐心地听完对方的发言，必要时还可承认自己某方面的疏忽。

（2）婉转地提出不同意见。不应直接了当地提出自己的否定意见，这样会使对方在心理上产生抵触情绪，反而迫使对方千方百计维护自己的意见；而应先同意对方的意见，然后再作探索性的提议。

（3）谈判无法继续时应马上休会。如果某个问题成了彼此继续谈判的绊脚石，使谈判无法再顺利进行，应在双方对立起来之前就及时地休会，从而避免引起更进一步的僵持和争论。休会的策略为固执型的谈判人员提供了请示上级的机会，也可借机调整双方思绪，以利于问题在心平气和的友好氛围中得以圆满解决。

2. 抛砖引玉策略

抛砖引玉策略是指在谈判中一方主动提出各种问题，但不提供解决的办法，让对方来解决。这一策略不仅能尊重对方，而且又可摸清对方的底细，争取主动。这种策略在以下两种情况下不适用：

（1）谈判出现分歧时，对方会误认为你是故意在给他出难题。

（2）若对方是一个自私自利、寸利必争的人，就会乘机抓住对他有利的因素，使你方处于被动地位。

3. 避实就虚策略

避实就虚策略是指你方为达到某种目的和需要，有意识地将洽谈的议题引导到相对次要的问题上，借此来转移对方的注意力，以求实现你的谈判目标。

例如，对方最关心的是价格问题，而你方最关心的是交货问题。这时，谈判的焦点不宜直接放到价格和交货时间上，而是放到运输方式上。

在讨价还价时，你方可以在运输方式上作出让步，而作为双方让步的交换条件，要求对方在交货时间上作出较大的让步。这样，对方感到满意，你方的目的也达到了。

4. 保持沉默策略

保持沉默是处于被动地位的谈判人员常用的一种策略，是为了给对方造成心理压力，同时也起缓冲作用。但是如果运用不当，易于适得其反。例如，在还价中沉默常被认为是默认，沉默时间太短常意味着你被慑服。在对方咄咄逼人时，你方适当地运用沉默可缩小双方的差距。在沉默中，行为语言是唯一的反应信号，是对方十分关注的内容，所以应特别加以运用（倒茶等），以达到保持沉默的真正目的。

5. 情感沟通策略

人有七情六欲，满足感情和欲望是人的一种基本需求。在谈判中充分利用感情因素以影响对方，不失为一种可取的策略。例如，可利用空闲时间主动与谈判对方一起聊天、娱乐，讨论对方感兴趣的话题，也可馈赠小礼品，请客吃饭，提供食宿的方便。还可通过帮助解决一些私人问题，从而达到增进了解、联系感情、建立友谊，从侧面促进谈判的顺利进行。

6. 先苦后甜策略

例如，供应商想要在价格上有多些的余地，你方可先在包装、运输、交货、付款方式等多方面提出较为苛刻的方案来作为交换条件。在讨价还价过程中，再逐步地做出让步。供应商鉴于你方的慷慨表现，往往会同意适当地降价。而事实上这些"让步"是你方本来就打算给供应商的。但要注意的是这一策略只有在谈判中处于主动地位的一方才有资格使用。

7. 最后期限策略

处于被动地位的谈判者总有希望谈判成功达成协议的心理。当谈判双方各持己见、争执不下时，处于主动地位的谈判者就可利用这一心理，提出解决问题的最后期限和解决条件。期限是一种时间通牒，可使对方感到如不迅速作出决定，便会失去机会，从而给对方造成一种心理压力——谈判不成损失最大的还是他自己。只要你处于谈判的主动地位，就不要忘记抓住恰当的时机来适时使用该策略。使用该策略时还应注意：

（1）切记不可激怒对方而要语气委婉、措辞恰当、事出有因。

（2）要给对方一定的时间进行考虑，让对方感到你不是在强迫他，而是向他提供了一个解决问题的方案，并由他自己决定具体时间。

（3）提出最后期限时最好还能对原有条件也有所让步，给人以安慰。

总之，只要谈判人员善于总结，善于观察，并能理论结合实践，就能创新出更多更好的适合自身的谈判策略，并灵活运用在谈判过程中，一定能够起到出其不意的效果。

（二）采购谈判的技巧

1. 入题技巧

谈判双方刚进入谈判场所时，难免会感到拘谨，尤其是谈判新手，在重要谈判中，往往会产生忐忑不安的心理。为此，必须讲求入题技巧，采用恰当的入题方法。

（1）迂回入题。为避免谈判时单刀直入、过于暴露，影响谈判的融洽气氛，谈判时可以采用迂回入题的方法，如先从题外话入题，从介绍己方谈判人员入题，从自谦入题，或者从介绍本企业的生产、经营、财务状况入题等。

（2）先谈细节、后谈原则性问题。围绕谈判的主题，先从洽谈细节问题入题，条分缕析，丝丝入扣，待各项细节问题谈妥之后，也便自然而然地达成了原则性的协议。

（3）先谈一般原则、再谈细节。一些大型的经贸谈判，由于需要洽谈的问题千头万绪，双方高级谈判人员不应该也不可能介入全部谈判，往往要分成若干等级进行多次谈判。这就需要采取先谈原则问题，再谈细节问题的方法入题。一旦双方就原则问题达成了一致，那么，洽谈细节问题也就有了依据。

（4）从具体议题入手。大型谈判总是由具体的一次次谈判组成，在具体的每一次谈判中，双方可以首先确定本次会议的谈判议题，然后从这一议题入手进行洽谈。

2. 阐述技巧

1）开场阐述

谈判入题后，接下来就是双方进行开场阐述，这是谈判的一个重要环节。开场阐述的要点具体包括：

（1）开宗明义，明确本次会谈所要解决的主题，以集中双方的注意力，统一双方的认识。

（2）表明我方通过洽谈想要得到的利益，尤其是对我方至关重要的利益。

（3）表明我方的基本立场，可以回顾双方以前合作的成果，说明我方在对方所享有的信誉；也可以展望或预测今后双方合作中可能出现的机遇或障碍；还可以表示我方可采取何种方式为共同获得利益做出贡献等。

（4）开场阐述应是原则的，而不是具体的，应尽可能简明扼要。

（5）开场阐述的目的是让对方明白我方的意图，创造协调的洽谈气氛，因此，阐述应以诚挚和轻松的方式来表达。

对对方开场阐述的反应具体包括：

（1）认真耐心地倾听对方的开场阐述，归纳弄懂对方开场阐述的内容，思考和理解对方的关键问题，以免产生误会。

（2）如果对方开场阐述的内容与我方意见差距较大，不要打断对方的阐述，更不要立即与对方争执，而应当先让对方说完，认同对方之后再巧妙地转开话题，从侧面进行谈判。

2）让对方先谈

在谈判中，当对市场态势和产品定价的新情况不太了解，或者当尚未确定购买何种产品，或者无权直接决定购买与否的时候，让对方先说明可提供何种产品，产品的性能如何，产品的价格如何等，然后再审慎地表达意见。有时即使对市场态势和产品定价比较了解，有明确的购买意图，而且能直接决定购买与否，也不妨先让对方阐述利益要求、报价和介绍产品，然后在此基础上提出自己的要求。这种先发制人的方式，常常能收到奇效。

3）坦诚相见

谈判中应当提倡坦诚相见，不但将对方想知道的情况坦诚相告，而且可以适当透露我方的某些动机和想法。坦诚相见是获得对方同情的好办法，人们往往对坦诚的人自然有好感。但是应当注意，坦诚相见是有限度的，并不是将一切和盘托出，总之，坦诚要以既赢得对方信赖又不使自己陷于被动、丧失利益为度。

3. 提问技巧

要用提问的方式摸清对方的真实需要、掌握对方的心理状态、表达自己的意见和观点。

（1）提问的方式：① 封闭式提问；② 开放式提问；③ 婉转式提问；④ 澄清式提问；⑤ 探索式提问；⑥ 借助式提问；⑦ 强迫选择式提问；⑧ 引导式提问；⑨ 协商式提问。

（2）提问的时机：① 在对方发言完毕时提问；② 在对方发言停顿、间歇时提问；③ 在自己发言前后提问；④ 在议程规定的辩论时间提问。

（3）提问的其他注意事项：① 注意提问速度；② 注意对方心境；③ 提问后给对方足够的答复时间；④ 提问时应尽量保持问题的连续性。

4. 回答的技巧

针对对方提问的回答，并不是容易的事，回答的每一句话都会被对方理解为是一种承诺，都负有责任。回答时应注意：

（1）不要彻底答复对方的提问。

（2）针对提问者的真实心理答复。

（3）不要确切答复对方的提问。

（4）降低提问者追问的兴趣。

（5）让自己获得充分的思考时间。

（6）礼貌地拒绝不值得回答的问题。

（7）找借口拖延答复。

5. 说服技巧

（1）说服原则：① 不要只说自己的理由；② 研究分析对方的心理、需求及特点；③ 消除对方戒心、成见；④ 不要操之过急；⑤ 不要一开始就批评对方，把自己的意见观点强加给对方；⑥ 说话用语要朴实亲切，不要过多讲大道理，态度诚恳、平等待人、积极寻求双方的共同点；⑦ 承认对方"情有可原"善于激发对方的自尊心；⑧ 坦率承认如果对方接受你的意见，你也将获得一定利益。

（2）说服技巧：① 讨论先易后难；② 多向对方提出要求、传递信息，影响对方意见；③ 强调一致，淡化差异；④ 先谈好后谈坏；⑤ 强调合同有利于对方的条件；⑥ 待讨论赞成和反对意见后，再提出你的意见；⑦ 说服对方时，要精心设计开头和结尾，要给对方留下深刻印象；⑧ 结论要由你明确提出，不要让对方揣摩或自行下结论；⑨ 多次重复某些信息和观点；⑩ 多了解对方，以对方习惯的、能够接受的方式逻辑去说服对方；⑪ 先做铺垫、下毛毛雨，不要奢望对方一下子接受你突如其来的要求；⑫ 强调互惠互利、互相合作的可能性、现实性，激发对方在自身利益认同的基础上来接纳你的意见。

第三节　战略谈判

一、双赢谈判

许多采购者相信：谈判的主要目标就是以对方的失败为代价获取成功。我们称这种谈判为竞争性谈判。竞争性谈判意味着两方或更多参与方为一固定价值进行竞争，而胜方将赢得最大的利益份额。这也是零合博弈——一方获得的利益以对方的损失为代价。采购价格的每次增长只会使卖方受益，价格的下降只会使买方受益。在对抗式采购谈判中，竞争使得供应商很少期望与买方进行合作，为其提供其他客户无法得到的优势。

双赢谈判是把谈判当作一个合作的过程，能和对手像伙伴一样，共同找到满足双方需要的方案，使费用更合理，风险更小。

谈判方还会商议如何分配更大及扩展了的价值蛋糕。增加的价值对买方而言可能意味着得到比竞争者更好的采购价格，更短的物料订购提前期，为共同减少双方间的浪费做出努力，以及获得供应商的协助来开发新技术或进行产品设计。而对供应商而言，增加的价值可能意味着获得更大的采购量，将来在业务方面或许会获得特殊优惠待遇或得到采购商的技术协助以降低运营成本。表6-2给出了竞争性谈判和双赢谈判各自的特点。

表6-2　竞争性谈判和双赢谈判的特点

竞争性谈判的特点	双赢式谈判的特点
假定严格的谈判立场	清楚对方的需求
针对固定的价值量进行竞争	重视共同而非个人利益
寻找自己可以接受的单方面解决方案	共同努力解决问题及寻找可以创造价值的新的解决方法
不信任对方	信任对方，并共享信息

一个最基本的问题就是，买卖双方如何在谈判过程中达到双赢式谈判。一般来说，有

以下几种方法：

（1）扩大蛋糕法。通过合作并达成谈判协议，谈判方可以识别扩展资源或价值的方法。比如，卖方在早期就提供给买方新技术以拓展其产品范围，这样就能创造新价值。如果市场认可这种新产品，可以想象销售量将会上升，采购商将会得到更大量的订购单。

（2）争议交易法。成功的争议交易要求谈判方识别不止一个存在争议的问题。谈判方同意换位思考这些问题，从而各方都能为其最关心的问题之一找到最满意的结果。

（3）降低成本法。因为谈判方通过共同努力降低卖方成本或降低业务的交易成本，一方（通常是买方）可以获得更低的价格。买方实现了竞争性价格的目标，同时，由于降低的成本结构，卖方在市场上也变得更具有竞争力。

（4）利益交集法。寻求利益交集意味着引入新的可以满足各方需求的选择。虽然利益交集法很可能不会满足各方的全部需求，但通常双方都会很满意。

（5）非特定补偿法。利用这种方法，一方可以在某个问题上实现他的目标。同时，对方也会因为赞同这种结果而获得一些有价值的东西作为"报酬"。

双赢谈判法最适用于这样的产品或服务：对卖方的产品或业务非常重要，或者是高价值的产品或服务，而对于这些产品或服务的价格控制非常关键。当供应商的产品或服务具有很高的增加值时，可以用这种方法。同时，如果像技术、周期、质量和价格或成本等变量非常重要时，双赢谈判可能也是最好的选择方法。

二、跨国谈判

近二十年来，国际贸易的发展使得企业对跨国谈判的需求产生了突飞猛进的增长。当谈判双方拥有不同的语言、习惯、法律和文化时，与供应商的谈判会变得更加复杂。为跨国谈判作准备时，必须制定额外的计划，其中包括翻译、旅游及其他国外业务要求。

可能会出现能够影响跨国谈判的多种障碍。从重要性来说，影响有效谈判的主要障碍包括信息的错误传达。而这种错误传达又是由语言、时间限制、文化差异及跨国谈判者有限的权威性引起的。有效的跨国谈判者还会表现出一些特定的特征，包括耐心、对合同协议的熟悉、诚实礼貌的态度及对异域文化和习惯的熟悉等。这些特征能够帮助克服谈判中出现的障碍。

如果去除语言不同带来的障碍，仍然有可能不能理解对方或被对方理解。文化在交流中起着非常重要的作用。例如，在跨国谈判中，翻译人员能够传达语言方面的交流，但不能传达无法诉说的动作、暗示及风俗习惯的重要性。

若想在跨国谈判中取得成功，需要做另外的计划和准备。采购商不仅必须做一般的供应商分析及事实识别，还必须清楚地了解对象的传统及风俗习惯。随着国家间买卖业务的增长，对采购人员跨国谈判技能的要求也会有所提高。

下面描述一些国家在谈判时表现出来的特征，了解这些知识，有助于制定谈判战略和对策。

（一）美国

美国式的谈判首先反映了美国人的性格特点，他们的性格外露，能直接地向对方表露出真挚、热烈的情绪，他们充满了自信，随时能与别人进行滔滔不绝的长谈，他们总是十分自信地步入谈判大厅，不断地发表见解。他们总是兴致勃勃地开始谈判，乐意以这种态度谋求经济利益。在磋商阶段，他们精力充沛，能迅速把谈判引向实质阶段。他们非常重视谈判的磋商阶段，美国人对于"一揽子"交易兴趣十足。

（二）俄国

俄国人在谈判中特别看重坚持"理念"的重要性，而不是经济利益，与美国人的思维逻辑几乎相反。他们的谈判风格总的来说比较死板，出一个价后就不太愿意改变，并认为在谈判中让步是一件"没面子"的事，大有"一言既出，驷马难追"之大义凛然。所以，与俄国人谈判，如果不了解在这个时期对他们最重要的"理念"是什么，不在他们出价前先做好种种事先的"思想工作"的话，要取得良好的谈判结果就会比较困难。

（三）英国

对英国谈判者自应礼仪相待，否则不够"修养与风度"，两者交往会有距离。英国人喜欢对方与己"同级"亦具"绅士的风度"，对话会更容易。否则，"绅士风度"的另一面——高傲，也会被"外交色彩"掩盖着悄然而出，戏耍你一番而不解决问题。此外，应利用其"修养与和善"，揭露其技术、价格上的问题，使其窘迫而放弃所持立场向自己靠拢。只要保持礼貌相待，适当直率从事也可以使其松垮态度得到改善。

（四）法国

由于法国人正式和含蓄的特征，商务中随意的态度可能会使其感到疏远。在谈判中，优雅、智慧并富有逻辑的法国人通常从批判的角度提出论点。他们热衷于争论，更加追求结果而非细节和事实。法国人是"边跑边想的人种"，这点与德国人大相径庭。法国人可能在谈妥了50％的时候，就会在合同上签字，但昨天才签妥的合同，也许明天又要求修改，这一点常令谈判对手头疼。法国人很珍惜人际关系，而这种性格也影响到商务上的交涉。在尚未成为朋友之前，法国人是不会和你成交大宗买卖的。

协议达成后，必须用书面文字相互确认，而且签约之后，还要一再地确认，以免法国人在签约之后又要求修改。

（五）日本

日本人的特点是慎重、规矩、礼貌、团体倾向强烈，有强烈的团体生存和发展的愿望。日本人是典型的"硬壳"思维结构。在谈判中表现为耐心十足，强烈地希望谈判取得成功。日本人的时间概念极强，生活节奏快，这是日本人的生活充满竞争造成的。在日本社会中，特别强调秩序和人际关系。日本商人喜欢在正式谈判之前先与谈判对手进行接触，以了解对手、增进感情、促进成交，而这种接触往往通过朋友或适当的人作介绍。

日本人在谈判中通常不能坦率、明确地表态，有时报价中的水分极大，常使谈判对手产生含糊不清、模棱两可的印象甚至产生误会，因此谈判对手常会感到急躁不安。日本人在签订合同之前一般格外谨慎，习惯于对合同做详细审查并且在内部做好协调工作，这就需要一个较长的过程。但一旦做出决定，日本商人都能重视合同的履行，履约率很高。

因此，与日本人谈判要有耐心，事先要有人介绍，在合同签订之前必须仔细审查合同，含义不清的地方必须明确，以免日后造成纠纷。

第四节　采购合同管理

一、采购合同及其分类

（一）采购合同

采购合同是由买卖双方或经其授权的代理人经过协商一致而签订的合同文本，采购合同也包括买卖的订货单，买卖双方对要约达成协议后才有效。如果买方依照卖方的报价发出了订单，但尚未为卖方接受，此时仅为要约行为尚不能构成和约。合同的成立，必须包括要约和接受两大要件。如买方发出的订单没有被卖方所接受，合约当然不存在；但是如果卖方向买方提出要约，而买方以订单表示接受时，则合约即形成；如果卖方向买方要约，而买方另提出条件向卖方反要约，此时如果为卖方所接受时，其合约也可以算成立。

1. 采购合同要件

合同成立的要件在于买卖双方是否具有合法的授权，其合同是否经协议一致后达成。合同成立的条件如下：

（1）有法律效力的相关证明文件；

（2）签约人具有权力与民事行为能力；

（3）标的物合法；

（4）履约的能力及给付；

（5）签约人对待定事项的协商一致。

2. 采购合同成立方式

合同经过买卖双方签定以后即具有法律效力，受法律的保障而对买卖双方构成约束，一般合同成立的方式有三种：

1）签约方式

一般金额较大且内容比较复杂的合同多采用签约的方式，签约是在发生采购行为之前，对于有关条款拟订合约，经买卖双方确定后签字画押，遂即成为正式的采购合同。

2）确认接受方式

由买卖的任何一方提出要约，经对方按照约定的方式表示接受的合同，由买方提出的要约称为订单，由卖方所提出的要约称为购货确认书。

3）换文方式

由买卖双方通过书信、电子邮件、电报等往来所达成的协议。

（二）采购合同分类

买卖交易所订立的合同，大都视采购物料的性质及其方式而订立不同的合约条款。通常采购合同的种类如下。

1. 按买卖双方的亲疏关系分

（1）现货合同。现货采购合同是采购中最经常使用的合同。他们是独立的合同，即每次采购分别订立一个合同。在现货采购中，采购方将处于相对有利的地位，直到合同订立为止。不过，一旦合同订立后，供应商可能只履行合同所约定的直接义务，而不会再履行其他非合同义务。供应商之所以没有动力去履行其他非合同义务，是因为这些现货采购合同不会带来其他后续业务。

（2）定期采购合同。定期采购常被看作是从一个供应商或多个供应商处重复进行的现货采购。在这种情况下，它没有所谓"合同期限"，在单独的合同下，每次采购单独处理，因而，统一需求的价格或采购的提前期随着不同的订单而变化。

（3）无定额合同。无定额合同又被称为"框架合同"或"持续性合同"。在这种合同中，买方和卖方协商订立一份协议，在某段时间内这份协议对所有买卖都有效，这段时间通常为 1 年或更长时间。

（4）定额合同。定额合同与无定额合同具有许多相似性。如果买方经常需要商品或服务，那么可以和卖方协商订立一份定额合同，约定在一定时间内（通常为 1 年或更长时间），这份合同对双方所有的买卖都有效。

定额合同与无定额合同相比，条款更加明确，在合同里，必须明确在合同有效期内，买方必须从卖方处购买一定数量或价值的商品或服务。如果买方没有采购够合同规定的数量，将会受到惩罚。

由于定额合同比无定额合同更有利于卖方，所以相对而言，定额合同的报价会比较优越。

（5）合伙合同。合伙关系是一种业务的组织形式，这种组织有两个或两个以上的人承担责任。所有的合伙人以出资比例分担经营业务的职责，分享利润。在这种关系基础上，双方建立的合同称为合伙合同。

（6）合资合同。合资企业是一个独立的实体。这个实体有两个或更多的母公司组建并被他们所拥有。合资企业与合伙企业的相同点是由当事人根据协议创建，共同分担利润和损失。不同点是，合资企业仅为一个特定的项目而设立，而不是一种持续的业务关系。基于这种关系所订立的合同称为合资合同。

无论面对何种关系结构，在订立任何文件时，都需要遵循一定的法律程序。同时在衡量这些关系是否有优势时，往往要考虑一些税务问题（例如增值税），在范本合同中还存在一些显著的、并普遍被关注的问题，需要专业的法律知识才能够解决。

2. 以成立方式分类

我国合同法规定：当事人订立合同可以采用口头形式、书面形式和其他形式。

（1）合同的口头形式指买卖双方通过口头意思表示订立合同，而不用文字表达协议内容的合同形式。口头形式的优点在于方便快捷，缺点在于发生合同纠纷时难以取证，不易分清责任。口头形式适用于能即时清结的合同关系。

（2）书面形式是指买卖双方以合同书或者电报、电传、电子邮件等数据电文形式等各种可以有形地表现所载内容的形式订立合同。书面形式有利于交易的安全，重要的合同应该采用书面形式。书面形式又可分为下列几种形式：① 由买卖双方依法就合同的主要条款协商一致并达成书面协议，并由双方当事人的法定代表人或其授权的人签字盖章。② 格式合同。③ 双方当事来往的信件、电报、电传等也是合同的组成部分

3. 以销售方式分类

（1）销售合同。此类合同多以生产或供应货品的厂商要求的条件而成立的合约。

（2）承揽合同。多为业务推广性质，站在中介的地位来促进双方的交易，从中取得佣金。

（3）代理合同。这种方式大多仅为代理报价签约，不设立门市并且不与买方直接发生交易，仅做服务性工作而促成买卖双方交易，其佣金则依约定由买方或卖方支付。

二、采购合同的格式及内容

采购合同是记载买卖双方当事人协议同意事项的文件，也是双方订立合约的书面证明，其将作为日后双方履行合约的根据。通常，采购合同的制作有两种形态：

（1）由买方制作的采购合同，由卖方加以签署确认。

（2）由卖方制作的销售合同，由买方加以签署确认。

企业在签订采购合约时，是签订采购合同还是销售合同，一般要依买卖双方实力的强弱和市场情况而定，当属于买方市场时，大都利用买方所提出来的采购合同，买卖双方进行签约。相反地，如果属于卖方市场时，买方就要接受卖方制定的销售合同而进行签约了。

合同文本具有证明上的法律作用，也为确定当事人意愿的书面文件，它的重要性与功用大致如下：

（1）买卖双方谈妥的主要条件，必须以书面形式详细记载，作为今后双方履行合约的依据。

（2）双方签订正式合同，如果万一发生争执时，能获得法律上的保护，也作为交涉的根据。

（3）买卖双方自合同签订至履行，其时间相当长，尤其是长期买卖合同更是这样，所以为防止争端而需订立书面合同。

（4）在国际贸易上，由于常用电报来往，有可能会遇到电信误传或交易条件不符，如果能在交易谈妥以后及时做成合约，那么双方可及时发现更正，就会减少错误的出现。

采购合同的内容因采购物料的规格与条件的不同而有所变化，通常大规模的国营、民营企业的采购，都事先印好固定格式的采购合同，如因采购项目特殊而适用条件复杂者，则会另行订立合同条款。

（一）采购合同的格式

采购合同一般分为约首、合同条款和约尾三部分。约首主要写明采购方和供货方的单位名称、合同编号和签订合约地点。约尾是双方当事人就条款内容达成一致后，最终签字盖章使合同生效的有关内容，包括签字的法定代表人或委托代理人姓名、开户银行和账号、合同的有效起止日期等。双方在合同中的权利和义务均由条款部分来约定。国内物资购销合同的示范文本规定，条款部分应包括以下几方面内容：

（1）合同标的：包括产品的名称、品种、商标、型号、规格、等级、花色、生产厂家、订购数量、合同金额、供货时间及每次供应数量等。

（2）质量要求的技术标准、供货方对质量负责的条件和期限。

（3）交（提）货地点、方式。

（4）运输方式及到站、港和费用的负担责任。

（5）合理损耗及计算方法。

（6）包装标准、包装物的供应与回收。

（7）验收标准、方法及提出异议的期限。

（8）随机备品、配件工具数量及供应办法。

（9）结算方式及期限。

（10）如需提供担保，另立合同担保书作为合同附件。

（11）违约责任。

（12）解决合同争议的方法。

（13）其他约定事项。

（二）采购合同的内容

买卖双方就交易的货物通过交易磋商，在合同中明确各自要承担的义务，用"要约"和"承诺"予以明确，然后以成立的合同加以确定来约束承诺的兑现。因此，买卖双方的义务体现在合同的一系列交易条件中。某项交易条件对一方形成义务，对另一方则形成了权利，这些交易条件就形成合同中的主要内容，在合同中又称为合同条款，一般来说，买卖合同应具备以下基本内容。

1. 合同的标的

合同的标的主要包括货物的名称、质量、规格、数量、包装，以及如何检验和认定的办法。

1）货物名称

合同中标的物应按行业主管部门颁布的产品目录规定正确填写，不能用习惯名称或自行命名，以免产生由于订货差错而造成的物资积压、缺货、拒收或拒付等情况。订购产品的商品牌号、品种、规格型号是标的物的具体化，综合反映产品的内在素质和外观形态，因此应填写清楚。订购特定产品，最好还注明其用途，以免事后产生不必要的纠纷。但对品种、型号、规格、等级明确的产品，则不必再注明用途，如订购 425 号硅酸盐水泥，名称本身就已说明了它的品种、规格和等级要求。

2）质量要求和技术标准

产品质量应满足规定用途的特性指标，因此合同内必须约定产品应达到的质量标准。约定质量标准的一般原则是：按颁布的国家标准执行；无国家标准而有部颁标准的产品，按部颁标准执行；没有国家标准和部颁标准作为依据时，可按企业标准执行；没有上述标准，或虽有上述某一标准但采购方有特殊要求时，按双方在合同中商定的技术条件、样品或补充的技术要求执行。

合同内必须写明执行的质量标准代号、编号和标准名称，明确各类材料的技术要求、试验项目、试验方法、试验频率等。采购成套产品时，合同内也需规定附件的质量要求。

3）产品的数量

合同内约定产品数量时，应写明订购产品的计量单位、供货数量、允许的合理磅差范围和计算方法。凡国家、行业或地方规定有计量标准的产品，合同中应按统一标准注明计量单位。没有规定的，可由当事人协商执行，不可以用含糊不清的计量单位。

供货方发货时所采用的计量单位与计量方法应与合同一致，并在发货明细表或质量证明书上注明，以便采购方检验。运输中转单位也应按供货方发货时所采用的计量方法进行验收和发货。

订购数量必须在合同内注明，尤其是一次订购分期供货的合同，还应明确每次交货的时间、地点、数量。对于某些机电产品，要明确随机的易耗品备件和安装修理专用工具的数量。若为成套供应的产品，需明确成套的供应范围，详细列出成套设备清单。

2. 合同的价格

合同的价格是合同的实质性条款，被看作是买方的主要义务。价格可能是单价，也可能是合同总价款。价格可能是固定价格（包干价格）或是超过供应商成本的一个百分率。价格可能是每个工/日的价格，价格可能包括也可能不包括社会负担费用。价格可能受采购量、采购频率、交付地距离与交货速度等因素的影响。付款所用的货币种类应该有明确的规定。如果存在某种币种消失的风险，则应指定可供选择的币种和价格。

如果某些产品的需求会延续相当长的一段时间，合同中应约定价格调整问题。价格确定的变数很多，但作为常规，为避免误解，必须按上述方法明确地描述价格。

3. 卖方的义务

卖方的义务主要包括如何交付货物，包括交货时间、地点、运输方式、包装和货物运输保险，以及移交与货物有关的单据和转移货物的所有权。

1）产品的交付方式

订购物资或产品的供应方式，可以分为采购方到合同约定地点自提货物和供货方负责将货物送达指定地点两大类，而供货方送货又可细分为将货物负责送抵现场或委托运输部门代运两种形式。为了明确货物的运输责任，应在相应条款内写明所采用的交（提）货方式、交（接）货物的地点、接货单位（或接货人）的名称。运输方式可分为：铁路、公路、水路、航空、管道运输及海上运输等，一般由采购方在合同签订时提出采取哪一种运输方式。

2）交货期限

货物的交（提）货期限，是对货物交接具体时间的要求。它不仅关系到合同是否按期履行，还可能会出现货物意外灭失或损坏时的责任承担问题。合同内应对交（提）货期限写明月份或更具体的时间。如果合同内规定分批交货，还需注明各批次交货的时间，以便明确责任。实际交（提）货日期早于或迟于合同规定的期限，都应视为提前或逾期交（提）货，由有关方承担相应责任。

3）产品包装

产品的包装是保护材料在储运过程中免受损坏不可缺少的环节。根据《工矿产品购销合同条例》有关规定：凡国家或业务主管部门对包装有技术规定的产品，应按国家标准或专业标准技术规定的类型、规格、容量、印刷标志，以及产品的盛放、衬垫、封袋方法等要求执行。无国家标准或专业标准规定可循的某些专用产品，双方应在合同内议定包装方法，应保证材料包装适合材料的运输方式，并根据材料特点采取防潮、防雨、防锈、防震、防腐蚀等的保护措施。除特殊情况外，包装材料一般由供货方负责并包括在产品价格内，不得向采购方另行收取费用。如果采购方对包装提出特殊要求时，双方应在合同内商定，超过原标准费用部分，由采购方承担。反之，若议定的包装标准低于有关规定标准时，应相应降低产品价格。

对于可以多次使用的包装材料，或使用一次后还可以加工利用的包装物，双方应协商回收办法。回收办法中还要明确规定回收品的质量、回收价格、回收期限和验收办法等事项。

4. 买方的义务

主要是如何支付货物价款，包括支付工具、支付时间、支付地点及支付方式。

1）办理结算的时间和手续

合同内首先需明确是验单付款还是验货付款，然后再约定结算方式和结算时间。尤其对分批交货的物资，每批交付后应在多少天内支付货款也应明确注明。我国现行结算方式可分为现金结算和转账结算两种。现金结算只适用于成交货物数量少且金额小的购销合同；转账结算在异地之间进行，可分为托收承付、委托收款、信用证、汇兑或限额结算等方法；转帐结算在同城市或同地区内进行，有支票、付款委托书、托收无承付和同城托收承付。

2）拒付货款条件

采购方有权部分或全部拒付货款的情况大致包括：交付货物的数量少于合同约定，拒付少交部分的货款；有权拒付质量不符合合同要求部分货物的货款；供货方交付的货物多于合同规定的数量且采购方不同意接收部分的货物，在承付期内可以拒付。

3）逾期付款的利息

合同内应规定采购方逾期付款应偿付违约金的计算办法。按照中国人民银行有关延期付款的规定，延期付款利率一般按 0.5‰/天计算。

5. 买方对商品的验收

合同中首先要明确什么时候开始商检，验收依据是什么，验收内容包括那些，还要包括验收的方式，是否由第三人进行商检，最后还要明确对于产品提出异议的时间和办法。

1）验收依据

供货方交付产品时，可以作为双方验收依据的资料包括：双方签订的采购合同，供货方提供的发货单、计量单、装箱单及其他有关凭证，合同内约定的质量标准。应写明执行的标准代号、标准名称，产品合格证、检验单、图纸、样品或其他技术证明文件，双方当事人共同封存的样品。

2）验收内容

验收内容包括：查明产品的名称、规格、型号、数量、质量是否与供应合同及其他技术文件相符，设备的主机、配件是否齐全，包装是否完整、外表有无损坏，对需要化验的材料进行必要的物理化学检验，合同规定的其他需要检验事项。

3）验收方式

具体写明检验的内容和手段，以及检测应达到的质量标准。对于抽样检查的产品，还应约定抽检的比例和取样的方法，以及双方共同认可的检测单位。主要验收方式包括：

（1）驻厂验收。即在制造时期，由采购方派人在供应的生产厂家进行材质检验。

（2）提运验收。对于加工订制、市场采购和自提自运的物资，由提货人在提取产品时检验。

（3）接运验收。由接运人员对到达的物资进行检查、发现问题、当场做出记录。

（4）入库验收。这是大量采用的正式的验收方式，由仓库管理人员负责数量和外观检验。

4）对产品提出异议的时间和办法

合同内应具体写明采购方对不合格产品提出异议的时间和拒付货款的条件。在采购方提出的书面异议中，应说明检验情况，出具检验证明和对不符合规定产品提出具体的处理意见。凡因采购方使用、保管、保养不善原因导致的质量下降，供货方不承担责任。在接到采购方的书面异议通知后，供货方应在合同商定的时间内负责处理，否则即视为默认采购方提出的异议和处理意见。

6. 违约责任

在合同中，买卖双方应对违反合同所负的经济责任做出明确规定。

1）承担违约责任的形式

买卖双方任何一方不能正确履行合同义务时，均应以违约金的形式承担违约赔偿责任。双方应通过协商，将具体采用的比例数写明在合同条款内。

2）供货方的违约责任

（1）未能按合同约定交付货物。应按合同约定的违约金比例乘以不能交货部分货款计算违约金。若违约金不足以偿付采购方所受到的实际损失，可以修改违约金的计算方法，使实际受到的损害能够得到合理的补偿。如施工承包人为了避免停工待料，不得不以较高价格紧急采购不能供应部分的货物而受到的价差损失等。

（2）产品的质量缺陷。交付货物的品种、型号、规格、质量不符合合同规定，如果采购方同意利用，应当按质论价；当采购方不同意使用时，由供货方负责包换或包修。不能修理或调换的产品，按供货方不能交货对待。表6-3为某厂产品质量检验报告表。

（3）供货方的运输责任。主要涉及包装责任和发运责任两个方面。合理的包装是安全运输的保障，供货方应按合同约定的标准对产品进行包装。凡因包装不符合规定而造成货物运输过程中的损坏或灭失，均由供货方负责赔偿。

供货方如果将货物错发到货地点或接货人时，除应负责运交合同规定的到货地点或接货人外，还应承担对方因此多支付的一切实际费用和逾期交货的违约金。供货方应按合同约定的路线和运输工具发运货物，如果未经对方同意私自变更运输工具或路线，要承担由此增加的费用。

3）采购方的违约责任

（1）不按合同约定接受货物。合同签订以后或履行过程中，采购方要求中途退货，应向供货方支付按退货部分货款总额计算的违约金。对于实行供货方送货或代运的物资，采购方违反合同规定拒绝接货，要承担由此造成的货物损失和运输部门的罚款。合同约定为自提的产品，采购方不能按期提货，除需支付按逾期提货部分货款总值计算延期付款的违约金之外，还应承担逾期提货时间内供货方实际发生的代为保管、保养费用。逾期提货可能是未按合同约定的日期提货，也可能是已同意供货方逾期交付货物，而接到提货通知后未在合同规定的时限内去提货两种情况。

（2）逾期付款。采购方逾期付款，应按照合同内约定的计算办法，支付逾期付款利息。

（3）货物交接地点错误的责任。不论是由于采购方在合同内错填到货地点或接货人，还是未在合同约定的时限内及时将变更的到货地点或接货人通知对方，导致供货方送货或代运过程中不能顺利交接货物，所产生的后果均由采购方承担。责任范围包括：自行运到所需地点或承担供货及运输部门按采购方要求改变交货地点的一切额外支出。

表 6-3　某厂产品质量检验报告表

厂商代号：

产品等级：　　　　　　　　　　　　　　　　　　　　　　　　　申请号码：

品名规格		商　标			年　月　日
数　量		抽样数量			
制造批号		机　型		标准电压	V
				标准功率	W
检验项目		检验标准与规格			检验结果
1.					
2.					
3.					
4.					
5.					
6.					
7.					
8.					
9.					
10.					
11.					
评定			备考		

厂长：　　　　　　　　　　　生产管理科：　　　　　　　　　　　检验员：

三、采购合同的履行

在贸易过程中，买卖双方经过交易磋商，达成协议并签订了书面合同。合同已经依法有效成立，即成为有约束力的法律文件，有关当事人就必须履行合同中规定的责任和义务，任何一方不得擅自更改或者解除合同，或以任何借口不予履行或部分履行合同，否则就构成违约，要承担由此而引起的经济责任和法律责任。合同履行过程中，需要关注以下问题。

（一）交货数量的允许增减范围

合同履行过程中，经常会发生发货数量与实际验收数量不符，或实际交货数量与合同约定的交货数量不符的情况，其原因可能是供货方的责任，也可能是运输部门的责任，或由于运输过程中的合理损耗。前两种情况要追究有关方的责任，第三种情况则应控制在合理的范围之内。有关行政主管部门对通用的物资和材料规定了货物交接过程中允许的合理磅差和尾差界限，如果合同约定供应的货物无规定可循，也应在条款内约定合理的差额界限，以免交接验收时发生合同争议。交付货物的数量在合理的尾差和磅差内，不按多交或少交对待，双方互不退补。超过界限范围时，按合同约定的方法计算多交或少交部分的数量。

合同内对磅差和尾差规定出合理的界限范围，既可以划清责任，还可为供货方合理组织发运提供灵活变通的条件。如果超过合理范围，则按实际交货数量计算。不足部分由供货方补齐或退回不足部分的货款；采购方同意接受的多交付部分，进一步支付溢出数量货物的货款。但在计算多交或少交数量时，应按订购数量与实际交货数量比较，均不再考虑合理磅差和尾差因素。

（二）合同的变更或解除

合同履行过程中，如需变更合同内容或解除合同，都必须依据《中华人民共和国合同法》的有关规定执行。一方当事人要求变更或解除合同时，在未达成新的协议以前，原合同仍然有效。要求变更或解除合同一方应及时将自己的意图通知对方，对方也应在接到书面通知后的 15 天或合同约定的时间内予以答复，逾期不答复的视为默认。

（三）货物的交接管理

1. 采购方自提货物

采购方应在合同约定的时间或接到供货方发出的提货通知后，到指定地点提货。采购方如果不能按时提货，应承担逾期提货的违约责任。当供货方早于合同约定日期发出提货通知时，采购方可根据施工的实际需要和仓储保管能力，决定是否按通知的时间提前提货，他有权拒绝提前提货，也可以按通知时间提货后仍按合同规定的交货时间付款。

2. 供货方负责送货到指定地点

货物的运输费用由采购方承担，但应在合同内写明是由供货方送货到现场还是代运，因为这两种方式判定供货方是否按期履行合同的时间责任不一样。合同内约定采用代运方式时，供货方必须根据合同规定的交货期、数量、到站、接货人等，按期编制运输作业计划，办理托运、装车（船）、查验等发货手续，并将货运单、合格证等交寄对方，以便采购方在指定车站或码头接货。如果因单证不齐导致采购方无法接货，由此造成的站场存储费和运输罚款等额外支出费用，应由供货方承担。

（四）货物的验收管理

1. 验收方法

到货产品的验收，可分为数量验收和质量验收。

1）数量验收的方法

（1）衡量法。即根据各种物资不同的计量单位进行检尺、检斤，以衡量其长度、面积、体积、重量等，如胶管衡量其长度、钢板衡量其面积、木材衡量其体积、钢筋衡量其重量等，看其是否与合同约定一致。

（2）理论换算法。如管材等各种定尺、倍尺的金属材料，测量其直径和壁厚后，再按理论公式换算验收。换算依据为国家规定标准或合同约定的换算标准。

（3）查点法。采购定量包装的计件物资，只要查点到货数量即可。包装内的产品数量或重量应与包装物的标明一致，否则应由厂家或封装单位负责。

2）质量验收的方法

（1）经验鉴别法。即通过目测、手触或以常用的检测工具量测后，判定质量是否符合要求。

（2）物理试验。根据对产品的性能检验目的，可以进行拉伸试验、压缩试验、冲击试验、金相试验及硬度试验等。

（3）化学分析。即抽出一部分样品进行定性分析或定量分析的化学试验，以确定其内在质量。

2. 责任划分

不论采用何种交接方式，采购方均应在合同约定由供货方对质量负责的条件和期限内，对交付产品进行验收和试验。某些必须安装运转后才能发现内在质量缺陷的设备，应在合同内约定缺陷责任期或保修期。在此期限内，凡检测不合格的物资或设备，均由供货方负责。如果采购方在规定时间内未提出质量异议，或因其使用、保管、保养不善而造成质量下降，供货方不再负责。

由供货方代运的货物，采购方在站场提货地点应与运输部门共同验货，以便发现缺失、短少、损坏等情况时，能及时分清责任。采购方接收后，运输部门不再负责。属于交运前出现的问题，由供货方负责；运输过程中发生的问题，由运输部门负责。

3. 验收中发现质量不符的处理

如果在验收中发现建筑材料不符合合同规定的质量要求，采购方应将他们妥善保管，并向供货方提出书面异议。在书面异议中，应说明合同号和检验情况，提出检验证明，对质量不符合合同规定的产品提出具体处理意见。

4. 质量争议

如果当事人双方对产品的质量检测、试验结果发生争议，应按《中华人民共和国标准化管理条例》的规定，请标准化管理部门的质量监督检验机构进行仲裁检验。

（五）结算管理

产品的货款、实际支付的运杂费和其他费用的结算，应按照合同中商定的结算方式和中国人民银行结算办法的规定办理。但对以下两点应予注意：

1. 变更银行账户

采用转账方式和托收承付方式办理结算手续时，均由供货方将有关单证交付采购方开户银行办理划款手续。当采购方变更合同内注明的开户银行、账户名称和帐号时，应在合同规定的交货期前 30 天通知供货方。如果未及时通知或通知有错误而影响结算，采购方要负逾期付款责任。若供货方接到通知后仍按变更前的账户办理，后果由供货方承担。

2. 拒付货款

采购方拒付货款，应当按照中国人民银行结算办法的拒付规定办理。采用托收承付结算时，如果采购方的拒付手续超过承付期，银行不予受理。采购方对拒付货款的产品必须负责接收，并妥为保管不准动用。如果发现动用，由银行代供货方扣收货款，并按逾期付款对待。

（六）履行采购合同的注意事项

签订采购合同以后，采购商为了避免供应商无法履约或延期交货，会对供应商生产计划、制造过程中的抽检，物料的供应等有关作业进行监督。有关监督履约的注意事项如下：

1. 履约监督的一般规定

（1）为确保供应商如期交出适当品质、数量的标的物，在签约后，采购商可以对供应商的履约情况进行监督。

（2）履约监督要由采购商质检或技术部门派出的人员进行。

（3）履约监督发现问题时，应立即要求供货商改进，否则将会同采购部门采取补救措施。

（4）对于特殊的采购，如紧急采购、大宗采购、技术性高的加工等，要加强履约监督处理。

2. 履约监督方式

（1）整体监督。即自生产开始至交货验收，都派有专人监督。

（2）重点监督。要看合同是否需要到供应商的工厂进行抽样检查，或检查合同规定的事项及要求。

对于国内采购，对供应商履约监督的要点包括：检查原料准备，检查设备及其工具，检查生产计划与合同所列品名、规格、数量的相符情况，检查生产进度安排，检查任务完成情况，检查物品的品质，检查原料及半成品的抽样调查结果，检查供应商的转包情况。

国外采购履约监督要点包括：与国外供应商联系情况如何，是否有定期报告进度，预期交货的数量及船期安排，进口日期，国外供应商无法如期交货时的补救办法。如果采购合同是通过国外供应商直接报价而签约，其履约监督可通过政府驻外机构请求协助办理，或委托国外分支机构办理。

本 章 小 结

谈判是采购业务流程中不可缺少的环节，它在控制采购成本等方面发挥着重要作用。本章着重强调了采购谈判准备工作的重要性，介绍了采购谈判的含义、特点、原则、策略和基本的谈判方法。

一个组织的成功与否部分取决于其谈判者的技能高低。无论什么行业，熟练的谈判者都具备一些共同的特征。他们知道自己并不是天生就拥有谈判知识和技能。相反，他们通过练习和培训成为有效的谈判人员。熟练的谈判者也比对方拥有更高的追求或目标，而他们往往也会实现这些追求和目标。最后，拥有谈判技能的个人注定会成为一个组织中最受尊重的专家之一。

采购专员若想成为有效的谈判者，必须通过参加培训、模拟和训练课程等提升自己的谈判技能。采购协议之间的区别往往由两个方面造成：准备程度不同和双方谈判者或谈判小组技能之间的差异。

本章还介绍了采购合同管理方面的内容，从采购合同分类到采购合同的基本格式和内容，以及采购合同履行过程中的注意事项，学会解决合同纠纷的办法措施，以及进行索赔的主要手段和途径，采购合同在执行过程中的跟踪和执行效果的评估等。

思 考 与 讨 论

1. 简述采购谈判的含义及其适用场合。

2. 简述采购谈判的过程。

3. 采购谈判的基本原则。

4. 常用的谈判策略和技巧有哪些？

5. 比较双赢谈判和竞争性谈判的异同。

6. 在进行谈判前，采购商应收集哪些有关供应商的信息？

7. 影响跨国谈判成功的主要因素有哪些？

8. 简述采购合同的分类。

9. 简述采购合同的格式和主要内容。

10. 简述采购合同履行的注意事项。

11. 讨论：一名熟练的或有效的谈判者应具备什么样的素质。

12. 讨论：除了价格，采购谈判参加方还能讨论许多其他问题，找出五种买卖双方能够达成协议的非价格问题，并分别解释这些问题对买方或卖方重要的可能原因。

13. 讨论：如果一家公司仅仅改掉合同中供应商的名字，就与另外的供应商签订了为期五年的新合同，这样做的风险是什么？

 **案例分析**

第七章　采购绩效评估和考核

☞ **本章学习目标**

(1) 理解采购绩效考核的目的和原则；

(2) 掌握采购绩效的衡量标准与指标；

(3) 掌握采购绩效考核的方式；

(4) 了解提高采购绩效的方法；

(5) 熟悉标杆管理机制的建立。

所有企业和部门都需要一定的评估体系来指导活动和追踪评价绩效，但是在开发复杂的绩效衡量和考核系统方面，采购部门一直都落后于其他部门。事实上，采购绩效的衡量标准的使用倾向于内部，与公司的任务和目标无关的标准较多，而且很少出现高效的标准化衡量标准。然而，随着采购部重要性的提高及执行人员对此方面的关注，情况正在改变。

本章详细介绍了有关采购绩效评估的各个环节。通过本章的学习，要明确采购绩效评估的目的，了解有关绩效衡量的指标、绩效评估的方法、标准及其制度的建立，在此基础上理解提高采购绩效的方法。

第一节　采购绩效评估和考核概述

采购和供应链绩效评估系统代表了一种正式的监控和采购绩效评估的系统方法。尽管听起来很容易，但是，往往很难制定出能够指导员工按预期目标履行职责的考核方法。目前，一些企业仍然依赖那些不是支持，而是破坏长期绩效目标的考核指标。例如，从供应商那里获取较低的价格仍然是一些价格/成本的绩效考核指标的重要目标。然而，如果采购商持续通过各种方法在供应商那里得到短期的价格削减，那么，供应商是否有财政来源或是否愿意就长期绩效改善进行投资呢？

采购与供应链绩效考核和评估系统包括许多种考核指标。大多数方法都可以分为两大类：效力标准和效率标准。效力是指通过选择一系列活动流程，企业能满足之前预定的目标或标准的程度。效率则是指实现预期制定的目标计划与实际成本之间的关系。效率评估通常会将一些投入与绩效产出联系在一起。

几乎所有的方法都会包括关于评估绩效结果或成果的标准或目标。如果说"考核指标是用来追踪供应商质量改进情况的"，那是不全面的。我们还需要将实际改进情况与之前制定的目标进行比较。这一假定是建立在世界级绩效水平基础上的目标思想，将会为企业带来很大的价值。每一种绩效指标都应包括实际的绩效水平和目标绩效水平。

一、采购绩效评估和考核的目的

采购作为企业生产运作的一个重要环节，它的绩效对企业整体目标的实现起着很重要的作用。采购在制定了采购方针、战略、目标及实现相应目标的行动计划后，在计划实施时还需有相应的绩效指标，用于对采购过程进行检查控制，并在一定的阶段对工作进行总结，在此基础上再提出下一阶段的行动目标与计划，如此循环往复、不断改进。采购绩效考核是对采购工作进行全面系统的评价、对比，从而判定采购所处整体水平的过程。具体来说，采购绩效考核表现在以下几个方面：

第一，采购绩效考核能保证采购目标的实现。企业的采购目标往往各有侧重，有的偏重质量和服务，像有地位有声誉的知名企业；有的偏重价格低廉，像产品质量标准统一、稳定的企业；有的偏重交货时间准确，像市场需求波动较大的行业等。各个企业要针对自己的主要采购目标对涉及时间期限、质量规格、物流服务、组织效率等方面的指标加以考核，从而促进采购目标的实现。

第二，衡量和考核采购绩效是有效控制采购过程的前提。建立起一套完善的衡量与考核机制，有利于及时发现和总结采购过程中的问题，从而兴利除弊，使采购工作按照计划顺利地进行。

第三，完善的衡量和考核机制有利于下一步工作的展开。有了工作经验的不断积累和总结，在今后制定采购工作计划时便能够更加有的放矢，及时防止突然事件的发生。如果以此为基础进一步形成一套及时纠正错误、改进工作流程的机制，那么整个采购部门的工作将形成良性循环。

第四，正确地衡量和考核采购绩效使采购工作更加透明。采购绩效衡量和考核信息的共享有利于采购部门与设计、仓储、销售、售后等其他部门的沟通和合作。另外，定期的采购计划和执行考核，如果作为销售、售后等部门的一份宣传资料，可以让客户清楚地看到企业如何对原材料、商品等的采购进行严格把关，还可以让客户提供一些建设性意见，在今后的采购工作中不断改进，而改进的过程又可以反映在考核结果中，让客户监督、核实。

第五，可以为甄选和培养优秀采购人员提供依据。根据绩效考核结果，可针对现有采购人员的工作能力缺陷，拟定培养计划，有针对性地进行专业性的教育训练，有的放矢地招募人才，建立一支优秀的采购队伍。

第六，采购绩效考核结果可用于评价供应商绩效。采购部门是直接与供应商接触的部门，对其工作绩效的考核显然要涉及到与供应商合作的具体情况，从而有助于评价某个供应商作为合作伙伴的可靠性等。

第七，促进各部门之间的合作，建立利益共同体。采购部门的绩效受其他部门配合程度的影响很大，因此，采购部门的职责是否明确，表单、流程是否简单、合理，付款条件及交货方式是否符合企业规章制度，各部门的目标是否一致等，都可以通过绩效考核予以判定，并可以改善部门之间的合作关系，提高企业整体运作效率。

第八，提高采购人员的士气。有效而且公平的绩效考核制度，可以使采购人员的努力成果获得回馈和认可。采购人员通过绩效考核，可以与业务人员或财务人员一样，显示出对公司利润的贡献，成为受到肯定的工作伙伴。由此看出，采购绩效考核不仅对采购工作，而且对企业整体运作和效益都有着不可忽视的影响。

总之，采购绩效的考核有利于采购部门及时发现问题，改进工作，从而降低采购过程中产生的成本费用，减少采购货物废品的数量，进一步提高采购部门的绩效，提高采购部门在公司中的地位。

二、采购绩效评估和考核的原则

采购绩效评估与考核的关键：一是要选择适用的衡量指标；二是绩效指标的目标值要合理；三是确定绩效指标要符合有关原则。一套完整的采购绩效考核体系是作好该项工作的必要保证。

采购绩效指标的选择要同企业的总体采购水平相适应。对于采购体系不太健全的单位，刚开始可以选择批次、质量合格率、准时交货等来控制和考核供应商的供应表现，而平均降价幅度则可用于考核采购部门的采购成本业绩。随着供应商管理程序的逐步健全、采购管理制度的日益完善、采购人员的专业化水平以及供应商管理水平的不断提高，采购绩效指标也就可以相应得系统化、整体化，并且不断细化。总之，绩效指标的选择要明确、量化，要能得到自己、顾客及相关人员的认同，要现实可行。

确定采购绩效指标目标值时要考虑以下前提：一是顾客的需求；二是所选择的目标以及指标要同本公司的大目标保持一致；三是具体设定目标时既要实事求是、客观可行，又要具有挑战性，要以过去的表现作为参考，更重要的是可与同行的佼佼者进行比较。

三、采购绩效评估和考核中存在的问题

采购绩效评估和考核一直存在着一些问题和局限性。绩效考核专家马克·布朗认为，目前大多数管理者和专业人士就像是那些只拥有一般必须工具及许多无关工具就驾驶飞机的飞行员。他说，实际上，每一家企业的考核系统都存在某种类型的问题。

（一）过多及错误的数据

数据过多是企业考核系统中最常见的问题。更严重的问题是，管理者往往会关注那些错误的数据。根据经验或感觉可能会认为所选择的考核指标与成功相关，而事实不是这样。还有可能，管理层所采用的考核指标与其他部门或职能领域运用的方法相冲突。

（二）关注短期的考核指标

很多中小型企业都依赖短期的考核指标和数据。通常，这些企业所采集的数据都是财务和运营数据。对于采购而言，这就意味着关注短期工作量及供应链活动，而忽视了长期的或是战略性的考核指标。

（三）缺少细节

一些时候，测评报告过于简短以至于信息变得毫无意义。例如，一个关于月度供应商质量单一考核报告的考核指标就缺乏细节内容。供应经理期望获知供应商目前存在的缺陷都有哪些具体类型，哪些缺陷使得买方公司需要承担成本，还希望知道每段时间供应商的绩效质量。

一家汽车零部件主要区域配送工厂的运营经理收到一份按客户索赔要求，撰写的配送

工厂质量月度考核报告。此外，他还收到了包括以下细节的报告：

（1）所出现错误的类型（零部件分拣错误、损坏、缺货或丢失等）；

（2）哪些客户对质量提出了索赔要求；

（3）哪些员工对质量问题负责；

（4）该中心处理质量索赔问题的总成本；

（5）出现索赔问题的零部件数据。

依据这些信息，经理能采取根除配送工厂质量问题的行动及措施。

（四）导致错误的绩效行为

不幸的是，很多考核指标都会导致一些不是预期或需要的行为发生。比如，如果以采购订单的数量来考核采购人员的绩效，那么他们肯定会将给供应商的采购量分割为很多小批量的采购订单，以便能够得到更多的采购订单。然而，企业仍然希望能够找到一些可以对此进行考核或报告的因素。但是，这些因素不可能总是正确的。

（五）行为考核指标及成果

实施行为考核指标的问题在于，无法保证该行为一定能实现所期望的结果。例如，对整个企业的所有合同所涵盖的采购总量进行追踪的行为考核指标如今已经越来越普遍。但追查通过使用企业范围合同所带来的总成本节约是更好的考核指标。

行为考核指标的另一个例子是，商品团队每个季度召开会议的次数，更好的考核指标是考察由团队行为所带来的绩效成果。尽管存在很多行为考核指标，但能取得最终成果的考核指标才有意义。

第二节 采购绩效的评估与指标

一、采购绩效的评估

要想了解采购工作的绩效，进而对采购过程进行控制，就必须先了解从哪些方面去衡量绩效。采购工作的原则是以最少的资源消耗实现预定的采购目标，因而衡量其绩效可以从采购效果和采购效率两个方面着手。其中，采购效果对应采购工作范围各个环节的运作状况，而采购效率对应采购部门的工作能力。

（一）采购效果

采购效果通过采购流程各个环节工作能够实现预定目标的程度进行衡量。采购工作整体目标一般是：从最合适的地方、以最合理的价格、采购质量最好的、相当数量的货物，并以最优质的服务、在最合适的时间运送到最佳地点；同时采购工作必须保证公司整体供应，并有助于产品的创新和生产流程的改进。根据采购目标的描述，衡量采购效果要关注货物价格与成本、货物质量、采购物流等方面。

1. 货物价格与成本

一般从支付采购货物的实际价格与标准价格之间的关系角度来衡量和控制采购成本。其中，企业往往以上年度 12 月 31 日或企业财政年度起始日的实际相关采购价格作为本年度的标准价格，也叫年度基价。采购价格与成本这个衡量尺度主要涉及两个方面：

（1）采购价格/成本控制。这是指监控和评估采购货物的标准价格、供应商提供的价格及价格的走势等情况，主要目的是监控采购价格，据此采取适当的措施以防价格失控。

（2）采购成本降低。这是指在对采购价格/成本进行控制的同时，通过重新分析采购货物价值，在企业内部各部门之间协调采购需求或者寻找新的供应商、替代物，以减少采购成本支出，主要目的是监控降低成本的活动。

2. 采购货物质量

采购货物的质量尤为重要，如原材料的质量对整个生产流程的质量控制都有着重大的影响。采购工作要保证订购的货物满足企业设计、销售等部门的质量要求，必要时还要参与产品质量的改进工作。

3. 采购物流

这里的采购物流是指采购货物的订货、交货、库存控制等方面的工作。具体说来包括以下活动：

（1）及时、准确的订货控制；

（2）供应商供货可靠性控制；

（3）交货与库存控制。

（二）采购效率

采购效率是指为了实现预定的采购目标，控制计划消耗和实际消耗之间的关系，它直接决定于采购工作的能力。这与为实现采购目标所需的资源及相关的采购活动有关，并涉及到采购工作组织和管理的各个方面。组织和管理越规范，资源的功能发挥越充分，采购目标的实现就越有效率。实现采购目标所需的资源包括：

（1）采购人员，主要指采购人员的年龄、培训经历、工作经验、工作态度、发展前景等。

（2）采购管理，主要指采购部门的管理制度，包括采购人员的时间安排、责任分工、薪酬制度、行政管理制度、供应商管理办法等。

（3）采购程序，主要是指采购程序的合理性、采购人员的执行要求等，以保证采购工作的有效进行。

（4）采购信息系统，包括所有采购活动资料的管理系统，它有利于支持采购人员的工作，方便跟踪采购实施的过程，也方便采购部门与其他各个部门的合作与沟通，并为采购绩效的衡量与评估提供详细准确的信息。

二、采购绩效指标

（一）价格与成本指标

采购的价格与成本指标包括参考性指标和控制性指标。参考性指标是计算采购相关指标的基础，是展示采购规模、了解采购人员及供应商工作量的指标，同时也是采购过程进行控制的依据和出发点。主要包括年采购总额、单个采购人员年采购额、年人均采购额、各供应商年采购额、供应商年平均采购额、各采购物品年度采购基价及年平均采购基价等。控制性指标是指展示采购改进过程及其成果的指标，包括平均付款周期、采购降价比率、本地化比率等。下面具体列举几个指标。

1．年采购额

年采购额包括用于生产原材料和零配件的采购额、非生产性的采购总额（包括设备、生产辅料、办公室耗材等）、原材料采购总额占产品总成本的比例等。其中最为重要的是原材料采购总额。按采购成本结构可细分为基本价值额、外包装费用、运输费用、保险费用、税额等。按不同材料可细分到包装材料、电子类零部件、五金零部件、塑胶材料等。按采购支付的币种分为人民币采购额及其比例、各种外币采购额及其比例。年采购额还可以分解到各个采购人员、各个供应商，计算单个采购人员年采购额及其占总采购额的比例，可以作为评价采购人员工作绩效的指标。还可以计算出各个供应商的年采购额及其比例，作为供应商评估的一个指标。另外还可以计算出年人均采购额，供应商年平均采购额，作为对采购工作整体评估的指标。

2．采购价格

采购价格包括各种采购项目的年度基价（也叫做标准价格）、所有原材料的年平均采购基价（或折算成采购价格指数）、各种原材料的目标价格、所有原材料的年平均目标价格（或折算成采购目标价格指数）、各原材料的降价幅度及平均降价幅度、降价总金额、各供应商的降价目标（降价比例与金额）、本地化目标（金额与比例）、大型工业集团或跨国公司的各级子公司之间的联合采购额及比例、联合采购的降价幅度等。

3．采购成本

采购成本由供应商发出的采购订单的成本确定，是指企业为了实现一次采购而进行的各种活动的费用，如办公费、差旅费、邮资、电报电话费等支出。这部分采购成本中有一部分与采购次数无关，如常设采购机构的基本开支等，称为采购的固定成本；另一部分与采购的次数有关，如差旅费、邮资等，称为采购的变动成本。每年的总采购成本受到一年中采购次数或生产准备次数的影响，也就是受到每次采购规模或每次生产数量的影响。随着采购次数的减少（即规模和生产数量的增加），年总采购成本会下降。采购成本随着采购次数或采购规模的变化而呈反方向变化。起初，随着采购批量的增加，采购成本的下降比储存成本的增加要快，即采购成本的边际节约额比维持成本的边际增加额要多，使得总成本下降。当采购批量增加到某一点时，采购成本的边际节约额与维持成本的边际增加额相等，这时总成本最小。此后，随着采购批量的不断增加，采购成本的边际节约额比维持成本的边际增加额要小，导致总成本不断增加。

（二）质量指标

质量指标主要衡量供应商所提供的产品的质量情况及供应商的整体质量水平，包括产品质量水平和供应商质量体系两个方面：

（1）产品质量水平（来料质量水平），包括批次质量合格率、货物免检率、货物抽样检查缺陷率、返工率、退货率、原材料配件等在线报废率、对缺陷货物的处理时间等指标。

（2）供应商质量体系，包括通过国际质量体系认证的供应商比例、实行质量免检的货物比例、货物免检的供应商比例、免检货物的价值比例、实施 SPC 的供应商比例、SPC 控制的货物数比例等，还包括根据本企业的产品要求进行专项质量改进的供应商数目及比例、参与本企业专项质量改进的供应商数目及比例等。

（三）采购物流指标

采购物流指标主要用来衡量采购物流各环节的工作情况，包括以下四个方面的指标：

（1）涉及到订货工作的指标，包括平均订货时间、平均订货规模、最小订货数量、订单变化的接受率、季节性变化接受率、平均订单确认时间等。

（2）涉及供应商供货的指标，包括供应商供货可靠性、已交货数量/未交货数量、实行JIT的供应商数目与比例、供应商采用 MRP（物料需求计划）或 ERP（企业资源计划）等系统的程度等。

（3）涉及交货与货物接收的指标，包括准时交货率、首次交样周期、正常交货周期、交货频率、交货的准确率、平均交货运输时间、在途存货总量、平均报关时间、平均收货时间、平均退货时间、平均退货或补货时间等。

（4）涉及库存与周转的指标，包括原材料库存量、库存周期、存货周转率等。

（四）采购效率指标

采购效率指标涉及到采购组织与管理，是与采购能力相关的指标，具体包括：

（1）采购部门人员，主要包括采购部门人数、各项工作分工人数、采购人员年龄、工作年数、受教育程度、平均培训时间、培训计划与实施情况、人才流失率等。

（2）采购管理，主要包括采购人员的时间结构（在办公室处理事务的时间、在外访问供应商的时间及各项时间的比例）、采购部门人员的考勤、采购部门人员的薪酬制度等，还包括供应商管理的各项指标，这里不作详细介绍。

采购绩效衡量指标体系见图 7-1。

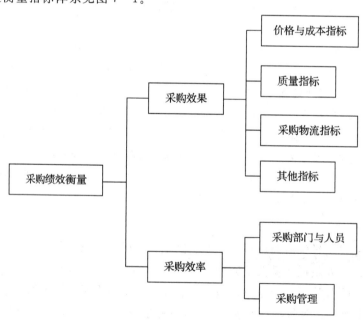

图 7-1 采购绩效评估指标体系

（五）管理和效率指标

管理层通过管理和效率方法对采购管理预算进行规划，从而在预算期内控制管理费用。预算开支项目一般包括工资、差旅和生活费用、培训费用、办公用品开支和其他各项费用。工资通常占采购管理预算的最大份额。两种最常用的制定采购管理预算的方法是当前预算加调整和控制比率。

1. 当前预算加调整

最常见的制定预算的方法是以当前的管理预算作为起点，管理部门自下而上或自上而下地调整下阶段的预算。调整方式由预期的企业经营状况和其他部门的要求所决定。预算调整反映了管理层对采购工作联合公司盈利情况的看法。减少工作量或利润可以带来预算的下降。相反，增加工作量或利润可能导致预算的增加。

预算加调整的基本程序一般分为如下步骤：

1）确定预算的目标

确定预算的目标首先要确定预算对象，即要求对什么事物进行预测，比如，是对总价还是单价进行预测，是要求预测社会总体采购价格还是本行业采购价格水平的变动趋势等；其次，要确定对预测有哪些要求，比如，是要求定性化的趋向预测还是定量化的数据预测，对预测结果的精确程度有什么要求等。

2）收集处理信息资料

要得到比较准确的预测结果，必须要有能揭示本质的、足够的资料信息。根据预测的需要，就该收集成本预测对象本身的历史资料以及进行预测所需的其他资料，主要是对预测对象起影响作用的各种因素的历史资料以及在计划期内这些因素可能发生变化的资料。在收集资料时，除了应注意与预测对象直接相关的因素外，还必须注意可能对预测对象的未来造成较大影响的间接因素。在收集资料的过程中，应随时分析资料的完整性和可靠性，补充必要资料，剔除虚假因素和偶然因素，保证预测结果的精确度和可靠性。

3）建立预测模型

影响预算的因素是多方面的。为了准确地进行预测，应当建立预测模型，使预测规范化和科学化。对定性预测设定一些逻辑思维和推理程序，对定量预测则建立数学模型，然后根据这些推导和模型进行预测。预测模型是对预算的过去和现在发展规律的模拟，它是否与实际相符将直接关系到预测结果的精确程度。

4）利用模型预测

建立了预测模型后，就可以将有关预算的历史资料或变动因素置于预测模型中进行测算。不过，预测模型是在一定条件下建立起来的，它的应用也需要一定条件。因此，必须对预测期内的具体条件加以分析，在确认该时期具备模型的应用条件之后，才能把模型用于预测，去计算和推测。同时，也需要假设和判断过去和现在的发展规律性是否能够延续到需要预测的时期，即认为预测对象的发展规律性在这期间内依然起作用。否则，也就无需利用该模型进行预测了。

5）分析预测结果

运用预测模型测算的结果并不能直接使用，还必须进行分析与修正。这是因为，制定的模型和利用的资料是过去和现状的反映，所预测的未来只是近似于该模型反映的情况。而且在计算和推测过程中又会产生一些误差，再加上模型本身又是在许多假定条件下建立起来的，因而预测的结果假定程度较高。这样，每次得到预测结果后，都应对预测的结果加以分析和评价。分析评价的内容有两方面：一是根据经验和常识去检查与判断预测结果是否合理，是否可能与实际存在较大的误差，并判断未来的条件变化会对预测结果产生多大的影响；二是在预测方案实施后，及时与实际结果相比较，以检验预测结果是否准确及误差大小。如果误差较大，则应建立新的预测模型，或采用多种预测方法对同一对象进行预测，比较并修正预测结果。

在上述基本程序中，关键在于处理和分析环节。一是对收集的信息资料进行筛选和处理，二是对模型的预测结果进行分析和修正。前者直接决定后面建立的模型是否符合事物发展的客观规律，而后者则限定了提供给决算的信息质量。这两个步骤所涉及的大多是复杂的不确定因素，不像其余步骤那样有章可循。预测是一种技巧与艺术，预测方法只是工具。使用效果的好坏取决于使用者的运用情况，而灵活运用预测方法使预测结果有效的关键就在于处理和分析环节。

2. 控制比率

与控制比率方法一起，采购管理预算是另外一种能够反映采购部门工作量的考核指标。生产物料的计划经费支出通常被用来考核工作量。

采购部门与更高管理层之间的协商谈判和控制比率的历史数据往往可以确定预算计算过程中的控制率百分比。对下一阶段生产物料采购需求的预测会影响管理预算。一般认为，采购工作量与生产物料的计划开支成比例。于是，采购管理预算变为：

采购预算＝生产物料的预算开支×控制比率

采购经理利用预算数字在不同部门之间分配资源。管理层必须确定所需要的采购人员数量、文职部门员工规模，以及其他与预算相关的问题。

3. 其他方法

当前预算加调整和控制比率并不是考虑采购管理预算或效率水平的唯一途径。对内对外采购工作量，如采购订单的处理量、单项产品处理量和职员人数也同样被用来进行效率考核。

生产准备耗费是指当库存的某些产品不由外部供应而是企业自己生产时，企业为生产一批货物而进行改线准备的成本耗费，实质上这也可以看成是一种"采购"，只不过是采购部门向企业生产部门的采购而已。其中如更换模、夹具需要的工时或添置某些专用设备等属于固定成本，与生产产品的数量有关的费用如材料费、加工费等属于变动成本。

（六）其他采购效果指标

其他采购绩效指标涉及产品技术支持与服务、供应商总体水平等方面，具体说来包括以下指标：

（1）产品技术支持与服务，包括采用计算机系统处理行政管理事务的供应商数量，采用电子商务处理订单等业务的供应商数量，参与企业生产工艺或产品开发的供应商数量及参与程度等。

（2）供应商综合评估，包括供应商数量、供应商平均供应的货物项目数、独家供应的供应商数目及比例、伙伴型或长期合作型的供应商数目及比例、供应商月度和年度考核指标、优秀供应商数量与比例、通过国际质量体系认证的供应商数目及比例等。

第三节　采购绩效的考核

采购绩效考核是指对采购工作进行全面系统的评价，从而判定采购工作的整体水平。考核工作一般依据事先制定的标准或表格，对各项采购指标逐一检查以判断对应环节的工作绩效，再通过与过去的比较或与同行业标准、国际领先标准对照，对采购工作及时做出总结并加以改进。

一、采购绩效考核的基本要求

（一）采购绩效考核一般遵循的基本原则

（1）绩效考核是采购工作的一部分，是与采购流程中的各项工作同步、持续进行的。采购人员要定期审查采购目标的实现程度，确保达到考核的要求。

（2）采购绩效考核不仅涉及到采购工作，还要结合整个企业的目标，进而要求考核工作要持续、长期进行。

（3）采购绩效考核的主管负责人员必须具备一定的掌控全局的能力，了解整个工作的进度，审查采购人员和考核人员的工作能力与工作表现。

（二）采购绩效考核的标准

各项指标的考核可以用过去的指标做对照，也可以以行业平均水平为尺度，或选择一个目标企业的指标作为考核的基础。具体说来，常见的考核标准有以下几种：

1. 过去的绩效

选择公司过去的绩效作为考核当前绩效的标准，这是很自然、很有效的做法。尤其适合于那些处于起步和发展阶段的企业，但使用这种标准要求采购业务没有战略性变化，采购部门组织结构稳定，人员及其职责也没有重大变动。

2. 行业平均绩效

企业往往会选择同行业企业作为目标来考核自己的业绩。作为对照的企业在采购组织结构、采购内容、采购目标等方面与本企业相似，而且往往是本企业的竞争对手，形成竞争的同时也形成相互的促进和激励。

3. 标准绩效

还有一些企业，由于种种原因，过去的绩效难以获得准确数据或采购业务发生了战略性变化，又难以在同行业中找到对照的目标企业，可以使用标准绩效作为衡量基础。标准绩效的设定一般要注意以下三个方面：

（1）固定的标准。标准绩效的指标设立后不能轻易变动，至少在一段时期内，尤其是一个采购项目期内不能变动。

（2）有挑战意义的标准。标准绩效不能是一套平均水平上的指标，而要有一定的难度，要经过采购部门人员的努力才能完成。这样的标准才能激励员工的工作热情，促进采购目标的实现。

（3）可能实现的标准。作为标准的绩效指标在当前的环境和条件下，通过积极的努力确实能够达到。如果标准设定过高，一方面会增大采购部门和人员的压力，另一方面其激励效果也会降低。

（三）参与采购绩效考核的人员

参与采购绩效考核的人员不仅包括采购部门的人员，还需要财务部门、生产部门、供应商甚至专家顾问的配合。

1. 采购部门的主管

采购部门的主管是整个采购工作的直接部署者和执行者，他对于所有采购工作任务和环节的情况都非常了解，包括人员的分配、员工的工作状态、各项工作的执行过程及出现的问题等。因而，采购主管是最有资格负责采购工作绩效考核的人。但是，考核自己部门的工作绩效不免会加入一些个人情感，比如一项工作虽然结果不令人满意，但是过程很艰辛，执行人员也付出了很大的努力，那么采购主管也许从主观感情上会有些倾斜。

2. 财务部门

采购的成本费用占企业总支出的比例较高，如大型设备的采购、主要原材料的长期采购、项目采购等，因而采购成本控制对于企业利润意义很大。财务部门对资金的流入流出会进行全盘掌控，因而能够从资金周转方面对采购部门的工作绩效进行考核。

3. 生产主管部门或工程指挥部门

对于设备采购、原材料和零配件采购及项目采购等，采购货物的质量、数量、时间对企业生产的顺利进行、最终产品的品质等都有影响，因而生产主管部门或工程指挥部门也应参与采购工作绩效的考核。

4. 供应商

供应商是采购过程中与企业采购部门合作最多、最频繁的一方，对于采购部门的运作方式、工作状态自然有较为真实、详细的了解。因而，采购方的上层还可以通过正式或非正式的渠道向供应商了解本企业采购部门或人员的工作情况，间接地考核采购绩效。但是要注意，出于种种原因供应商很可能不提供真实的信息，这种方法比较适合于那些有长期合作且关系密切的供应商。

5. 专家顾问

为了让考核工作更为客观、权威，可以聘请外界的采购专家或管理顾问，对企业的整个采购制度、组织结构、人员分配、流程设置、工作绩效等定期做客观的分析和评价，并提出具有可行性的建议。

（四）采购绩效考核的一般方式

采购工作绩效的考核一般有两种方式：定期和不定期考核。

首先，不定期的考核是跟踪特定的采购项目，由项目执行人自己进行的考核。一项采购任务完成以后，采购人员本身就要对该项采购任务的完成情况有一个总结和考核。采购自我考核表是针对单个业务员业绩进行的定量描述，是对整个采购工作绩效进行考核的基础和依据。填写采购考核表一般以一票业务为单位，由采购人员自己填写，再交由部门进行审查和存档。下面提供采购考核表的一种格式以供参考（表 7-1）。

表 7 - 1　采购评估表

合同号：	采购货物名称： 实际数量：		规格：	
实际供应商：	其他说明：			
	计划供应商：			
	变更理由 1. 质量符合要求且价格低于计划供应商 2. 距离近，方便运输 3. 业务关系良好的老客户 4. 其他原因			
实际价格	计划价格	差额	市场最低价	
质量满意度 1. 好 2. 一般 3. 不满意	是否退订 比率： 原因：		是否补货、换货 比率： 原因：	
进货方式 1. 火车 2. 汽车 3. 自提	运输天数	比计划 多　　　　天 少　　　　天	实际进货费用	比计划 多　　　　元 少　　　　元
实际订货费用	比计划多或少 （元）	其中： 差旅费 通讯费 手续费 其他	订货提前天数 比计划 多　　　　天 少　　　　天	

　　通过填写自我考核表一般要达到三个目的：首先是汇报采购任务的实际完成情况，填写一些任务执行细节及指标等；其次是要将实际完成情况与计划完成情况进行对比，看有哪些差异，并分析产生差异的原因，以资借鉴；第三是考核指标的实际完成情况，要评价任务完成的优劣程度。对于采购人员个人来讲，自我考核表就相当于工作日志，用以记录自己的工作状况，衡量工作效率。

　　定期考核主要是和公司年度人事考核同步进行的、对采购人员工作情况的考核，一般以采购人员的工作表现作为考核内容，包括工作态度、合作精神、工作能力、学习能力、忠诚度、积极性等。在采购人员自我考核的基础上，采购部门在月末或年末定期对各项采购任务的完成情况进行统计汇总，完成整个部门的阶段性绩效考核。这时自我考核表就自然而然地成为各个阶段对采购人员工作绩效的定量描述，为采购人员的考核、评比、升职、加薪提供了详细的资料依据，同时汇总信息又是采购部门各个阶段工作绩效的重要资料，是控制和监督采购工作的基础。不仅采购部门要掌握其工作绩效的信息，其他相关部门，如仓储、生产、销售等部门也要参考采购部门的信息，作为供应链的一环，采购绩效考核的信息对于整个企业的决策与运作都是有参考价值的。

二、建立采购绩效考核制度

建立采购绩效考核制度就是要对考核工作的原则、频次、标准、人员、方式、目的等做出明确的规定，并形成制度，各部门要严格遵守，一般由采购管理部门负责监督执行。要想成功地建立起采购绩效考核制度，必须注意以下几个方面：

（一）明确目的

企业首先必须明确采购绩效考核的目的，才能在此基础上建立采购绩效考核制度，该项制度的建立必须符合考核目标的要求。

（二）符合企业实际

企业建立的采购绩效考核制度必须从企业自身的特点出发，符合企业的实际运作方式，满足企业各部门的需要，这样的考核制度才能够得以长期实施，并取得显著的效果。

（三）信息共享，公开明确

企业建立采购绩效考核制度不是采购部门一个部门的事情，而是应该站在整个企业的立场上建立这项制度，考核结果也要在企业各个部门内共享，这样才能保证采购绩效考核的目的得以实现。

（四）从采购自我考核表做起

采购自我考核表制度促使采购人员对自己的工作情况及时进行总结。另一方面，部门的这些存档资料为日后进行总结、评比、考核、升职及加薪等提供可靠的依据。

第四节　采购绩效改善的方法与手段

采购绩效的提高涉及到采购工作的方方面面，对于那些采购管理水平低下的企业，一个简单的管理方法就能够带来明显的成本降低。例如，对于那些各部门分散采购的企业来说，如果设立专门的采购部门，将整个企业的需求信息进行整合，定时定量地进行集中采购，就能够避免大量的重复采购、人力浪费，并能够获得更优惠的价格，从而明显地降低采购成本。对于那些意识到采购管理重要性的企业，尝试更为科学、系统的采购管理方法，对整个采购活动甚至是整个供应链条进行规范和改造，采购工作的绩效往往能够得到更为明显的提高。下面介绍几种提高采购绩效、规范采购过程的方法。

一、建立采购工作管理制度

要想提高采购工作的绩效，最为基本的做法就是将采购工作的具体环节制度化、规范化，并在整个企业内推行。对于那些缺乏制度建设的企业，这是提高采购工作绩效最为显著的方法。

二、开发采购与供应链的绩效衡量和考核系统

衡量和考核系统的开发需要领导支持和高层管理者的承诺，他们必须提供系统必需的财务资源。管理层也要求所有的采购点运用相同的系统结构，这能减少重复的工作以及节约开发与培训成本。并不需要每一个采购点必须用同样的绩效目标或绩效标准，这意味着系统的基本设计是相同的。高层管理者的支持也传递了追踪和改善绩效重要性的信息。

开发有效的衡量和考核系统有下面一系列活动：确定需要衡量的绩效类型，开发具体的绩效衡量标准，为每一项衡量建立绩效标准，细节定案以及实施并审核绩效和考核标准系统。图7-2显示了采购与供应链绩效衡量系统的开发概况。

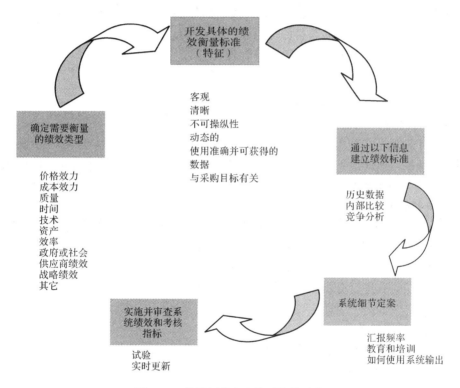

图7-2　绩效评估和考核系统的开发

三、建立标杆管理机制

标杆管理（Benchmarking）简单来说就是寻找一种标准，可以选择内部绩效高的部门为标准，也可以选择外部绩效高的公司为标准，通过比较和分析这些标准及其实践经验来改善自己的工作过程，使自己慢慢接近甚至超过标准。

标杆管理的先驱是美国施乐公司，20世纪80年代前后，施乐公司的复印机业务的全球垄断地位受到日本佳能等竞争者的全方位强烈冲击，面对急剧下滑的市场占有率，施乐公司展开了向日本竞争者深入学习的运动，从采购模式、生产方法、营销手段和成本、价格构成等各个方面找出一些衡量标准，然后与自己的相应方面进行比较分析，找出差距和

不足，继而进行经营管理、生产流程、采购模式等各方面的全面改造，经过一段时间的努力，终于取得成效并夺回了市场份额。后来这种管理方法被称为标杆管理。众多公司和企业的借鉴和应用使得标杆管理的理论和实践在之后的二十年里得到了长足的进步，应用的范围也更为广泛，现在已经涉及到库存管理、成本管理、营销管理、研发管理、人力资源管理及采购管理等各个方面。将标杆管理作为采购工作绩效评估的工具，通过资料收集、分析比较、跟踪学习、机制改造等一系列过程，将企业的实际情况与基准企业的指标进行量化的比较，分析这些基准企业达到最优绩效的途径和原因，明确本企业在行业中所处的地位，并在此基础上改进自己的采购策略，从而有效地促进采购绩效的提高，实现企业的战略优化，提高竞争力。

标杆管理不是总和竞争者进行比较。企业经常依靠和非竞争者进行比较获得信息资源，特别是在建立标杆流程或者是部门活动要跨越不同的行业时（例如供应链管理），通常从合作的非竞争者那里更容易获得标杆管理的数据和信息。

以下从几个方面详细地介绍有关标杆管理的应用。

（一）标杆管理的类型

依照作为基准的对象的不同可以将标杆管理分为以下几类：

1. 内部标杆管理

内部标杆管理是在企业内部进行的较为简单的一种管理方式。一般是将某个绩效较高的部门作为基准，分析其业务流程、工作方式的优越性，进而推进其他部门的绩效提高。由于企业内部容易实现信息共享，且会计记账原则一致，因而这种方法比较容易实施。

2. 竞争者标杆管理

竞争者标杆管理是以同行业的竞争者为基准的标杆管理方式。同行业的竞争者和本企业提供类似的产品与服务，面对类似的市场环境和消费者，承受着相同的市场竞争，一些衡量指标和行业标准也都是一致的，因而便于拿过来作为标准进行比较。但是，正是由于竞争的压力，在对其进行分析时往往会让对方感到威胁，因而想要获得竞争者的信息是比较困难的。

3. 广泛标杆管理

广泛标杆管理是一种被普遍采用的标杆管理方式。它是以某个行业的领先者或有着类似成长过程的优秀企业为基准，比较分析自己与其管理模式、决策制定等方面的差距，再进一步，还可以针对自身的情况，选取其绩效高的职能部门或业务流程进行比较分析。由于这样选定的企业不一定是同行业内的，不存在竞争压力，因而他们更愿意提供和分享其理念、技巧、方法等。但是要注意，前两种方法在同一部门或同一行业内，由于使用的标准、统计方法、会计原则都一致，且涉及的衡量指标等都是相对应的，因而分析的时候只需将相应的方面加以比较，而运用这种标杆管理方法则没那么简单，这需要领导者有较高的洞察力，能够从不同行业的企业中找到自己学习的样板。

4. 流程标杆管理

流程标杆管理是以最佳的工作流程为基准的标杆管理方式。比如选择某企业科学的采购流程作为基准，将本企业的相应指标与其进行对比分析，找出并弥补差距。

（二）标杆管理的实施过程

虽然标杆的类型很多，具体步骤、描述方式等存在一些不同之处，但基本的步骤还是相似的。用标杆管理方法进行采购绩效的评估一般有以下几个步骤：

1. 选择进行标杆管理的目标——标杆什么

进行标杆管理首先要确定企业想要进行标杆的业务流程、职能部门等。一般是企业感觉到其某方面工作的绩效太差，或在竞争的压力下认为有必要提高工作的效果和效率，因而选用标杆的方法来进行评估和改进。在这一步骤中要挑选、培训并建立起学习标杆的团队，要决定收集资料、考察现状的方法。应该向第一线的工作人员了解该业务流程、职能部门存在的问题和缺陷，掌握其工作原理，以便进行比较分析。可以说，这是整个标杆管理的准备阶段，主要内容有以下两个方面：

（1）选择怎样的标杆管理目标。要进行标杆的目标往往是企业与采购相关的关键流程或职能，如采购部门与销售、研发、生产等其他部门的协调、供应商评估与管理、库存周转模式等。

（2）建立怎样的学习团队。标杆的整个过程应当由专门的团队负责执行，这个团队中要有领导者、标杆管理目标过程的管理者、参与标杆管理目标过程的一线工作人员、标杆管理目标过程的受益人。团队的组成是为了完成标杆，因而成员们要有积极学习的精神，要了解本企业进行标杆的目的、标杆的步骤等基本知识。

2. 确定最佳的比较目标——以什么为基准

在大量搜集有关信息和有相关专家参与的基础上，针对具体情况确定不同的比较目标。可以在企业内部寻找绩效好、效率高的部门作为比较目标，也可以在行业内找其他先进企业作为比较目标，甚至将不同行业先进企业的某个业务流程、管理方式等作为比较目标。寻找比较目标时，绩效最高的并不一定就最合适，要综合考虑其规模、组织结构、产品特点、技术特征、生产流程等因素，选取与本企业具有可比性的企业作为比较目标。

3. 确定标杆项目——比较分析什么

在确定标杆项目这一步骤中我们要找到衡量本企业与比较目标企业绩效的具体项目及其指标。这需要进行一系列的工作：

（1）要通过实地调查，搜集数据、处理数据、加工数据、分析比较等，了解比较目标企业的信息，整理得到以下两个方面的情况：一是比较目标企业的现有绩效水平如何，如企业的市场占有率、盈利率、成本结构、工资水平、企业技术的领先程度、具有自主知识产权产品的数量、企业客户的稳定性等；二是比较目标企业是采用怎样的方式达到这一绩效水平的，包括工作过程的组建、信息系统支持、培训、企业文化、经营模式等方面的内容。

（2）与本企业现有的经营模式进行比较，寻找差距，为企业找到改进的方向与方法。当比较目标是同地区一个行业中的企业时，核心竞争力和衡量指标大致相同，可方便地进行比较分析。当比较目标是其他行业的业务流程、职能部门时，要找到将其衡量指标进行转化和类比的方法，比如选择不同行业的一个优秀企业的采购流程作为标杆的目标，虽然采购货物有所不同，但是很多衡量指标是可比的，像有关供应商评估、采购人员管理等方面的指标。具体操作时要将有关指标全部列出来，一一比较并进行打分，或者绘制出矩阵图，通过对比分析，区分自己有优势的方面和有劣势的方面，然后针对差异程度采取适当的策略进行改造。

4. 制定缩小差距的计划并付诸实施——怎样进行改造

制定缩小差距的计划并付诸实施是实施标杆管理的最终目的和关键一环。首先要从思想上在本企业内部达成共识，创造一种环境，使企业的全体员工都能够自觉自愿地欢迎变革、进行学习，共同努力实现企业绩效的提升。然后要制定一系列行之有效的计划，并积极付诸行动，向着比较目标的基准努力。只有这样才能够实现提高绩效、提高竞争力的目的。

5. 评估结果——改造的成果如何

实施标杆管理是一个循序渐进的过程，需要付出长期的努力。在这一过程中，无论是本企业还是比较目标企业的发展信息都是动态的，因而不能忽视一项重要的后续工作，即检查和审视改造的进程，并不断调整标杆管理的目标，使目标切实可行又不乏挑战，这样才能符合本企业提升绩效的实际需求。

本 章 小 结

采购绩效评估是保证采购工作顺利进行的重要一环。衡量采购绩效的指标包括价格与成本指标、质量指标、采购物流指标、采购效率指标、管理和效率指标等。

对采购绩效进行评估首先要确定一套衡量标准，然后针对不同的方面就上述衡量指标进行评价。这项工作是长期的，并与改善采购绩效的目标相适应。本章着重介绍的标杆管理就是一种采购绩效评估，同时在此基础上提升采购绩效的方法。此外，由于采购绩效的好坏涉及到采购工作甚至企业运作的各个环节，因而制度性的建设对于提升绩效是十分必要的，如建立科学的采购程序、制定采购工作管理办法、规范内部会计控制等。

思 考 与 讨 论

1. 试述采购绩效评估的衡量指标体系，思考为什么选定这些衡量指标。

2. 试述采购绩效评估和考核的目的。

3. 简述采购绩效评估和考核中存在的问题。

4. 企业为什么希望考核供应商绩效？请描述可以用于考核供应商绩效的指标。

5. 什么是绩效标杆管理？对于企业来说，利用标杆管理的优势主要有哪些？

6. 试述标杆管理的一般程序。你认为实施标杆管理对企业提出了哪些方面的要求？

7. 绩效标杆管理有哪几种类型？采购部门最常用的是哪种？

8. 为什么有时候通过与非竞争对手对比进行的标杆管理存在优越性？

9. 有效的绩效考核系统的特征有哪些？

10. 通过研究某企业采购工作管理细则的实例，你认为其哪些方面的规定有利于提升采购绩效。

11. 讨论采购绩效考核和评估中一直存在的问题和局限性的原因，并讨论采购部门应该增加还是减少为绩效考核所付出的努力，为什么？

 案例分析

中篇　采购管理新趋势

第八章 采购管理发展的新趋势

☞ **本章学习目标**

(1) 掌握集中采购的概念;

(2) 掌握分散采购的概念;

(3) 掌握集中采购与分散采购的区别以及选择依据;

(4) 熟悉 JIT 采购的概念;

(5) 熟悉 JIT 采购的战略优势和实施前提;

(6) 掌握 JIT 采购的各部门配合;

(7) 掌握电子采购的定义;

(8) 掌握主要的电子采购工具;

(9) 从供应商的角度来分析电子采购的收益和成本;

(10) 熟悉第三方采购的概念;

(11) 掌握第三方采购的优势。

第一节 集中采购和分散采购

一、集中采购的概述

(一) 集中采购的定义

集中采购是指企业在核心管理层建立专门的采购机构,统一组织企业所需物品的采购业务。其以组建内部采购部门的方式来统一公司分布于世界各地的分支机构的采购业务,减少采购渠道,通过批量采购获得价格优惠。集中采购体现了经营主体的权利、利益、意志、品质和制度,有利于稳定本企业与供应商之间的关系,是经营主体降低进货及物流成本,赢得市场,控制节奏,保护产权、技术和商业秘密,提高效益,取得最大利益的战略手段。

集体采购的另外一层意思即集中时间、集中人力、集中采购。所谓集中时间、集中人力、集中采购,就是指在"采购供应计划"、"合约规划"的相关要求下,在某一个时间段内(如利用相对闲暇的时间),公司集中人员完成今后某一阶段(如半年、一年)的所有采购工作,与供方单位签订合同,并约定好供应的时间、价格等。

(二) 集中采购的主体和客体

1. 集中采购的主体

(1) 集团范围实施的采购活动;

（2）各级政府机关所实施的采购活动。

2．集中采购的客体

（1）大宗或批量物品，价值高或总价多的物品；

（2）关注程度较高、影响较大的特定商品、大型工程或重要服务类项目。

（三）集中采购的集中功能

集中采购的"集中"功能体现在以下四个方面：

1．财政预算的安排

财政部门对相同的采购项目应尽量集中在一个月里进行统筹安排，避免多次重复安排相同项目的采购而产生降低工作效率、丧失采购效益等弊端。任何政府采购项目，最终都要由财政部门负责付款结账，对此，财政部门何时能安排采购预算资金就成了决定采购工作何时才能得以开始和实施的重要前提。因为，一旦财政部门安排了采购资金，相应的采购人员就会随时去实施采购，因此，要充分提高财政资金的使用效率、有效地扩大政府采购的规模。对于采购项目，财政部门要从源头上给予通盘的、宏观上的考虑，具体来说，要将各个预算单位想要采购的相同或功能相近的项目，或是可以连环配套采购的项目，尽量统一调度或筹集资金进行一次性的安排，否则，每个月都安排几个相同项目的采购，不但浪费了时间、精力，还无法得到规模采购的效益。如在实际工作中，就有一些地方的财政部门，由于不会科学地调度和合理地安排财政预算资金，从而造成每个月都安排几个预算单位去采购几台微机或其他办公耗材等，这就明显地失去了科学性和合理性，人为地增加了工作量。因此，集中采购的集中功能，首先就是要体现在财政部门的预算安排上，要有相对集中的科学性。

2．采购项目的委托

采购人对其计划进行的采购项目，应集中一次进行委托，不得人为拆分，多次采购。对于采购人员来说，有些采购项目是批量的，或是有关联的，或是可相互配套的整体项目，如学校里的电教项目，既有网络工程项目，也有电视、电脑等物资采购项目，对此，就电教项目而言，其本身就是一个整体采购项目，无需再拆分或细化成工程项目与商品采购项目分别去委托采购；同样，对原来就是一个整批的采购项目，更不可从量上进行化整为零，分次采购，如将 10 台电脑分几次采购等，否则，这些行为就会明显地影响到政府采购的效果。因此，对财政预算已经安排的采购项目，采购人员必须要不折不扣地实施集中采购，不得化整为零，不得私自采购。

3．采购项目的具体操作

集中采购机构对相同或功能相近的受托采购项目，应尽量集中在一次进行采购，以减少采购次数，提高工作效率和经济效益。对集中采购机构来说，委托采购不但人员众多，而且采购项目又纷繁复杂，委托时间也有早有迟等，如果集中采购机构采取"随时委托、随时采购"的方式，势必会发生多次、重复采购相同项目的问题，进而出现了重复劳动，增加了工作量，降低了工作效率。因此，如果集中采购机构能采取定期汇总的采购方式，将采购人委托的采购项目进行归类，或按功能进行相互衔接、配套，每类项目每个月只集中采购一次，这样，就会人为地加大批次采购规模，既可以减少工作量，又能获得更大的规模采购效益。

4. 采购项目的调试和验收

集中采购机构应统一组织技术专家、采购人等进行集中验收把关，以节约人力、财力等。由于集中采购机构一批购进的采购项目涉及到多个采购人的委托，对此，如果要求采购人各自找专家验收，势必会增大困难，也会耗费更多的时间、精力和财力等，而如果集中采购机构能够出面组织一个专家验收小组，将整批采购项目一次性验收完毕，再交付采购人，就会减少诸多采购人的验收工作量，节省大量的时间、人力等，同时，集中验收也会增强对验收人员的监督，更便于对采购项目的质量把关。

（四）集中采购的模式

为实现集团采购业务集中管控的业务需求，集中采购包括以下几种典型的应用模式：集中订货、分开收货、集中付款；集中采购后调拨等运作模式。采用哪种模式，取决于集团对下属公司的股权控制、税收、物料特性、进出口业绩统计等因素，一个集团内可能同时存在几种集中采购模式。

1. 集中订货、分开收货、集中付款模式

集团总部或采购公司负责管理供应商及制定采购价格等采购政策，并且负责采购订货工作。分支机构提出采购申请，前者进行汇总、调整，并根据调整结果下达采购订单，发收货通知单给分支机构；分支机构根据收货通知单或采购订单进行收货及入库；前者汇集后者的入库单，与外部供应商进行货款结算，并根据各分支机构的入库单与分支机构分别进行内部结算。

2. 集中采购后调拨模式

集团总部或采购公司负责管理供应商及制定采购价格等采购政策，并且负责采购订货工作，分支机构提出采购申请。前者进行汇总、调整，并根据调整结果下达采购订单，后者完成后续的收货、入库、外部货款结算处理。之后，根据各分支机构的采购申请，前者启动内部调拨流程，制订调拨订单并作调拨出库，后者根据调拨订单作入库处理，最后，两者作内部结算处理。

二、分散采购的概述

（一）分散采购定义

分散采购是集中采购的完善和补充，有利于采购环节与存货、供料等环节的协调配合，有利于增强基层工作责任心，使基层工作富有弹性和成效。

与集中采购相对应，分散采购是由企业下属各单位（如子公司、分厂、车间或分店）实施的满足自身生产经营需要的采购。

（二）分散采购的主体和客体

1. 分散采购适用的采购主体

（1）二级法人单位、子公司、分厂、车间；

（2）离主厂区或集团供应基地较远，其供应成本低于集中采购成本的情况。

2. 分散采购适用的采购客体

（1）小批量、单件、低价值、总支出在产品经营费用中所占比重小的物品（各厂情况不同，自己确定）；

（2）分散采购优于集中采购的物品，包括在费用、时间、效率、质量等方面均有优势，且分散采购不影响正常生产与经营的情况；

（3）市场资源有保证，易于送达，仅有较少的物流费用；

（4）分散后各基层有这方面的采购与检测能力；

（5）产品开发研制、试验所需要的物品。

三、集中采购和分散采购的区别

集中采购与分散采购相比，主要有以下区别：

（1）从采购项目特征看。列入集中采购的项目往往是一些大宗的、通用性的项目，一般采购单位都会涉及并需要采购，或者是一些社会关注程度较高、影响较大的特定商品、大型工程和重要服务类项目。而列入分散采购的项目往往是一些在限额标准以上的、专业化程度较高或单位有特定需求的项目，一般不具有通用性的特征。

（2）从采购执行主体看。集中采购，采购单位必须委托集中采购机构代理采购，不得擅自自行组织采购，其中部门集中采购可以由主管部门统一组织采购。分散采购，采购单位可以依法自行组织实施采购，也可以委托集中采购机构或其他具有政府第三方采购资格的社会中介机构代理采购。委托集中采购机构采购的，采购单位不需支付任何第三方采购费用，而委托社会中介代理机构采购的，则需要按规定支付一定的第三方采购费用。

（3）从采购目的和作用看。集中采购具有采购成本低、操作相对规范和社会影响大的特点，目的可以发挥政府采购的规模优势和政策作用，体现政府采购的效益性和公共性原则，也有利于政府的集中监管和对分散采购的良好示范作用。分散采购可以借助单位的技术优势和社会中介代理机构的专业优势，充分调动单位政府采购的积极性和主动性，提高采购效率，同时也有利于实现政府采购不断"扩面增量、稳步渐进"的工作目标。

无论集中采购还是分散采购，作为政府采购的两种执行模式，两者互有优势，可相互补充。但作为一种政府采购行为，采购人或其委托的第三方采购机构都必须遵循政府采购公开透明、公平竞争、公正和诚实信用的原则，按照《政府采购法》和其他有关法律法规规定的采购方式与采购程序组织实施采购活动，并自觉接受同级财政部门和有关监督部门的监督、管理。

四、集中采购和分散采购的选择依据

在决定采用集中采购还是分散采购时，应该考虑下面的因素或标准：

（1）采购需求的通用性。经营单位对购买产品所要求的通用性越高，从集中或协作的方法中得到的好处就越多。这就是大型公司中的原材料和包装材料的购买通常集中在一个地点（公司）的原因。

（2）地理位置。当经营单位位于不同的国家或地区时，就可能会极大地阻碍协作的努力。实际上，欧洲和美国之间的贸易和管理实践就存在较大的差异，甚至在欧洲范围内也存在着重大的文化差异。一些大型公司已经从全球的协作战略转为地区的协作战略。

（3）供应市场结构。有时，公司会在它的一些供应市场上选择一个或数量有限的几个大型供应商组织。在这种情况下，力量的均衡肯定对供应商有利，采用一种协同的采购方法，以在面对这些强有力的贸易伙伴时获得一个更好的谈判地位是有意义的。

（4）潜在的节约成本。一些类型的原材料的价格对采购数量非常敏感，在这种情况下，购买更多的数量会立刻导致节约成本。对于标准商品和高技术部件都是如此。

（5）所需的专门技术。有时，有效的采购需要非常高的专业技术，例如，在高技术半导体和微芯片的采购中就需要较高的专业技术。因此，大多数电子产品制造商已经将这些产品的购买集中化，在购买软件和硬件时也是如此。

（6）价格波动。如果物资（如果汁、小麦、咖啡）的价格对政治和经济气候的敏感程度很高，集中的采购方法就会受到偏爱。

（7）客户需求。有时，客户会向制造商指定他必须购买哪些产品，这种现象在飞机工业中非常普遍。这些条件是与负责产品制造的经营单位商定的，这种做法将明显阻碍任何以采购协作为目标的努力。

除了以上需要考虑的因素外，选择集中采购时，还应该有利于资源的合理配置，减少层次，加速周转，简化手续，满足要求，节约物品，提高综合利用率，保证和促进生产的发展，有利于调动各方的积极性，促进企业整体目标的实现等。

当然，集中采购和分散采购并不是完全对立的。客观情况是复杂的，仅一种采购方式是不能满足生产需要的，大多数公司在两个极端之间进行平衡：在某个时候他们会采用集中的采购组织，而在某些情况下也许他们会选择更加分散的采购组织。

第二节　JIT 采购

一、JIT 采购概述

JIT(Just In Time)采购又称为准时化采购，它是由准时化生产管理思想演变而来的。它的基本思想是：把合适数量、合适质量的物品在合适的时间供应到合适的地点，最好地满足用户需要。准时化采购和准时化生产一样，它不但能够最好地满足用户需要，而且可以极大地消除库存、最大限度地消除浪费，从而极大地降低企业的采购成本和经营成本，提高企业的竞争力。正是因为 JIT 采购对于提高企业经济效益有着显著的效果，20 世纪 80 年代以来，西方经济发达国家非常重视对 JIT 采购的研究与应用。据资料统计，到目前为止绝大多数的美国企业已经开始全部或局部应用 JIT 采购方法，并取得了良好的应用效果。

由于实施 JIT 采购对企业的基础工作、人员素质、管理水平等要求较高，在我国利用 JIT 采购方法的企业数量还不太多，主要集中在诸如汽车、电子等行业，应用水平也有待进一步提高。

二、JIT 采购战略优势及其实施的前提条件

JIT 采购可以大大减少在制品的库存，减少零部件、原材料的库存，缩短原材料供应周期。在原材料的供应过程中实施 JIT 采购，能有效地推动供应链的整体优化。JIT 采购

的基本思想是：与供应商签订在需要时提供所需数量的零部件、原材料的协议。这就意味着可以一天一次、一天两次，甚至每小时好几次地供货。JIT 采购的最终目标是为每种物资和几种物资建立单一可靠的供应渠道。

（一）JIT 采购的战略优势

随着时代的不断发展，随着市场、产品、生产、服务、信息、战略等各个因素的不断变化，采购战略也必须要随之进行相应的调整。表 8-1 为采购因素发展比较表。

表 8-1　采购因素发展比较表

项目	过　去	现在和将来
市场	卖方市场、低竞争、限制出口	买方市场、竞争激烈、全球导向
产品	种类少、生命周期长、科技含量低	种类齐全、生命周期短、科技含量高
生产	柔性低、批量大、提前期长、重生产、轻采购	柔性高、批量小、提前期短、重采购、轻制造
服务	高库存、物流速度慢	低库存、物流速度快
信息	手工数据处理、文字管理	电子数据处理、无纸化办公
战略	生产导向	市场导向

经济全球化迫使许多企业拓宽其采购渠道，在全球范围内确定能提供质优价廉的商品和服务的潜在供应商；而且信息和电讯的技术革命取代了传统采购部门的手工活动，提供了低成本、高速度、高效率和电子化的成效最佳的选择，这一切都促使 JIT 采购应运而生。因为 JIT 采购可以获得更短的产品生命周期、更快的技术变化和更成熟的客户，这使得采购购买过程中的柔性和敏捷性变得更高。

JIT 采购的战略优势表现在下述方面：
（1）能保证频繁而可靠的交货（即多批次采购）；
（2）能有效地减少每次采购的批量（即小批量采购）；
（3）能有效地压缩采购提前期，以确保供应商快速可靠地交货；
（4）有助于保证一贯的采购物资的高质量（即稳定的供应质量）。

（二）JIT 采购的前提条件

（1）买方的生产计划相对平稳，物料的需求也相应地可随时预测；
（2）将更大、更稳定的订单交给少数几个供应商，从而激发供应商的绩效与忠诚；
（3）采购协议是长期的，只需很少的文书工作；
（4）只提供频繁的小批量交付，这样可以及早地暴露质量问题；
（5）被指定的少数供应商，对改进运输配送和包装标签能做出相应的及时反应；
（6）采购方和供应商的信息沟通无极限。

（三）JIT 采购与传统采购的区别

JIT 采购与传统采购的对比见表 8-2。

表 8 - 2　JIT 采购与传统采购的比较表

比较因素	传统采购	准时采购
供应商选择	较多供应商,合作关系松散、物料质量不宜稳定	较少供应商,合作关系稳固、物料质量较稳定
供应商评价	合同履行能力	合同履行能力、生产设计能力以及积极性
交货方式	采购商安排、按合同交货	由供应商安排,确保交货准时性
到货检查	每次到货检查	质量有保障,无需检查
信息交流	信息不对称,易导致暗箱操作	采供双方高度信任,共享准时、实时信息
采购批量和运输	大批量采购,配送频率低,运输次数相对少	小批量采购、频率高、运输次数多

三、JIT 采购的实施步骤

JIT 采购主要包括以下七个步骤:创建 JIT 采购管理团队;分析 JIT 采购物品,确定优先型供应商;提出改进 JIT 采购模式的具体目标;制订具体的 JIT 采购实施方案;不断改进 JIT 采购的具体措施;JIT 采购绩效的 PDCA 评估;继续改进,扩大成果。

(一)创建 JIT 采购管理团队

JIT 采购管理团队的作用就是全面处理 JIT 采购的有关事宜。要制定 JIT 采购的操作规程,协调企业内部各有关部门的运作,协调企业与供应商之间的运作。JIT 采购管理团队的成员除了企业采购供应部门的有关人员之外,还包括本企业以及供应商企业的生产管理人员、技术人员、搬运人员等。一般应成立两个采购管理班组:

一个是专门处理供应商事务的班组,该班组的任务是培训和指导供应商的 JIT 采购操作,衔接供应商与本企业的操作流程,认定和评估供应商的信誉、能力,与供应商谈判签定准时化供货合同,向供应商发放免检签证等。

另一个班组是专门协调本企业各个部门的 JIT 采购操作,制定作业流程,指导和培训操作人员,进行操作检验、监督和评估。这些班组人员对 JIT 采购的方法应有充分的了解和认识,必要时要对其进行培训。

(二)分析 JIT 采购物品并确定优先型供应商

从采购物品中选择价值大、体积大的主要原材料及零部件,优先选择伙伴型或优先型的供应商。分析采购物品及供应商情况时要考虑如下因素:

(1)原料及零部件采购周期、年采购量(额)、物品的重要性;

(2)供应商生产周期、供货频率、库存水平、合作态度、地理位置;

(3)物品供应周期、包装及运输方式、储存条件及存放周期;

(4)企业目前供应商的管理水平,供应商参与改进的积极性。

（三）制定 JIT 采购计划

企业要有针对性地制定采购策略，制定出具体的分阶段改进当前传统采购的措施，包括减少供应商的数量、对供应商的评价、向供应商发放签证等内容。针对供应商目前的供应状态，提出具体的改进目标。改进目标可以包括：进一步降低库存水平；供货周期、批次的变化以及改进这些行为的具体时间要求。

JIT 采购是供需双方共同的业务活动，单靠采购部门的努力是不够的，需要供应商的配合，只有供应商也对 JIT 采购的策略和运作方法有了认识和理解，才能获得供应商的支持和配合，双方要保持经常性的信息沟通。

（四）制定 JIT 采购实施方案

（1）明确主要行动点，负责人及其职责，完成时间、进度的检查方法；

（2）将订单拆分成两部分，一部分是已确定的，另一部分是随市场变化而随时增减的；

（3）调整相应的运作程序，确保供应商按时按质按量地交货；确保供应商的生产计划与采购方的生产计划能卓有成效的联动；

（4）在相关人员之间进行充分的沟通交流，统一认识，协调行动；

（5）培训供应商，使之完全接受 JIT 采购的供应理念，缩短供货周期，增加供应频次，提高库存水平。

（五）优化 JIT 采购实施过程

（1）不断改进的前提是供应原材料的质量在不断提高，循环使用的包装在不断的改善，送货的装卸及出入库时间在不断的缩短；

（2）将原来的独立订单改为滚动订单，将订单与预测结合起来，首先可定期向供应商提供半年或一年的采购预测，便于供应商提前相应地安排物品采购及生产计划；

（3）向供应商定期提供每月、每季的滚动订单，内容包括固定和可变部分，而供应商就按滚动订单的要求定期定量地及时送货。

（六）评估 JIT 采购绩效

实施 JIT 采购后，需要对该过程进行绩效评估，以确定目前 JIT 存在的问题，并提出具体的改进方法。可以采用 PDCA 对 JIT 采购绩效进行评估。

PDCA 四个英文字母及其在 PDCA 循环中所代表的含义如下：

（1）P（Plan）——计划，确定方针和目标，确定活动计划；

（2）D（Do）——执行，实地去做，实现计划中的内容；

（3）C（Check）——检查，总结执行计划的结果，注意效果，找出问题；

（4）A（Action）——行动，对总结检查的结果进行处理，成功的经验加以肯定并适当推广、标准化；失败的教训加以总结，以免重现，未解决的问题放到下一个 PDCA 循环。

PDCA 循环实际上是有效进行任何一项工作的、合乎逻辑的工作程序。在质量管理中，PDCA 循环得到了广泛的应用，并取得了很好的效果，之所以将其称之为 PDCA 循环，是因为这四个过程不是运行一次就完结，而是要周而复始的进行。一个循环完了，解决了一部分的问题，可能还有其他问题尚未解决，或者又出现了新的问题，再进行下一次循环。在对 JIT 采购绩效进行评估的过程中，可以采用 PDCA 循环对整个过程进行评估。

PDCA 循环是一个阶梯式上升的循环过程。PDCA 循环不是在同一水平上循环，每循环一次，就解决一部分问题，取得一部分成果，工作就前进一步，水平就提高一步。到了下一次循环，又有了新的目标和内容，更上一层楼。图8-1表示了运用PDCA循环对JIT采购进行评估的阶梯式上升过程。

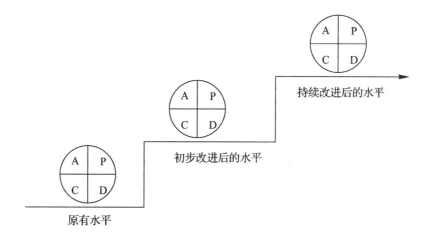

持续改进后的水平

初步改进后的水平

原有水平

图8-1　JIT采购绩效的PDCA评估发展图

（七）持续改进，扩大成果

JIT采购是一个不断完善和改进的过程，需要在实施的过程中不断总结经验教训，从降低运输成本、提高交货的准确性、提高产品质量、降低供应库存等各个方面进行改进，不断提高JIT采购的运作绩效。实行JIT采购的效益非常好，操作也非常简单，但对企业管理基础和信息化建设基础要求较高，因此，国内许多企业尚未采用。但是作为一种先进的采购方法，由于能为企业带来显著的经济效益，JIT采购模式已经引起了越来越多国内企业的重视，推广和应用JIT采购已是国内企业发展的必然需要和大势所趋。国内企业要开展JIT采购，只有未雨绸缪，尽快了解和探索JIT采购的原理和方法，从基础工作抓起，逐步创造条件，才能达到一旦实施起来就可运筹帷幄，取得事半功倍的效果，早日为企业创造经济效益，提高企业的竞争能力。

四、JIT采购的各部门配合

JIT采购对于供应链管理思想的贯彻实施有重要的意义。供应链环境下的采购模式和传统采购模式的不同之处在于，前者采用订单驱动的方式。订单驱动使供应与需求双方都围绕着订单而运作，也就实现了准时化、同步化运作。

要实现同步化运作，采购方式就必须是并行的，如图8-2所示。当采购部门产生一个订单时，供应商即开始着手物品的准备工作。与此同时，采购部门编制详细的采购计划，制造部门也进行生产的准备过程。当采购部门把详细的采购单提供给供应商时，供应商就能很快地将物资在较短的时间内交给用户。

当用户需求发生改变时，制造订单又驱动采购订单发生改变，这样一种快速的改变过程，如果没有JIT的采购方法，供应链企业很难适应这种多变的市场需求，因此，JIT采购增加了供应链的柔性和敏捷性。

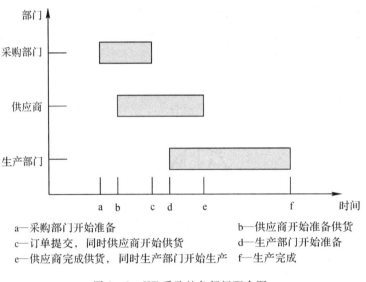

a—采购部门开始准备　　　　　　　b—供应商开始准备供货
c—订单提交，同时供应商开始供货　d—生产部门开始准备
e—供应商完成供货，同时生产部门开始生产　f—生产完成

图 8-2　JIT 采购的各部门配合图

JIT 采购策略体现了供应链管理的协调性、同步性和集成性，供应链管理需要 JIT 采购来保证供应链的整体同步化运作。

第三节　电 子 采 购

一、电子采购概述

自 20 世纪 80 年代以来，电脑信息系统有了长足的发展，网络和电子信息交流的普及，对于销售商和采购者来说，意味着供应链内部的交流和那些使采购交易更为简便易行的电子工具变得愈来愈普及。这种发展深刻影响了采购和供应管理。在专业领域内，我们面临的挑战是，如何运用一些新的术语来描述这种交流以及在交流中所运用的各种工具。因此，我们有了"电子采购"这一说法。

（一）电子采购定义

电子采购就是用计算机系统代替传统的文书系统，通过网络支持完成采购工作的一种业务处理方式，如网上招标、网上竞标、网上谈判等。企业之间在网络上进行的招标、竞价、谈判等 B2B 电子商务活动只是电子采购的一个组成部分。电子采购比一般的电子商务和一般性的采购在本质上有了更多的概念延伸，它不仅仅完成采购行为，而且利用信息和网络技术对采购全程的各个环节进行管理，有效地整合了企业的资源，帮助供求双方降低了成本，提高了企业的核心竞争力。企业采购电子化是企业运营信息化不可或缺的重要组成部分。

电子采购兴起于美国，它的原形是一对一的电子数据交换系统，即 EDI，这种连接供需双方的电子商务系统确实大幅度提高了采购效率，但早期的解决方式价格昂贵、耗费庞大，且由于封闭性其仅能为一家买家服务，尤其令中小供应商和买家却步。90 年代中期，电子采购目录开始兴起，供应商通过将其产品上网，来提高供应商的信息透明度、市场涵盖面。近年来，全方位综合电子采购平台出现，并广泛连接买卖双方，为其提供电子采购服务。

（二）与传统采购比较，电子采购的优势

与传统的采购方式相比，电子化采购的优势是显而易见的，主要表现在以下几个方面。

1. 提高采购效率，缩短采购周期

在电子化采购中，采购商与供应商以及采购公司内部繁琐的手续都将得到简化，信息的传递会更快捷而方便，物流配送可由专门的第三方物流提供方来完成等，这都将大大地提高采购的效率。借助网上的搜索引擎，采购信息几乎可在瞬间得到，过去要在十天、半个月才能生成的采购订单，在电子化采购中可以立即完成。对于那些极为分散的、种类多而且数量并不大的商品，电子化采购的优势将表现得更为充分。另外，在传统的采购过程中，由于大量的人工数据传输，往往会出现一些人为错误，如装运日期、不同规格商品的数量等往往会出现差错，常会给采购工作带来不利影响，甚至造成采购工作的失败，产生不必要的经济损失。电子化采购实现了采购信息的数字化、电子化，减少了重复录入的工作量，也使人工失误的可能性降到了最低限度。

2. 节约大量的采购成本

电子化采购在降低成本方面是全方位的，从原材料和零部件的价格到各种人工服务费用等都会大幅度降低。具体表现在两个方面：一方面，采购企业可以通过网络进行全方位的选择，改变过去人工采购时供应商数量的局限性，可以在更大范围内进行比较选择，从中选择报价和服务最优秀的供应商；另一方面，采购过程基本可在办公室通过网络进行，采购商与供应商大部分面对面的接触将被信息传输所代替，可大大节省采购人员的差旅费开支，并且一些不规则采购行为也失去了市场。据美国全国采购管理协会称，使用电子化采购系统可以节省大量成本：采用传统方式生成一份订单所需要的平均费用为 150 美元，使用电子化采购可以将这一费用降低到 30 美元。企业通过竞价采购商品的价格平均降幅为 10% 左右，最高时可达到 40% 多。通用电气公司估计通过电子采购每年将节约 100 亿美元。

3. 优化采购流程，获得采购主动权

采购流程的电子化不是用计算机和网络技术简单替换原有的方式方法，而是要依据更科学的方法重新设计采购流程，这个过程中，摒弃了传统采购模式中不适应社会生产发展的落后因素。在传统的采购模式中，采购商根据自己的采购要求，要对供货方进行访问、了解，进而谈判、交易，商品价格以及与采购过程相关服务的主动权很大程度上掌握在供货方手里，特别是采购量较小的中小企业往往处于被动地位。对采购商而言，他们都希望获得质量最好、价格最便宜的商品与服务，这就需要有一个比较和筛选的过程，而这对通过传统渠道进行采购的企业来讲是十分困难的，因为采购企业无法掌握足够多的供货方信息，也无法与之共同展开谈判。在人力、物力较为薄弱的企业更是难以承受的。电子化采购可使采购企业牢牢把握采购的主动权。首先，电子化采购中，企业充分考虑了自己的实际要求，再提出对产品的采购要求。其次，产品价格是竞价的结果。采购商将自己所需的产品信息在网上公布出来，供应商展开价格与质量的竞争，胜者负责将质优价廉的商品送到采购商指定的地点。最后，采购商可以与供应商随时进行沟通，获得即时的售后服务。

4. 减少过量的安全库存

电子化采购是一种"即时性"采购，提出采购需求到采购品的到位可以做到紧密衔接，不会产生大的延误，这样可使存货管理达到最优化的水平。因为采购信息的公开化，采购商可以掌握全国甚至全球范围内的供应商数据，这就使得过去局限在一家或数家供应商的采购渠道得以拓宽，采购企业不必因为一家供应商的停产、减产等原因而准备充足的存货，可以大大减少存货量，从而显著降低存货的开支，避免不必要的风险。世界著名的家电行业跨国企业海尔集团在实施电子采购后，采购成本大幅降低，仓储面积减少一半，降低库存资金约 7 亿元，库存资金周转日期从 30 天降低到了 12 天以下。

5. 加强了供应商的评价管理

电子采购扩大了供应商资源、采购信息的公开化，吸引了更多的供应商。不同企业，包括各个供应商都可以共享信息，不但可以了解当时采购、竞标的详细信息，还可以查询以往交易活动的记录，这些记录包括中标、交货、履约等情况，帮助买方全面了解供应商，帮助企业及时、准确地掌握供应商的变化，同时也为供应商的选择提供了决策支持。

6. 适应信息时代发展的需要

电子商务正以无可比拟的优势和不可阻挡的趋势极其迅速地改变着人类生产经营活动的方式，任何一家中国企业如果漠视它的发展，必将错失良机，最终会被电子商务时代无情的淘汰。电子化采购作为实施电子商务的重要内容，相对利用网络开展营销业务来说，投入少，难度小，而见效十分明显，通过实施电子化采购对促进企业全方位实施电子商务有重要的意义。电子化采购顺应了电子商务发展潮流，对提高企业的市场竞争力和经济效益有很大的促进作用，对于我国的企业而言，尽快建立起一套完善的电子化采购体系是十分必要的。

7. 使企业和供应商同时获益

电子采购不仅使采购企业大大获益，而且让供应商获益。对于供应商，电子采购可以更及时的掌握市场需求，降低销售成本，增进与采购商之间的关系，获得更多的贸易机会。国内外无数企业实施电子采购的成功经验证明，电子采购在降低成本，提高商业效率方面，比在线零售、企业资源计划(ERP)更具潜力。电子采购的投资收益远远高于过去 10 年内已经在企业中占主导地位的任何商业革命，包括企业流程再造、策略性采购等。

二、几种常见的电子采购平台

（一）协同招投标管理系统

协同招投标管理系统是一个协同的、集成的招标采购管理平台，使各种类型的用户（包括组织者、采购业主、投标商、审批机构等）都能在统一且个性化的信息门户中一起协同工作，摆脱时间和地域的限制。协同招投标管理系统，以招投标法为基础，融合了招投标在中国的实践经验，实现了整个招标过程的电子化管理和运作，可以在线实现招标、投标、开标、评标和决标等整个复杂的招标、投标流程，使招标的理念和互联网技术完美结合，从时间上、价格上、质量上都全面突破了传统的招投标方式，最大限度地实现招标方的利益。

（二）企业竞价采购平台

企业竞价采购平台是一个供应商之间以及供应商和采购商之间互不见面的网上竞价采购管理平台，使得供应商可以远程地参与采购竞价。竞价采购又称反向拍卖采购技术（RAT），是将采购招标和网上竞价两部分有机地结合在一起的采购方式。它用电子商务取代以往的谈判公关，帮助采购商最大限度地发现卖主，并引发供应商之间的竞争，大幅度降低采购成本，同时有力地变革了采购流程，是对企业具有跨时代意义的零风险采购辅助手段。

在传统招标采购中，供应商总是在确保低价中标的同时尽量争取价格最高，并且由于比值、比价、招投标过程较长，供应商之间相互见面等因素，容易产生供应商之间价格同盟，因此不能在最大范围内挑起各投标方的反复竞价，从而使降价空间缩小，导致采购品降价不足；而反向拍卖则是根据工业采购品的不同特点，由采购商制定产品质量标准、竞价规则，通过 B2B 的方式，使采购商得以更好地发现卖主，并挑起供应商竞争。成交价格可以是一个，也可以是一组，对供货方来说只有竞争价格是透明的，博弈阵容对其并不透明，从而很好地强化了降价竞争，使采购品价格大大降低。经过各个卖主之间一番激烈的降价竞争，一条降价曲线会自动输出，竞价结果客观、公开，不再需要人为的议标过程。

（三）电子目录（Electronic Catalogues）采购系统

电子目录采购系统是把产品目录管理、供应商管理以及电子采购整合为一体的综合解决方案，其可以帮助采购方快速高效地实现内部采购供应系统的任意商业运作流程及业务规则，搭建符合其自身需求的包括招标采购、竞价采购、商务谈判在内多种采购方式的在线采购平台，并能有效地管理供应商和产品目录。电子目录采购系统的主要功能模块包括工作流引擎、可视化流程定义工具（WFVISIO）、流程监控工具（WFMONITOR）、流程节点定义、信息发布系统、视图定义、综合查询统计定义、文档自动生成、电子文档管理、组织结构管理、权限管理、供应商管理、专家管理、产品目录管理、在线投标、开标大厅、在线评标、竞价大厅、谈判大厅、合同管理、采购效果分析、项目任务管理、日志管理、在线编辑器等。

（四）面向电子商务的谈判支持系统

面向电子商务的谈判支持系统是一种运行于 Internet 上的，能为谈判者双方或多方提供谈判建议和谈判过程的支持环境。用户可通过浏览器进行在线谈判，实现交易过程的电子化。

谈判是电子商务过程的一个重要环节。在谈判过程中，面对复杂的冲突因素，谈判者不可能获得所有的判断信息，也不可能完全正确地对信息进行加工，这就是为什么能为谈判者提供决策建议的谈判支持系统愈来愈为人们所重视。谈判支持系统的作用可归纳为：

（1）克服谈判人主观认知上的局限性或偏见。

（2）减少互不信任因素，使协议更易于被各方所接受。

（3）减少谈判过程中的紧张造成的失误。

（4）尽量避免低估自己和对手的情况发生。

从本质上讲，谈判是合作和竞争并存的过程。由于谈判各方在利益分配中是对立的关系，而在利益实现上又是相互依赖的关系，所以谈判机制归根到底是寻求谈判各方在竞争和合作间的平衡。目前，按谈判机制可把谈判分成分配式谈判和集成式谈判两类。分配式谈判是输赢型的，即一方的利益是建立在他方的损失之上的；集成式谈判则以各方互利作为谈判基础，强调协调各方的收益和兴趣，即在谈判过程中双方不断调整要求条件，以期达到双赢的目的。随着电子商务的发展和企业对客户关系管理的重视，集成式谈判就显得更为重要。这样，谈判就成为一个不断寻找折中方案来满足各种相互矛盾的目标的过程。图 8-3 是面向电子商务的谈判支持系统的功能结构图。

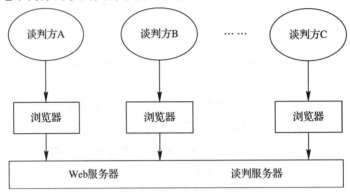

图 8-3　谈判支持系统的结构

除了网上谈判支持系统以外，近年来还出现了拍卖系统。拍卖也是一种谈判，它是以公共竞价的方式，将商品转让给最高应价者的买卖方式。拍卖的应用十分广泛，巨额的经济活动往往通过拍卖方式进行，如住房、旧车、古董、工艺品、工程承包等。

网上拍卖实现自动化相对容易，因为拍卖程序的结构化很好。由于网上拍卖持续时间长，短则三四天，长可达半个月，所以实现自动化十分符合参与者的需要。三种谈判支持系统的差别见表 8-3。

表 8-3　三种谈判支持系统的特性比较

谈判支持系统	服务对象	协调仲裁	过程控制	交互通信	应用对象	应用范围
单机版	单方	无	无		训练模拟	窄
CS 模式	双方	强	强	较强	实际谈判	较广
Web 模式	多方	强	强		实际谈判	广

三、从供应商视角看电子采购

采购关系对于采购者和供给者双方来说，不同的视角会有不同的看法。特别地，我们还会考虑供应商对电子采购的看法。

（一）供应商如何从电子采购中获得好处

首先，当你考虑交易成本时，这个问题的答案对于采购方和供应商来说是一样的。电子采购提供了快捷、准确、相对安全的交易方式，这对交易双方来说都是有益的。供应商会发现通过电子销售，他们的销售成本和所耗费的时间都大大降低了。这样的例子包括：

（1）不需要再打印和邮递发票；

（2）支付款项会直接打到银行账户；

（3）销售订单以电子信息的形式直接到达采购方或客户方；

（4）获得进入客户网站的途径，取代了之前的信用政策控制人员和电话追踪；

（5）信息可以及时地在系统内进行更新；

（6）最新的发货信息会及时更新并传送给客户，减少了销售人员在这一方面耗费的时间和精力。

第二，一个明显的商业优势是，订单会主动抵达供应商。客户可以通过网络搜索，邀请供货商加入电子投标进程，而供货商则免去了向采购方自我推销这一环节。销售人员会告诉你，以前他们想踏进采购部门的大门多么困难，而销售经理则会告诉你想要获得一个投标的参与机会是多么昂贵。如使用电子工具，订单会主动来到他们手里，成本也许仅仅是建立一个网站所需要的钱。

（二）供应商使用电子过程来促销产品和服务

网站是今天许多公司进行促销的最关键的工具，技术专家们和内部客户经常收到销售产品与服务的电子邮件。供应商的网站上通常都有电子订单的功能，客户在看到具体的产品和服务时可以方便地制定订单。

例如，一家公司生产的 CD - ROM 产品，客户可看到产品和设备的动态画面，也可以进行相关数据的下载，只要点一下"订单"键，在联网的情况下，信息就会发回给供应商，订单过程完成。一些采购机构使用内部网络控制这种活动。

除了有关避免竞争的诸多评论，以下还有一些观点可以看作是对供应方不利的因素：

（1）他们需要设计和维护相当多的网页和电子文件，这个过程会产生成本。

（2）使用某些市场交易模型时，销售方需要支付一定的交易费用。

（3）销售方的竞争优势也许并不在价格方面。

当然，电子采购并不是一个可以治愈采购流程中所有弊病的良药。它只是为采购机构提供了许多提高效率的机会。如果能够适当地使用这些工具和功能，采购关系会得到很大的提升，或者也可以在采购战略中引入竞争机制。

第四节　第三方采购

一、第三方采购概述

（一）第三方采购定义

第三方采购是企业将产品或服务采购外包给第三方公司。国外的经验表明，与企业自己进行采购相比，第三方采购往往可以提供更多的价值和购买经验，可以帮助企业更专注于核心竞争力。

相对于目前我国多数企业的采购模式而言，第三方采购是一种新型的采购模式。它与传统采购模式的最大区别在于第三方采购力求将物资采购这一职能从企业内部分化出来，实现采购的外部化。也就是说，在第三方采购模式下，大多数企业将无须再设立专门的采购部门和储备大量的库存原料，这一工作将由一类新型的第三方采购企业来完成。这类第三方采购企业完全独立于客户单位，但不同于一般的采购中介商，它站在客户的立场上，专营某一类或相关的几类物资的第三方采购，拥有自己的仓库和专业化的物资配送队伍，能够在接到客户采购指令后及时、准确地把物资送达客户指定的地点。第三方采购企业以这种专业的采购方式和高效的物资配送队伍来代替原来由客户单位采购部门进行的工作，能够使自己在得到发展的同时，实现客户单位采购成本的节约。

（二）第三方采购的存在与发展条件

第三方采购的这种新型物资采购模式能够存活并获得发展，必须满足三个条件：

（1）低价，即它所提供的物资价格要比客户自己采购时的低，这是第三方采购能够存在的前提；

（2）质优，即所提供的物资质量要符合客户的要求，这是第三方采购能够存在的关键；

（3）诚信，即能让客户相信自己所需的物资能够被准确、及时地送到指定地点，这是第三方采购能够存在的基础。

这就要求，第三方采购企业必须具有高度的社会责任感，而且第三方采购要具有廉价、高效、快捷的特点。所以它要有高度职业化的物资配送队伍和高度专业化的管理手段，要依靠高效率的管理和高素质的人才来建立。

二、第三方采购与传统采购比较

（一）传统采购模式存在的问题

传统物资采购模式指的是企业内部设立采购部门负责对本企业所需生产物资进行采购，它是我国目前最为常见的一种物资采购模式。尽管该模式在保护企业原料供应的商业秘密方面具有优势，而且不必担心诚信问题，但成本太高。

首先，日常开销成本高。企业为了保证所需物资的及时供应，必须设立专门的采购部门，配置专门的采购人员，为了防止出现缺货，还须建立大型仓库，储存大量的后备物资。这些采购部门的日常开支、采购人员的工资以及储备物资的保管费用等，对企业来讲，都是一项必不可少的成本。

其次，交易成本高。企业为了采购到合意的物资，必须对所需物资的市场行情进行了解，这就需要尽可能地收集所需物资的相关资料，必要时还须派出专人选择几家供应商进行考察。经过考察确定入选的供应商后，还要进行物资采购的招标或者谈判。这一系列的工作不仅费时，而且费钱。同时，这些繁杂的工作有时并不能保证企业一定采购到价廉物美的物资，这种例子在现实中屡见不鲜。

再次，监督成本高。众所周知，物资采购是企业所有工作中最容易滋生腐败的环节，在买方市场的大环境下，企业的物资采购人员往往是物资供应商竞相拉拢的对象。因而多数企业，尤其是国有企业，为了防止物资采购环节中腐败事件的发生，都设立了监督部门，对企业物资采购的全过程进行监督。另外，很多企业出于廉政的目的，在制度上对物资采购这一岗位进行约束，如实行轮岗制度，两年或者三年换一次人，常常是一个人在这个岗位上干上两到三年，刚熟悉了物资采购的业务，能够得心应手的时候，又要换岗了。在这种环境下，企业的物资采购工作就不可避免地存在低效率、高成本的问题。

（二）第三方采购的优势

第三方采购最终存活的关键在于，第三方采购企业能否为客户采购到价廉物美的物资。因此，低成本运营是第三方采购企业普遍实行的战略。而事实上，第三方采购企业也确实拥有这样的优势和能力。

1. 物资采购环节本身还存在成本挤压的空间

据有关资料显示，我国传统物资采购模式中采购成本占到了企业投资总成本的60%～65%，而在国外，这一比例在40%以下。也就是说，我国的物资采购成本中至少还存在20%的压缩空间。企业要提高经济效益，降低物资采购成本是非常现实的选择。

2. 第三方采购更能实现采购直接成本的节约

第三方采购企业专营物资的采购和配送，它把物资采购这一职能从生产企业中剥离出来，实现了社会分工。按照分工与专业化理论，分工有助于专业化的发展，而专业化带来的直接影响是成本的节约。第三方采购企业是专业化的物资采购企业，它拥有专业化的采购和物资配送队伍，能够有效地降低采购成本。首先，它专营某一类或几类物资的采购，可以同时为多家客户提供服务，因而在运作中通常是大宗采购，大宗采购在价格上往往有更大的优惠，能够享受比一般客户更为优惠的折扣。其次，第三方采购企业只经营某一类或几类物资的采购，拥有比一般企业更为丰富的信息，熟知该领域的市场行情，并能在客户发出采购指令时迅速完成采购任务，可以节省大量的诸如考察、谈判等交易成本。对客户而言，除节省了采购部门日常的开销、采购人员的工资、物资的库存成本以及采购中的交易成本外，还能够以较高的效率、较低的价格购进所需的物资。企业的整个采购环节趋向简单化、流程化，采购成本大大降低。

3. 第三方采购更能保证所采购物资的质量

第三方采购企业能够生存并获得发展还在于它受到一种无形的制约，即它对客户的责任。客户信任它，乐意把自己的物资采购业务委托于它，它才能生存，才能发展壮大。因而，它必须站在客户的立场上，想客户之所想，急客户之所急。它必须时刻保持清醒，因为在信息高度流通的社会，一次的疏忽或舞弊（比如以次充好）不仅会使自己永远失去一个客户，而且还有可能给自己带来毁灭性的灾难。从这个意义上说，第三方采购企业比客户本身的采购部门更具有责任感和危机感，更有动力去寻求质优价廉的物资。另外，第三方采购企业专营某一类或几类物资的采购，拥有更为专业的采购人员，对市场的行情把握更为准确，对相关物资质量的优劣也更具有鉴别能力。因而，第三方采购更能采购到符合客户要求的物资。这种对某一类或几类物资具有更为专业化的鉴别能力，对第三方采购企业来讲，是其生存和发展的必备条件；而对客户来讲，则在无形中节省了采购成本。

4. 第三方采购能够提供更为快捷的服务

第三方采购企业拥有专业化的物资配送队伍，这就具备了能够在较短时间内将客户所需物资准确地送到客户指定地点的能力。而且，长期从事某一类物资或几类物资的配送，对所配送物资的性能、运输要求更为了解，从而减少物资在装卸以及运输过程中的损耗，节约了成本。对于客户企业，由于只要根据生产进度在合理时间前发出采购指令，所需物资就能够及时得到供应，因而没有必要储备大量的物资，只需少量库存甚至零库存，防止了原材料物资的积压，从而使库存成本降低。

5. 第三方采购能够有效防止物资采购中的腐败行为

传统物资采购模式中，采购人员为了确定供应商，往往需要对供应商进行实地考察，而这也通常是采购环节中容易导致腐败的环节。现实中，有些供应商为了获取物资供应资格，不惜花费重金拉拢采购人员，或许诺暗中给予回扣。但羊毛出在羊身上，采购人员贪图小利的结果是企业付出更高的成本。而企业为了杜绝采购环节中舞弊事件的发生，尽管建立了一系列的监督机制，但从实际执行的结果来看，企业不仅为此花费了高昂的成本，而且效果并不明显。第三方采购模式把物资采购这一职能从企业内部分离出来，第三方采购企业与客户的关系公开化、明晰化。对客户企业来说，减少了物资采购的环节，从而在源头上降低了物资采购中出现腐败的可能性，大大降低了物资采购中的监督成本。

第三方采购作为一种新型的物资采购模式，其廉价、高效、快捷的特点必将不断地被更多的企业所认识，成为众多企业降低采购成本的一种新选择。

本 章 小 结

本章系统地介绍了集中采购、分散采购、JIT 采购、电子采购、第三方采购等现代采购模式。

在集中采购和分散采购中，介绍了集中采购和分散采购的定义、主客体、集中采购和分散采购的优缺点，以及在采购过程中，选择两种采购方式时应注意的事项。同时介绍了集中采购和分散采购的主要流程。

在 JIT 采购中，介绍了 JIT 采购与传统采购模式相比，存在的主要优点。重点介绍了 JIT 采购的战略优势和实施前提，并详细介绍了其实施步骤。最后介绍了 JIT 采购过程中各部门的配合关系。

在电子采购中，介绍了电子采购的发展和优势，重点介绍了几种电子采购中常见的电子采购平台。

在第三方采购中，介绍了第三方采购的定义以及第三方采购存在和发展的条件；介绍了传统采购模式中存在的问题，且重点介绍了第三方采购的优势，使两者形成明显对比。

思 考 与 讨 论

1. 简述集中采购的定义。
2. 集中采购与分散采购相比较，各种优缺点及二者的选择依据是什么？
3. 简述 JIT 采购战略的优势和实施前提。
4. 简述 JIT 采购实施步骤。
5. 简述电子采购定义。
6. 常见的电子采购平台有哪几种？

7. 简述第三方采购定义。

8. 第三方采购的优势体现在哪些方面？

9. 讨论采用电子采购方式传递和接受买卖双方文件的优势。采用电子采购可能遇到的问题有哪些？

10. 举出五种在电子采购过程中得以节约的成本。

11. JIT 采购和生产体系如何降低对某些文件的需求？

案例分析

下篇　现代采购与供应管理

第九章 招标采购

☞ **本章学习目标**

(1) 掌握招标采购的定义；

(2) 熟悉招标采购的种类；

(3) 掌握公开招标和邀请招标的区别；

(4) 熟悉议标的相关概念；

(5) 掌握招标采购的一般程序；

(6) 掌握投标的相关内容；

(7) 熟悉评标的原则和方法；

(8) 了解招标采购中的常见问题及解决措施。

第一节　招标采购概述

招标是一种特殊的交易方式和订立合同的程序。在国际贸易中，目前已有许多领域采用这种方式，并已逐步形成了许多国际惯例。从发展趋势看，招标与投标的领域还在继续拓宽，规范化程度也在进一步提高。

《中华人民共和国招标投标法》第三条规定："在中华人民共和国境内进行下列工程建设项目，包括项目的勘察、设计、施工、监理以及与工程建设有关的重要设备、材料等的采购，必须进行招标：

(1) 大型基础设施、公用事业等关系社会公共利益、公众安全的项目；

(2) 全部或者部分使用国有资金投资或者国家融资的项目；

(3) 使用国际组织或者外国政府贷款、援助资金的项目。

前款所列项目的具体范围和规模标准，由国务院发展计划部门会同国务院有关部门制定，报国务院批准。法律或者国务院对必须进行招标的其他项目的范围有规定的，依照其规定。"

在商业贸易中，特别是在国际贸易中，大宗商品的采购或大型建设项目承包等，通常不采用一般的交易程序，而是按照预先规定的条件，对外公开邀请符合条件的国内外制造商或承包商报价投标，最后由招标人从中选出价格和条件优惠的投标者，并与之签定合同。在这种交易中，对采购商(或采购机构)来说，他们进行的业务是招标；对承包商(或出口商)来说，他们进行的业务是投标。

一、招标的定义

招标概念有广义与狭义之分。广义的招标是指由招标人发出招标公告或通知，邀请潜在的投标商进行投标，最后由招标人通过对各投标人所提出的价格、质量、交货期限和该投标人的技术水平、财务状况等因素进行综合比较，确定其中最佳的投标人为中标人，并最终与之签定合同的过程。当人们笼统地提招标，通常是指广义的招标。

狭义的招标是指招标人根据自己的需要，提出一定的标准或条件，向潜在投标商发出投标邀请的行为(Invitation to Tender)。当招标与投标一起使用时，则指狭义的招标。与狭义的招标相对的一个概念是投标，投标是指投标人接到招标通知后，根据招标通知的要求填写招标文件(也称标书)，并将其送交给招标人的行为。可见，从狭义上讲，招标与投标是一个过程的两个方面，分别代表了采购方和供应方的交易行为。

招标采购选择潜在供应商时，不仅要了解其财务状况以确保按质、按量、按期地交货，还要确保其市场信誉，更要考虑其供货历史。总之，要尽力查清其"祖宗三代"，以确保招标和投标的"婚姻"质量。

招标采购对供需双方都有好处：通过招标采购，采购方可以在更大范围内选择理想的最佳潜在供应商，以更合理的价格、稳定的质量进行采购；而供应商也可以在公开、公平、公正的条件下参与竞争，不断自律自强、降低成本、提高经营管理的综合质量。图9-1展示了招标、投标、评标的整体业务流程。

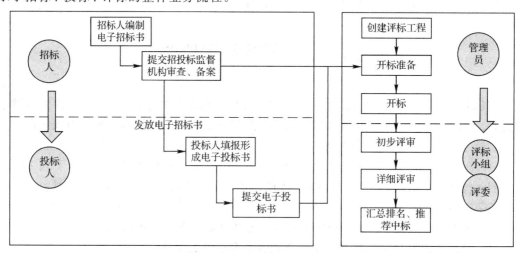

图9-1 招标、投标、评标的整体业务流程图

二、招标采购的种类

(一) 按接受投标人的范围分类

按接受投标人的范围将采购分为国际竞争性招标采购、国内竞争性招标采购、国际限制性招标采购和国内限制性招标采购。

(1)国际竞争性招标采购是指没有国籍限制，采购单位通过国际性刊物公开发布招标公告，邀请所有符合要求的供应商参加投标的一种招标采购方式。

(2)国内竞争性招标采购是指采购单位使用本国文字在国内主要刊物上刊登招标公告，邀请国内所有符合要求的供应商参加投标的一种招标采购方式。

(3)国际限制性招标采购是指采购单位不刊登招标公告而直接邀请国内外供应商参加

投标的一种采购方式。

（4）国内限制性招标采购是指采购单位不刊登招标公告而直接邀请国内供应商参加投标的一种采购方式。

（二）按公开程度分类

1. 公开招标

公开招标又叫竞争性招标，即由招标人在报刊、电子网络或其他媒体上刊登招标公告，吸引众多企业单位参加投标竞争，招标人从中择优选择中标单位的招标方式。按照竞争程度，公开招标可分为国际竞争性招标和国内竞争性招标。

1）国际竞争性招标

这是在世界范围内进行招标，国内外合格的投标商均可以投标。要求投标商制作完整的英文标书，在国际上通过各种宣传媒介刊登招标公告。例如，世界银行对贷款项目货物及工程的采购规定了三个原则：必须注意节约资金并提高效率，即经济有效；要为世界银行的全部成员国提供平等的竞争机会，不歧视投标人；有利于促进借款国本国的建筑业和制造业的发展。世界银行在确定项目的采购方式时都从这三个原则出发，其中国际竞争性招标是采用最多、占采购金额最大的一种方式。它的特点是高效、经济、公平，特别是采购合同金额较大，国外投标商感兴趣的货物工程项目都要求必须采用国际竞争性招标。世界银行根据不同地区和国家的情况，规定了凡采购金额在一定限额以上的货物和工程合同，都必须采用国际竞争性招标。对一般借款国来说，超过 25 万美元以上的货物采购合同，大中型工程采购合同，都应采用国际竞争性招标。

我国的贷款项目金额一般都比较大，世界银行对中国的国际竞争性招标采购限额也较宽一些，工业项目采购凡在 100 万美元以上的，均应采用国际竞争性招标来进行。

实践证明，尽管国际竞争性招标程序比较复杂，但确实有很多的优点。首先，由于投标竞争激烈，一般可以用对买主有利的价格采购到需要的设备和工程。其次，可以引进先进的设备、工程技术及管理经验。第三，可以保证所有合格的投标人都有参加投标的机会。由于国际竞争性招标对货物、设备和工程的客观衡量标准，可促进发展中国家的制造商和承包商提高产品和工程的建造质量，提高国际竞争力。第四，保证采购工作根据预先指定并为大家所知道的程序和标准，公开而客观的进行，因而降低了在采购中作弊的可能。

当然，国际竞争性招标也存在一些缺陷，主要是：

（1）国际竞争性招标费时较多。国际竞争性招标有一套周密而比较复杂的程序，从招标公告、投标人做出反应、评标到授予合同，一般都要半年到一年以上的时间。

（2）国际竞争性招标所需准备的文件较多。招标文件要明确规范各种技术规格、评标标准以及买卖双方的义务等内容。招标文件中任何含糊不清或未予明确的条款都有可能导致执行合同意见不一致，甚至造成争执。另外还要将大量文件译成国际通用文字，因而增加很多工作量。

（3）在中标的供应商和承包商中，发展中国家所占份额很少。在世界银行用于采购的贷款总金额中，国际竞争性招标约占 60%，其中如美国、德国、日本等发达国家中招标额就占到 80% 左右。

2）国内竞争性招标

在国内进行招标，可用本国语言编写标书，只在国内的媒体上登出广告，公开出售标书，公开开标。通常用于合同金额较小（世界银行规定，一般 50 万美元以下）、采购品种比较分散、分批交货时间较长、劳动密集型、商品成本较低而运费较高、当地价格明显低于国际市场等采购。此外，若从国内采购货物或者工程建筑材料，可以大大节省时间，而且这种便利将对项目的实施具有重要的意义，也可仅在国内实行竞争性招标采购。在国内竞争性招标的情况下，如果外国公司愿意参加，则应允许他们按照国内竞争性招标参加投标，不应人为设置障碍，妨碍其公平参加竞争。国内竞争性招标的程序大致与国际竞争性招标相同。由于国内竞争招标限制了竞争范围，通常国外供应商不能得到有关投标的信息，这与招标的原则不符，所以有关国际组织对国内竞争性招标都加以限制。

2. 邀请招标采购

邀请招标也称有限竞争性招标或选择性招标，即由招标单位选择一定数目的企业，向其发出投标邀请书，邀请他们参加招标竞争。一般都选择 3～10 个企业参加较为适宜，当然要视具体的招标项目的规模大小而定。由于被邀请参加的投标竞争者有限，不仅可以节约招标费用，而且提高了每个投标者的中标机会。

有下列情形之一的，经财政部门同意，可以邀请招标：

（1）公开招标后，没有供应人或无合格标的；

（2）出现了不可预见的急需；

（3）发生突发事件，无法按招标方式得到所需的货物、工程或服务；

（4）供应人准备投标文件需要高额费用；

（5）采购项目因其复杂性和专门性，只能从有限范围的供应方获得；

（6）公开招标成本过高，与采购项目的价值不相称的；

（7）经财政部门认定的其他情况。

三、公开招标和邀请招标的区别

从世界各国的情况看，招标主要有公开招标和邀请招标两种方式。这两种方式的区别主要在于：

（1）发布信息的方式不同。公开招标采用公告的形式发布，邀请招标采用投标邀请书的形式发布。

（2）选择的范围不同。公开招标因使用招标公告的形式，针对的是一切潜在的对招标项目感兴趣的法人或其他组织，招标人事先不知道投标人的数量；邀请招标针对已经了解的法人或其他组织，而且事先已经知道投标人的数量。

（3）竞争的范围不同。由于公开招标使所有符合条件的法人或其他组织都有机会参加投标，竞争的范围较广，竞争性体现得也比较充分，招标人拥有绝对的选择余地，容易获得最佳招标效果；邀请招标中投标人的数目有限，竞争的范围有限，招标人拥有的选择余地相对较小，有可能提高中标的合同价，也有可能将某些在技术上或报价上更有竞争力的供应商或承包商遗漏。

（4）公开的程度不同。公开招标中，所有的活动都必须严格按照预先指定并为大家所知道的程序标准公开进行，大大减少了作弊的可能；相比而言，邀请招标的公开程度逊色一些，产生不法行为的机会也就多一些。

（5）时间和费用不同。由于邀请招标不发公告，招标文件只送几家，使整个招投标的时间大大缩短，招标费用也相应减少。公开招标的程序比较复杂，从发布公告，投标人做出反应、评标，到签订合同，有许多时间上的要求，要准备许多文件，因而耗时较长，费用也比较高。

由此可见，两种招标方式各有千秋，从不同的角度比较，会得出不同的结论。在实际中，各国或国际组织的做法也不尽一致。有的未给出倾向性的意见，而是把自由裁量权交给了招标人，由招标人根据项目的特点，自主采用公开或邀请方式，只要不违反法律规定，最大限度地实现"公开、公平、公正"即可。例如，《欧盟采购指令》规定，如果采购金额达到法定招标限额，采购单位有权在公开和邀请招标中自由选择。

实际上，邀请招标在欧盟各国运用得非常广。世界贸易组织《政府采购协议》也对这两种方式孰优孰劣采取了不置可否的态度。但是，《世行采购指南》却把国际竞争性招标（公开招标）作为最能充分实现资金经济和效率要求的方式，要求招标人以此作为最基本的采购方式。只有在国际竞争性招标不是最经济和有效的方式的情况下，才可采用其他方式。

四、议标

议标不在《中华人民共和国招投标法》的应用范围，但在实际的采购实践中，却被经常使用，下面对议标的定义和议标采购的方式进行介绍。

议标也称谈判招标或限制性招标，即通过谈判来确定中标者。主要有以下几种方式：

（1）直接邀请议标方式。选择中标单位不是通过公开或邀请招标，而是由招标人或其代理人直接邀请某一企业进行单独协商，达成协议后签订采购合同。如果与一家协商不成，可以邀请另一家，直到协议达成为止。

（2）比价议标方式。"比价"是兼有邀请招标和协商特点的一种招标方式，一般使用于规模不大、内容简单的工程和货物采购。通常的作法是，招标人将采购的有关要求送交选定的几家企业，要求他们在约定的时间提出报价，招标单位经过分析比较，选择报价合理的企业，就工期、造价、质量付款条件等细节进行协商，从而达成协议，签订合同。

（3）方案竞赛议标方式。它是选择工程规划设计任务的常用方式。通常由招标方组织公开竞赛，也可邀请经预先选择的规划设计机构参加竞赛。一般的作法是由招标人提出规划设计的基本要求和投资控制数额，并提供可行性研究报告或设计任务书、场地平面图、有关场地条件和环境情况的说明，以及规划、设计管理部门的有关规定等基础资料，参加竞争的单位据此提出自己的规划或设计的初步方案，阐述方案的优点和长处，并提出该项规划或设计任务的主要人员配置、完成任务的时间和进度安排、总投资估算和设计等，一并报送招标人。然后由招标人邀请有关专家组成的评选委员会，选出优胜单位，招标人与优胜者签订合同。对未中选的参审单位给予一定补偿。

另外在科技招标中，通常使用公开招标、但不公开开标的议标。招标单位在接到各投标单位的标书后，先就技术、设计、加工、资信能力等方面进行调整，并在取得初步认可的基础上，选择一名最理想的预中标单位与之商谈，对标书进行调整协商，如能取得一致意见，则可定为中标单位，若不行则再找第二家预中标单位。这样逐次协商，直到双方达成一致意见为止。这种议标方式使招标单位有更多的灵活性，可以选择到比较理想的供应商和承包商。

由于议标的中标者是通过谈判产生的，不便于公众监督，容易导致非法交易，因此，我国机电设备招标规定中，禁止采用这种方式。即使允许采用议标方式，也大都对议标方式做了严格限制。《联合国贸易法委员会货物、工程和服务采购示范法》规定，经颁布国批准，招标人在下述情况下可采用议标的方法进行采购：

（1）急需获得该货物、工程或服务，采用招标程序不切实际，但条件是造成此种紧迫性的情况并非采购实体所能预见，也非采购实体办事拖拉所致；

（2）由于某一灾难性事件，急需得到该货物、工程或服务，而采用其他方式因耗时太多而不可行。

为了使得议标尽可能地体现招标的公平、公正原则，《联合国贸易法委员会货物、工程和服务采购示范法》还规定，在议标过程中，招标人应与足够数目的供应商或承包商举行谈判，以确保有效竞争，如果是采用邀请报价，至少应有三家，招标人向某供应商和承包商发送的与谈判有关的任何规定、准则、文件或其他资料，应在平等基础上发送给正与该招标人举行谈判的所有其他供应商或承包商；招标人与某一供应商或承包商之间的谈判应是保密的，谈判的任何一方在未征得另一方同意的情况下，不得向另外任何人透露与谈判有关的任何技术资料、价格或其他市场信息。

第二节 招标采购的一般程序

由于招标采购主体和客体的不同，招标采购的程序会有所不同，但总体来说，招标采购一般都包括以下流程：制作招标文件、发布招标公告、出售招标文件、召开招投标大会、开标、唱标、评标、选出预中标单位、实地考察、公示预中标单位名单、发中标通知等，见图9-2。为了方便起见，在具体操作的过程中，可把上面具体的操作归为以下几个阶段：招标准备阶段、招标阶段、开标阶段、评标阶段以及定标阶段。

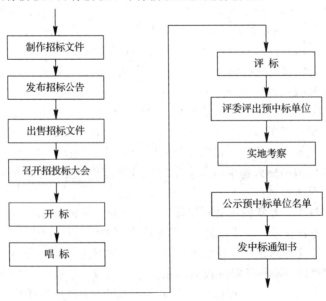

图9-2 招标采购作业流程分析图

一、招标准备程序

招标活动是一次涉及范围很大的大型活动。因此，开展一次招标活动，需要进行周密的准备工作，招标准备中主要应当做以下的工作：

（1）明确招标的内容和目标，对招标采购的必要性和可行性进行充分的分析。

（2）组成采购小组，负责组织实施编制采购文件，发布采购信息，召集开标、评标，采购文件归档等活动。

（3）编制招标文件。采购小组根据政府采购有关法规和项目特殊要求，在采购执行计划要求的采购时限内拟定具体采购项目的招标方案，编制招标文件。招标文件的基本内容见表9-1。

（4）招标文件确认。招标文件在定稿前须交企业领导层审核确认。

（5）收集信息。根据采购物品或服务等的特点，通过查阅供应商信息库和市场调查等途径，进一步了解价格信息和其他市场动态。

表 9-1　招标文件的主要内容

序号	内　　容	备　　注
1	投标人须知	关于技术规格的说明：是指招标项目在技术、质量方面的标准，如一定的大小、轻重、体积、精密度、性能等
2	招标项目的性质、数量	
3	技术规格	
4	投标价格的要求及其计算方式	招标文件规定的技术规格应采用国际或国内公认、法定的标准
5	评标的标准和方法	关于评标标准和方法的说明：评标时只能采用招标文件中已列明的标准和方法，不得另定
6	交货、竣工或提供服务的时间	
7	投标人应当提供的有关资格和资信证明文件	
8	投标保证金的数额或其他形式的担保	关于投标保证金的说明：投标保证金的金额不宜太高，现实操作中一般不超过投标总价的2%
9	投标文件的编制要求	
10	提供投标文件的方式、地点和截止时间	
11	开标、评标的日程安排	—
12	主要合同条款	—

二、招标程序

在招标方案得到公司管理层的同意和支持后，就要进入实际操作阶段。招标的第一个阶段即招标阶段，招标阶段的工作主要包括：

（1）发布招标信息。采用公开招标方式采购的，应在政府采购监督管理部门指定的媒体上发布招标公告。采用邀请招标方式采购的，应通过随机方式从符合相应资格条件的供应商名单中确定不少于三家的供应商，并向其发出投标邀请函。

（2）采购人根据招标项目的具体情况，可以组织潜在投标人现场考察或开标前的答疑会。

（3）报名登记。根据招标公告规定的投标资格、报名要求，在招标公告限定的时间内对投标供应商进行资格预审、报名登记。

（4）资格审查。招标单位、招标小组根据招标公告规定，对投标人的资格进行审查。若考虑符合条件的投标人过多影响招标工作的，应在招标公告中明确投标人数量和选择投标人的方法，并通过随机方式筛选投标人。

（5）招标书发送。要采用适当的方式，将招标书传送到潜在投标人的手中。例如，对于公开招标，可以在媒体上发布；对于选择性招标，可以用挂号或特快专递直接送交所选择的投标人。许多标书需要投标者花钱购买，有些标书规定投标者要交一定的保证金后才能获得。

三、开标程序

开标程序是指采购主体将收到的处于密封状态的投标文件（包括招标以外其他采购方式中的报价文件、报盘文件等）依照法定程序进行启封揭晓。具体内容如下：

（1）递交投标文件。投标单位在投标文件规定的截止时间内递交投标文件。工作人员应对投标人的身份资格及投标文件的密封情况进行审查。不符合招标公告要求条件的投标人的投标不予受理；不按规定提供投标保证金的、投标文件未密封的投标将被拒绝。

（2）开标。招标工作人员按招标文件规定的时间及地点公开开标。投标单位法定代表人或授权委托人（持本人有效证件）和采购人、采购小组及有关部门代表参加投标开标并签到，工作人员应对投标人身份资格进行审核。涉及技术含量较高的设备、工程、服务项目招投标，应遵循先开技术标、再开商务标的原则。

（3）唱标。招标工作人员对各有效投标文件中的报价及其他有必要的内容进行唱标。

（4）记录。招标工作人员作开标、唱标记录，唱标人、记录员、监督员、投标单位代表签名确认。

在有些情况下，可以暂缓或推迟开标时间，例如，开标前，发现有足以影响采购公正性的违法或不正当行为；采购单位接到质疑或诉讼；出现突发事故；变更采购计划等。

四、评标程序

评标由招标人依法组建的评标委员会负责。评标委员会应当按照招标文件确定的评标标准和方法，对投标文件进行评审和比较。设有标底的，应当参考标底。一般的评标程序如下：

（1）组织评标委员会。评标委员会由采购人的代表和有关技术、经济等方面的专家组成，成员人数为五人以上单数，其中技术、经济等方面的专家不得少于成员总数的2/3，与投标人有利害关系的人不得进入相关项目的评标委员会，已经进入的应当更换。评标委员会名单在中标结果确定前应当保密。

（2）评标准备会。在评标之前召集评标委员会召开评标预备会，确定评标委员会主任，宣布评标步骤，强调评标工作纪律，介绍总体目标、工作安排、分工、招标文件、评标方法和标准（或细则）。

（3）报价审查。首先审查投标报价，更正计算错误；高于市场价和标底价或预算价的投标，将被拒绝。

（4）资料审查。对招标文件未作实质性响应的投标当废标处理。

（5）质疑。评标委员会全体成员对单一投标单位分别进行质疑，必要时投标单位应以书面形式予以澄清答复，但澄清不得超出投标文件的范围改变投标文件的实质内容。质疑应在评标委员会与投标人互不见面的情况下进行。

（6）评定。按照招标文件所列的评标办法和标准（或细则）进行评标，确定一至二名中标候选人并排列顺序。

（7）评标报告。评标结束后，评标委员会须写出完整的评标报告，经所有评标委员会成员及监督员签字后方为有效。

五、定标程序

招标人根据评标委员会的书面评标报告和推荐的中标候选人的排列顺序确定中标人。当确定的中标人放弃中标、因不可抗力提出不能履行合同，或者招标文件规定应当提交履约保证金而在规定期限内未能提交的，招标人可以依序确定其他候选人为中标人。招标人也可以授权评标委员会直接确定中标人。开标到定标的期限一般不得超过十日。中标人确定后，应在政府采购监督管理部门指定的媒体上进行公示，三天后无异议的再由招投标中心向中标人发出《中标通知书》，同时将中标结果通知所有未中标的投标人。

以上是一般情况下招标采购的全过程。当然，在特殊情况下，招标的步骤和方法也可能略有变化。

第三节　投　标

投标是与招标相对应的。投标书是投标人按招标人的要求具体向招标人提出订立合同的建议，是提供给招标人的备选方案。

投标书分为生产经营性投标书和技术投标书。生产经营性投标书有工程投标书、承包投标书、产品销售投标书、劳务投标书；技术投标书包括科研课题投标书、技术引进或技术转让投标书。投标的一般流程如图9-3所示。

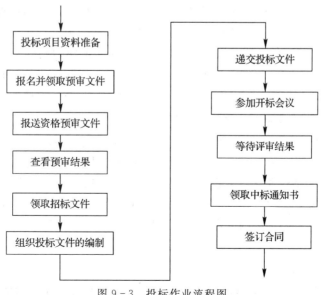

图9-3　投标作业流程图

一、投标程序

企业要在投标竞争中取胜，不仅取决于投标人的实力，同时也与投标人的投标策略、技巧等其他因素有密切的关系，要想投标成功，投标人应该从以下几个方面进行准备。

（一）熟悉有关法律法规及标准，仔细阅读招标文件

投标人应该熟悉《中华人民共和国招标投标法》、《中华人民共和国政府采购法》、《国家税务总局、财政部、信息产业部、国家质量监督检验检疫总局关于推广应用税控收款机加强税源监控的通知》（国税发〔2004〕44号）等法律法规的相关内容，在遇到纠纷时，可以用法律武器保护投标人自身的合法权益。

投标人应反复阅读、理解招标文件，熟悉招标文件中所明确的实质性要求和条件，特别是招标文件对废标条款的规定。在投标文件中应对招标文件所要求的实质性要求和条件做出全部响应，不能遗漏，主要应注意以下几点：

（1）投标单位与项目经理的资质应符合招标文件及国家的规定。如采用资格预审的，投标单位与项目经理名称应与资格预审时一致。

（2）投标工期不要超过招标文件规定的期限。

（3）投标文件中的签字、章印要齐全有效，如单位公章、法定代表人或委托代理人的签字盖章、造价工程师或编制人员的章印等。

（4）投标文件应按招标文件规定的格式填写，内容完整。

（5）投标文件中对同一内容的表述应保持前后一致，特别是工期、报价等方面。

（6）施工组织设计内容要完整，施工的方法和措施要切实可行。

（7）采用工程量清单进行报价的，报价应与施工组织设计中所采用的措施相适应。

（二）投标报价应合理，具备竞争性

投标人在投标中能否获胜，一个最重要的决定因素就是投标报价，由于投标报价是一次性的，开标后不能更改，因而投标人应巧妙确定投标报价，要仔细考虑报价的合理性，在报价方面，应适中并应一步到位，不能过高，也不能过低。过高与中标无缘，过低有可能无利润造成亏损，即使中标也失去意义，所以投标人必须根据招标文件中规定的投标价格的评定原则和方法，在保证质量、工期的前提下，保证预期的利润及考虑一定风险的基础上确定适当的利润率，有的放矢地报出适中的投标价，同时可以通过提出能够让招标人降低投资风险的合理化建议或对招标人有利的一些优惠条件等，来增加中标的机会。

（三）投标文件制作完成后，应反复核对，多人把关

投标文件编制完成后，要安排专人认真检查。首先要检查投标文件的内容是否完整，文字表述是否规范，语言是否严密，检查投标文件是否对招标文件中所有实质性要求和条件都作出了响应，同时要检查有关投标文件的装订和排版等方面的细枝末节等问题。这样，能让招标人从投标文件的外观和内容上感觉到投标人工作认真，给招标人首先留下好印象。有些投标人认为是细小的问题，不给予足够的重视，事实上，往往是这些细节影响全局，导致全盘皆输。

（四）投标文件递交

这是最后一个环节，指按招标文件的要求，密封好（有的招标文件还要求在封口签字，

加盖公章），在截标日期之前，务必将投标文件，一般是开标一览表与投标保函一起单独交到指定地点。

不少投标人由于疏忽，忘记了在截标时间前送出投标文件，或有的投标人记错了开标地点，将文件投错了地方，都给投标人带来了不少损失，应引以为戒。

二、投标文件

（一）投标文件的编制和内容

（1）投标单位应根据招标文件要求和技术规范的要求编制投标材料和报价单。

（2）投标单位要按招标文件要求提交投标保证金。

（3）投标文件编制完成后，应仔细整理、核对，按招标文件的约定进行密封和标志。

（4）投标文件应响应招标文件，按照招标文件的各项要求编制，包括以下内容：

① 投标书；

② 投标保证金；

③ 法定代表人资格证明文件；

④ 授权委托书；

⑤ 具有标价的工程材料投标报价表。

（二）投标文件的编排、装订顺序

投标书的编排顺序非常重要，最好是按招标文件的要求顺序编排，基本上是采取"问"什么"答"什么的方式，如果投标文件的编排顺序与招标文件不一致，可能给评标专家看投标书造成困难，影响评标效果。

投标文件要编目录，每页都必须编页码（包括复印件），复印件图像及文字必须清晰，文字（标题、正文）字体、大小、行距等必须统一规定。

招标文件不需要的内容（如投标人基本情况大篇幅介绍、技术服务的通用描述等）不要写进投标书中，以免投标书太厚，影响评标专家的评审兴趣。

如果已准备的投标书是从原有投标书修改后生成的，在进行字符串、汉字串替换修改时千万要替换彻底了，否则给评标专家留下投标人责任心不强、管理不到位的印象，对投标人不利。

第四节 评标的原则和方法

评标是招标采购过程中的一个关键环节。评标必须以招标文件为依据，必须在招标文件中明确规定评标的原则和方法，凡是评标中需要考虑的各种因素，都必须写入招标文件之中。

在货物招标采购活动中，评标应遵循一定的原则。《中华人民共和国招标投标法》规定，招标投标活动应当遵循公开、公平和公正的原则；《评标委员会和评标方法暂行规定》也规定，评标活动应当遵循公平、公正、科学、择优的原则。而常用的评标方法一般有以下几种：以最低评标价为基础的评标方法、综合评标法、以寿命周期成本为基础的评标方法、打分法。每种评标方法都有其适用范围、运用规律。评标时应正确运用、灵活掌握。

下面首先介绍评标的原则。

一、评标的原则

（一）规范化和公开、公平、公正的原则

评标工作应严格遵守《中华人民共和国招标投标法》及其相关法规，遵循公开、公平、公正、诚信的原则，即所制定的标准要科学、合理，能量化的尽可能量化，以最大限度地减少人为因素对评标结果的影响。另外，所制定的标准要对所有的供应商一致，不能厚此薄彼或在标准里含有对外地或外资供应商的歧视性语言。评标标准也应该是公开的。

（二）实事求是的原则

实事求是的原则即不同的采购项目有不同评判标准，不同的时期有不同的市场行情，某个采购项目在一些方面可能是重要的或不可少的，而在另一方面可能是不重要的或可有可无的，等等。所有这些都要求集中采购机构在制定评标标准时，要根据具体情况具体分析，既不要在标准中遗漏某个重要的评分因素，也不能求全责备，将一些可有可无的东西硬加进标准中，从而增加投标商的精神负担。

（三）适价、适质、适时、适地的原则

在评标过程中，对于商品的质量、价格、交货期、交货地点的要求要遵循适当的原则。并非价格越低越好、质量越高越好，企业中采购的物料，不同使用场合下各要素定位的标准不同，不能采取一刀切的措施。

1. 适价

适价就是说要物有所值，某种设备，它的价格只能在一定范围内浮动，高于这个范围，采购人接受不了，低于这个范围，要么是供应商不能接受，要么是设备的质量让人怀疑，所以集中采购机构在制定投标底价时，一定要进行仔细的市场调查，以得出一个合理的底价和浮动范围。既不能认为价高就不行，也不能认为价低就是好，对于超出范围的报价，不管是高还是低，都要按一定的方法，比范围之内的价格浮动更多的要扣分，这样做，既可避免供应商之间恶意竞争，也能让采购人买到质好价优的产品。

2. 适质

在行业上有句话叫做"够用就行"，也就是说，对于某项产品而言，固然是性能指标参数越高越好，但对于具体用户而言，可能是不必要的。这样，一是会增加用户的成本，二是会造成资源的浪费。所以，在以产品的质量作为评分要素时，标准不能过高也不能过低，要根据用户的工作性质，制定出一个合适的标准。总的而言，在能满足用户工作要求的基础上稍好一点就行了。

3. 适时

适时就是说用户在采购设备时往往都有一个时间的要求，有的在供货时间上可以缓一些，有的则要得很急，甚至刻不容缓，这一点在八、九月份炎热季节采购空调类设备和农用救灾物资时表现犹为突出，还有一些带有政治任务性质的设备采购更是容不得半点拖拉，如在非典时期采购呼吸机，在和供应商洽谈时，其中谈的一个主要问题就是供货时间。所以集中采购机构在制定供货时间时，总的原则是要结合采购项目的性质和用户的需求，

既不能定得太晚影响用户的使用，又不能片面认为供货时间越早越好乃至事实上不可行。

4．适地

适地就是说某个采购项目对于供应商在地域方面的要求，这主要是针对售后和方便服务而言。比如说服务类项目，如定点印刷、汽车维修等，就以在本地招标为宜，而对设备类及工程类的采购，则一般要求在本地及邻近周边地区有代理商或办事处，这样一旦设备或系统运行出现故障和质量问题时，供应商可及时前来维护。

（四）择优选择的原则

择优选择原则主要体现在：

（1）评标标准和条件的设立要体现"褒优贬劣"的原则。例如，以评分方式进行评审的，最符合评标办法规定的标准和条件的，应当获得该项目的最高分。

（2）评标委员会推荐中标候选人要根据最终评审结论的排名次序。中标候选人的产生原则应当遵照相关法规的规定，严格按评标结果排序。

（3）确定中标人要依照评标委员会推荐的中标候选人排序，排序靠前者优先。

二、评标的方法

为了保证评标的公正和公平性，评标必须按照招标文件规定的评标标准和方法，不得采用招标文件未列明的任何标准和方法，也不得改变招标文件确定的评标标准和方法。这一点，也是世界各国的通常做法。

在货物招标采购活动中，可供采用的评标方法通常有四种：以最低评标价为基础的评标方法、综合评标法、以寿命周期成本为基础的评标方法、打分法。每种评标方法都有其适用范围、运用规律，评标时应正确运用、灵活掌握。

（一）以最低评标报价为基础的评标法

最低评标报价法是指在所有满足招标文件要求的投标人中，报价最低的投标人即为中标人。财政部《政府采购招标投标管理暂行办法》规定："最低投标报价法一般适用于标的物技术含量不高且与其他物品关联度不强的招标"。最低投标报价法一般适用以下几个方面：

（1）对一些制造有标准、市场成熟的商品，在充分满足采购文件实质性响应的前提下，可以采用最低评标报价法。

（2）对一些单价较低、数量很大、科技含量偏低的仪器设备，也可采用最低评标报价法。

（3）对一些采购项目很多，单价较低的设备，采用最低评标报价法。

最低评标报价法能够充分体现价格竞争的优势，但在一些情况下，从确保采购质量而言，采用最低评标报价法要慎之又慎，在制定评标标准时，在技术参数和商务条款方面，一定要把握合理的尺度，设置一定的门槛，将质量不过关但价格很低的产品拒之门外。

采用最低评标报价法的优点有以下几个方面：

（1）可以最大限度节约采购资金；

（2）减少了评标的工作量。从最低价评起，评出符合中标条件的投标时，高于该价格的其他投标便无须再评，因此，节约了评标时间，减轻了评标工作量。

（3）减少评标工作中的人为因素。由于定标标准单一、清晰，因此，简便易懂、方便监督，能最大限度地减少评标工作中的主观因素影响。

（4）有利于引导企业加强内部管理。企业自主报价，合理、低价者中标，使企业靠自己的真正本领在市场上竞争，自我经营、自我发展，这是市场经济发展的内在要求。

招标投标和竞争定价给企业带来的外部压力，能促使企业革新改造，注重技术进步，提高管理水平，降低个别成本，适应市场经济优胜劣汰的竞争法则。

（二）综合评标

综合评标是一种以价格加其他因素为基础的评标方法。在采购耐用物品，如车辆、发动机及其他设备时，可采用这种方法。在采用综合评标时，评标中除考虑价格外，还应对以下因素进行量化：内陆运费、保险费及其他费用的量化处理；交货期的量化；付款条件的量化；零配件供应和售后服务情况的量化；招标货物的性能、生产能力、配套性、兼容性的量化以及设备安装、调试的技术服务和培训费的量化。

选择综合评标后，招标文件中价格分占总分值的比重设计非常重要，需要招标文件编制人员熟悉产品市场情况，了解采购人的采购目的，合理设计价格分值，使供应商良性竞争，最终达到采购目标。

采用综合评分法，在设置评分标准时，注意把握一定的尺度，技术分和商务分的设置都要遵循一定的原则。技术分的设定要遵循合理细化的原则，商务分的设定也要遵循一定原则。对产品比较成熟、价格比较敏感的采购项目，可提高商务分的比重，以体现价格优势；对技术复杂、配置要求高的采购项目，应提高技术分的比重，以保证采购质量。

采用综合评分法具有以下优点：

（1）在各大品牌竞争中，可以保证采购到价格性能都比较适中的货物。

（2）是针对有些市场价格不太透明、产品设计理念不同、不同品牌之间的投标价格无法相互比照的货物，可以通过公式计算来调整出相对合理的基准价，再计算出各投标单位的价格分。这样以便采购到既符合采购人对货物的技术要求，又价格适中的货物。

（3）一些市场价格透明度高、产品较成熟、价格较低的普通货物，通过规定计算的价格分显示：报价越高的，分数越低；而报价低的，则分数较高，就越有竞争力，这样能采购到比市场上普通价格更优的货物。表 9-2 为一份企业采购设备仪器时常用的综合评分指标体系表。

表 9-2 综合评分指标体系表

序号	评审条款	分值	评审细则	分值	备注
1	价格	35	投标报价得分＝（评标基准价/投标报价）×价格权值×100	35	满足招标文件要求且投标价格最低的投标报价为评标基准价
2	技术性能和设备品质	40	设备选型	20	—
			设备质量与可靠性	15	—
			满足技术指标	5	—

续表

序号	评审条款	分值	评审细则	分值	备注
3	售后服务	10	质量保证期	2	—
			交货期	3	—
			技术服务、培训方案及现场服务	5	—
4	企业业绩	10	同类项目个数	5	—
			同类项目金额	5	—
5	对投标文件的响应程度	5	投标文件装订良好，页码准确	2	—
			投标文件目录分类清晰，相应完整	3	—
合计	—	100	—	100	

（三）以寿命周期为基础的评标

以寿命周期成本为基础的评标方法，亦称寿命周期成本法。这种方法主要适用于采购整套厂房、生产线或设备、车辆等在运行期内各项后续费用（零配件、油料、燃料、维修等）很高的货物采购的评标。

在计算寿命周期成本时，可以根据实际情况，在标书报价的基础上加上一定运行期年限的各项费用，再减去一定年限后设备的残值，即扣除这几年折旧费后的设备剩余值。在计算各项费用或残值时，都应按标书规定的贴现率折算成净现值。

（四）打分法

打分法是指在评标时按照需要考虑的各种因素的重要程度确定其所占比例，对每个因素进行打分的一种评标方法。采用打分法应考虑的因素包括：投标价格；内陆运费、保险费及其他费用；交货期；偏离合同条款规定的付款条件；备件价格及售后服务；设备性能、质量、生产能力；技术服务和培训。

采用打分法评标，应首先确定每种因素所占的分值，而且考虑的因素、分值的分配以及打分标准均应在招标文件中明确规定。一般来说，分值在每个因素的分配比例为：投标价 60～70 分；零配件 10 分；技术性能、维修、运行费 10 分；售后服务 5 分；标准备件等 5 分，总分为 100 分。评标时以得分高低确定中标供应商。不同的采购项目，各种因素的重要程度不一定相同，因此，分值在每个因素的分配比例有所不同。采用打分法评标时，必须全面考虑各种因素，避免因遗漏相关因素而影响评标的真实效果，同时要合理确定不同技术性能的有关分值和每一性能应得的分数。考虑的要素、分值的分配、打分标准均应在招标书中做出明确规定。

三、评标报告

评标报告是评标委员会根据全体评标成员签字的原始评标记录和评标结果编写的报告，其主要内容包括：

（1）招标公告刊登的媒体名称、开标日期和地点；

（2）购买招标文件的投标人名单和评标委员会成员名单；

（3）评标方法和标准；

（4）开标记录和评标情况及说明，包括投标无效投标人名单及原因；

（5）评标结果和中标候选供应商排序表；

（6）评标委员会的授标建议。

第五节　招标采购常见问题

一、是否需要标底

（一）标底概述

标底是招标单位对招标工程、货物、服务的预期价格。是由招标单位或委托经有关部门批准的具有编制标底资格的单位根据设计图纸和有关规定计算，并经本地工程造价管理部门核准审定的发包造价。

在建设工程招投标活动中，标底的编制是工程招标中重要的环节之一，是评标、定标的重要依据，且工作时间紧、保密性强，是一项比较繁重的工作。标底的编制一般由招标单位委托由建设行政主管部门批准具有与建设工程相应造价资质的中介机构代理编制，标底应客观、公正的反映建设工程的预期价格，也是招标单位掌握工程造价的重要依据，使标底在招标过程中显示出其重要的作用。因此，标底编制的合理性、准确性直接影响工程造价。

（二）标底的作用

（1）使招标单位预先明确自己在拟建工程上应承担的财务义务；

（2）给上级主管部门提供核实建设规模的依据；

（3）作为衡量投标单位标价的准绳，也是评标的主要尺度。

（三）标底编制的方法

我国编制工程施工招标的标底有以下几种方法。

1. 以施工图预算为基础的标底

以施工图预算为基础编制标底的具体做法是根据施工图纸及技术说明，按照事先编制好的分项工程，逐项计算出工程量后，再套用定额单价（或单位估价表）确定直接费，然后按规定的收费标准确定施工管理费、其他间接费、计划利润和税金，还要加上材料调价系数和适当的不可预见费用，汇总后形成的总金额即为工程标底。

2. 以工程概算为基础的标底

以工程概算为基础编制标底，其编制程序和以施工图预算为基础的标底大体相同，所不同的是采用工程概算定额，将分部分项工程子目作了适当的归并与综合，使计算工作有所简化。采用这种方法编制的标底，通常适用于初步设计或技术设计阶段即进行招标的工程。在施工图阶段招标，也可按施工图计算工程量，按概算定额和单价计算直接费，既可提高计算结果的准确性，又能减少计算工作量，节省时间和人力。

3. 以扩大综合定额为基础的标底

以扩大综合定额为基础的标底是从工程概算基础上发展起来的，特点是将施工管理费、各项独立费、计划利润和税金都纳入扩大的分部分项单位内，形成扩大综合单价。在计算出工程量后，乘以扩大综合单价，再经汇总即为标底，从而能更进一步地简化确定标底的工作流程。

4. 以平方米造价包干为基础的标底

以平方米造价包干为基础的标底，主要适用于采用标准图大量建造的住宅工程，一般做法是由地方主管部门对不同结构体系的住宅造价进行测算分析，制定每平方造价包干标准。在具体招标时，再根据装修、设备情况进行适当调整，确定标底单价。鉴于基础工程因地质条件不同对造价有很大的影响，所以，平方米造价包干多以工程的正负零以上为对象，基础和地下部分工程仍应以施工图预算为基础确定标底，二者之和才能构成完整的工程标底。

（四）标底编制原则

1. 标底编制应遵循客观、公正的原则

由于招投标时各单位的经济利益不同，招标单位希望投入较少的费用，按期、保质、保量地完成工程建设任务，而投标单位的目的则是以最少投入尽可能获取较多的利润。这就要求工程造价专业人员要有良好的职业道德，站在客观、公正的立场上，兼顾招标单位和投标单位的双方利益，以保证标底的客观性和公正性。

2. 严格按照"量准价实"的原则

在编制标底时，由于设计图纸的深度不够，对材料用量的标准及设备选型等内容交底较浅，就会造成工程量计算不准确，设备、材料价格选用不合理。因此要求设计人员力求做细、严格按照技术规范和有关标准进行精心设计；而专业人员必须具备一定的专业技术知识，只有技术与各专业配合协调一致，才可避免技术与经济脱节，从而达到"量准价实"的目的。

3. 保密原则

制定标底是招标中一项重要的准备工作。按照国际惯例，在正式招标前，招标人应对招标项目制定出标底。标底是招标人为准备招标的内容计算出的一个合理的基本价格，即一种预算价格，它的主要作用是作为招标人审核报价、评标和确定中标人的重要依据。因此，标底是招标单位的绝密资料，不能向任何无关人员泄露。特别是国内大部分项目招标评标时，均以标底上下的一个区间作为判断投标是否合格的条件，标底保密的重要性就更加明显了。

由于标底是衡量投标报价竞争力的一把尺子，标底制定的好坏，直接影响到招标工作的有效性。标底定的过高，进入合格范围内的投标人数量太多，就会使评标的工作量和难度大大增加；标底定得过低，又容易使所有的投标人都落空，从而导致招标失败。因此，标底制定得好，可以说是招标工作成功的一半，而编制一个先进、准确、合理、可行的标底需要认真细致，实事求是。首先，标底的制定与招标文件的编制有着密不可分的关系。标底制定是否正确很大程度上取决于招标文件中对项目工作量的说明是否正确，因此招标文件对项目的工作量进行说明时应尽量减少漏项，同时将工作量尽可能算准确，力争将招标文件中计算出的工作量与实际量的误差控制在5%以内。其次，标底的制定应建立在一个

比较先进的物业管理方案的基础上，这样编制出的标底才切合实际。如果开发商或业主属自行招标，则可参照近年来国内外相关物业先进的物业管理方法制定标底，或者开发商、业主可以委托招标代理机构制定标底。

二、围标的治理

（一）围标的概述

围标也称为串通招标投标，它是指几个投标人之间相互约定，一致抬高或压低投标报价进行投标，通过限制竞争，排挤其他投标人，使某个利益相关者中标，从而谋取利益的手段和行为。

围标行为的发起者称为围标人，参与围标行为的投标人称为陪标人。围标是不成熟的建筑招投标市场发展到一定阶段所产生的。围标成员达成攻守同谋，通常在整个围标过程中，陪标人严格遵守双方合作协议的要求，以保证围标人能顺利中标，并对整个围标活动全过程保密。围标成功后，围标人按照事先约定支付陪标人好处或与其进行利益互换。有时候围标全过程为围标人一手操办，陪标人提供资质、人员和必要条件予以协助。有时候是投标人入围后将入围资格卖给围标人，围标人借用入围投标人资格操纵投标，而陪标人则保持沉默。

（二）围标的形式及危害

"围标"、"串标"的形式多种多样，比较典型的有以下几种形式：

（1）招标者与投标者之间进行串通。主要表现形式有：实施排挤竞争对手公平竞争的行为：招标者在公开开标前，开启标书，并将投标情况告知其他投标者，或者协助投标者撤换标书，更换报价；招标者向投标者泄漏标底；投标者与招标者商定，在招标投标时压低或者抬高标价，中标后再给投标者或者招标者额外补偿；招标者预先内定中标者，在确定中标者时以此决定取舍。

（2）投标者之间进行串通。主要表现形式有：投标者之间相互约定，一致抬高或者压低投标报价；投标者之间相互约定，在投标项目中轮流以高价或低价中标；投标者之间先进行内部竞价，内定中标人，然后再参加投标。他们各有不同的表现形式。这种不正当竞争是通过不正当手段，排挤其他竞争者，以达到使某个利益相关者中标，从而谋取利益的目的。

"围标"的危害是不可忽视的，主要表现在以下几个方面：

（1）它使招标制度流于形式，危害社会主义市场经济秩序，影响社会主义法制建设。

（2）围标直接伤害了其他投标人的合法权益，围标现象实质上就是市场竞争异常激烈造成的一种无序、恶意竞争的行为。必然会使中标结果在很大程度上操纵在少数几家企业手中，而使有优势、有实力中标的潜在中标人被挡在门外，严重影响到招标投标的公正性和严肃性，而且会伤害大多数投标人的利益。

（3）参与围标的企业诚信度不高，企业自身素质差。由于赌博心理占了上风，多数企业编制的投标文件着眼点仅仅放在价格上，对施工方案不认真研究，无合理应对措施，即使中标，也不大可能认真组织项目实施，会给工程建设留下隐患。

（三）"围标"预防

（1）首先是招标信息发布一定要广泛。如果投标的供应商能达到十家以上，投标人如果想通过"围标"来实现中标，"围标"的成本和中标的难度都将是投标人不得不考虑的问题。

（2）其次是在评标方法上下功夫。比如，如果采用综合评分法的项目，就应在招标文件中规定一个报价幅度，不合理的投标报价将被拒绝。而对于货物和服务的招标，应严格按照《关于加强政府采购货物和服务项目价格评审管理的通知》要求，价格分统一采用低价优先法计算，即满足招标文件要求且投标价格最低的投标报价为评标基准价，其价格分为满分；定价格招质量，货物和服务招标项目可以在充分做好市场调查的基础上，定死合同价，然后只招质量，质量最好者为中标候选人。

（3）再次是做好招标保密工作。根据《中华人民共和国政府采购法》，招标采购单位不得向他人透漏已获取招标文件的潜在投标供应商的名称、数量以及可能影响公平竞争的有关招标投标的其他情况。但在具体操作中一些代理机构常常在不经意间把潜在投标人的名称和数量给透露出去，如投标报名登记以及购买标书的登记信息处理不当（被后来报名和购买标书的投标人看到）、组织集中的现场勘查以及集中答疑等。

（4）合同条款一定要做到详尽。在合同中明确和强调违规参与招标采购应承担怎样的风险，在履约中出现违反招标文件中的有关规定应承担怎样的责任等。通过在合同中警示的方式，一方面可以给投标人造成一定的压力；另外一方面，还可以在一定程度上防止"万一投标人围标还中标了，质量却得不到保证"的情况发生。

（5）加快建立投标人的信誉体系。招投标管理部门对投标人建立诚信档案，制定出诚信评价标准，对诚信度差的投标人除依法给予必要的处罚外，还应禁止其参加政府投资项目和重点工程建设项目的投标活动。对投标人"围标"的行为，在招标文件中应做出除法律规定以外的惩罚性约定，如投标人"围标"或提供虚假数据和材料的，一经核实，无论中标与否均没收其投标保证金，并承担法律责任。

（6）加强对招标人的监督管理。加强招投标法律、法规的宣传，强化依法办事的意识，使招标人自觉遵守法律、法规。建立责任追究制，对违反法律、法规的人和事，要坚决依法予以处理。按照《中华人民共和国招标投标法》、《评标委员会和评标方法暂行规定》，严格规定招标投标程序，提高评标委员会在评标、定标过程中的地位，提倡招标方技术经济专家进入评标委员会，避免领导直接参与，削弱和减少招标人在评标、定标过程中的诱导和影响作用。

（7）加强招标代理机构的管理。禁止任何形式的挂靠、出借、借用资质的行为，对代理机构违反资质管理规定的行为，一经查实，从严处理。对招标代理机构实行从业人员注册登记备案制度，保持稳定的从业人员队伍。定期开展从业人员业务知识培训，不断提高其业务技能。加强从业人员的职业道德教育，培养执业精神和执业素养。

（8）以招投标有形市场为依托，加大投入，加快网络建设，积极开展网上招投标。

三、挂靠的处理

（一）挂靠的概述

何谓"挂靠"？从法律的层面上讲，就是一些自然人、合伙组织利用企业法人的资格和资质，规避了国家法律政策对企业法人以外的个人和团队在税收、贷款、业务范围等方面的限制，并且利用所挂靠的企业法人的资格和资质获得了自身难以取得的交易信用与经济利益的经营活动。

挂靠现象在建筑工程项目中尤为普遍。法律规定，承揽建筑工程的单位必须持有依法取得的资质证书，并在其资质等级许可的业务范围内承揽工程。于是，就出现了许多不具有施工资质的单位、团队或个人，挂靠到某些具有资质等级的施工单位，承揽相应的建筑工程，被挂靠单位收取挂靠单位一定数额管理费的现象。这种以挂靠方式承揽建筑工程属违法行为，《中华人民共和国建筑法》明确规定："禁止以任何形式用其他建筑施工企业名义承揽工程。禁止建筑施工企业以任何形式允许其他单位或者个人使用本企业资质证书、营业执照，以本企业名义承揽工程。"而一般因挂靠行为签订的两份合同，一份是以被挂靠单位名义与开发商签订的建筑施工合同；另一份是挂靠单位与被挂靠单位签订的交纳管理费合同，均因违反法律法规而属于无效合同。

（二）挂靠解决措施

虽然法律规定了挂靠属非法行为，但它还是以各种各样的形式存在。针对挂靠问题，可以从以下几个方面入手：

（1）严格投标人资格身份审查，要求"八一致"，即投标人营业执照、资质证书、安全许可证、投标保证金银行出票单位、人民银行基本户许可证、投标文件印章、项目经理及项目部和购买招标文件人员一年以上劳动合同甲方单位、养老保险手册缴款单位信息要一致，达不到要求的，资格审查不予通过。

（2）严格投标保证金结算管理，明确保证金结算和工程款转帐一律通过中标人银行基本户结算。

（3）执行中标公示期实地考察制度，主要考察其是否具备履约能力，在投标时提供的业绩证明材料是否属实，项目班子成员有无在建工程等。

（4）建立不出借资质承诺金制度，投标保证金在中标后转成不出借资质承诺金，如在对招标人现场检查和进行常规考勤时，发现进场人员与中标项目部人员不符，其承诺金一律不予退还，同时按规定处理。

（5）进一步明确招标人对施工单位入场检查的责任，招标人对进场施工管理人员的身份核查是堵住借资质挂靠的实质性关口。

（6）对项目部的人员实行签到制度，在合同中明确缺勤的扣罚标准。

本 章 小 结

招标采购是一种使用越来越广泛的采购方式，本章介绍了招标采购的内涵、特点、适用范围。招标投标流程是招标采购中的重要环节，本章详细介绍了招标采购的一般流程和投标的一般流程。同时对评标过程进行了介绍，详细介绍了几种常用的评标方法。本章最后就招标采购中存在的一些违规行为进行了介绍，并介绍了针对各种不规范行为可以采取的解决措施。

思 考 与 讨 论

1. 招标采购的概念和特点是什么？
2. 简述公开招标和邀请招标的区别。
3. 简述招标采购的一般程序。
4. 简述投标文件的制作及主要内容。
5. 常用的评标方法有哪些，各种方法的使用范围？
6. 简述招标采购中的常见问题及解决措施。
7. 讨论对招标单位来说，招标过程中存在的主要风险有哪些，该如何规避？
8. 讨论如何制定一份合格的标书。
9. 讨论招标采购中各种评标方法的优缺点，并举例说明。

 案例分析

第十章 公共采购与供应管理

☞ **本章学习目标**

(1) 了解公共采购制度的发展和演变过程;

(2) 掌握公共采购的定义;

(3) 熟悉公共采购的主体和客体;

(4) 掌握公共采购的特点;

(5) 掌握公共采购的原则;

(6) 掌握公共采购的社会效益;

(7) 掌握公共采购的基本程序;

(8) 熟悉公共采购的方式;

(9) 熟悉国内公共采购现状;

(10) 了解国内公共采购制度的发展。

第一节 公共采购与供应管理概述

政府采购是市场经济发展的必然产物,也是财政管理改革的客观需要,同时是中国建立公共财政框架不可或缺的重要组成部分。政府采购制度起源于西方市场化国家,经过二百多年的发展而日趋完善。在借鉴国际经验的基础上,中国政府采购最早于 1996 年开始试点,经过短短几年的时间,得到快速发展,制度框架已建立起来,特别是 2002 年 6 月我国颁布了《中华人民共和国政府采购法》,并于 2003 年 1 月 1 日正式实施,并于 2014 年 8 月 31 日在第十二届全国人民代表大会常务委员会第十次会议上对《中华人民共和国政府采购法》作出了修订。以此为契机,今后中国的政府采购将会进一步走上快速推进、规范发展的道路,这对于加强财政支出管理,提高财政资金使用效率,促进廉政建设,更好地发挥宏观调控的职能和作用,具有重大和深远的意义。

一、公共采购与公共采购制度

1. 公共采购的概念

公共采购是指各级政府为了开展日常政府活动、建设公共工程或为公众提供公共服务的需要,在财政的监督下,以法定的方式、方法和程序,利用国家财政性资金或政府借款,从市场购买商品、工程及服务的行为。通过招标投标进行公共采购是国际上通行的做法,也是市场经济规范运作的基本表现形式之一。

我国是公有制为主体的社会主义国家,政府采购、国有和国有控股企业采购都属于公共采购，公共采购在我国国民经济中扮演重要的角色。公共采购多数情况下称为政府采购，但是政府的采购活动自有政府时就有了。有了政府，政府机构就要运转，就要办一些事情，这都需要动用老百姓交的税钱进行采购，但这只能叫做"政府的采购活动"，而不叫"政府采购（公共采购）"。因为，政府采购不仅是指具体的采购过程，而且是指一种特定的采购政策。也就是说，政府采购是采购政策、采购程序、采购过程及采购管理的总称。现在的政府采购不是以前的政府的采购活动，它是特指一种利用财政资金，在财政监督下，以法定的方式、方法和程序（如公开招标方式）为公共管理、公共服务和公共工程建设项目进行的采购活动。

2. 公共采购制度

公共采购制度是指通过法律手段，规范公共部门的采购行为，实现政府预期宏观经济目标的一项制度。它是一套在政府购买活动中强制推进市场竞争而且是充分竞争的制度，而不是为了保护行政特权和行政优势的制度。

二、公共采购主体与客体

（一）公共采购主体

公共采购的主体是指在公共采购过程中负有直接职责的参与者。从我国公共采购实践看，公共采购的主体包括：公共采购管理机构、公共采购机构、采购单位、公共采购社会中介机构、供应商和资金管理部门。

（1）公共采购管理机构是指在财政部门内部设立的，制定公共采购政策、法规规范和监督公共采购行为的行政管理机构。公共采购管理机构不参与和干涉公共采购中的个体商业活动。

（2）公共采购机构是具体执行公共采购政策、组织实施公共采购活动的执行机构。采购机构分为集中采购机构和非集中采购机构。狭义的采购机构即我们平时所称的采购机构，主要是指集中采购机构。公共采购机构组织实施采购活动可以自己组织进行，也可以委托社会中介机构代理组织进行。

（3）采购单位即公共采购中货物、工程和服务等的直接需求者，主要包括各级国家机构和实行预算管理的政党组织、社会团体、事业单位及政策性的国有企业。

（4）公共采购社会中介机构就是取得公共采购业务代理资格，接受采购机构委托，代理公共采购业务的中介组织。

（5）供应商是指在中国境内外注册的企业、公司及其他提供货物、工程、服务的自然法人，采购单位的任何采购都必须从合格的供应商处获得。

（6）资金管理部门是指编制公共采购资金预算、监督采购资金使用的部门。我国现阶段公共采购资金管理部门包括财政部门和各采购单位的财务部门。

（二）公共采购客体

按照国际通用做法，公共采购的客体可以粗略地分为三类：货物、工程、服务。

1. 货物

货物是指各种各样的物品，包括原料产品、设备、器具等。具体可分为六类：

（1）通用设备类。包括大、中型客车，面包车，吉普车，小轿车，微型车，摩托车，电梯以及大型工器具等。

（2）专用设备类。包括医疗设备、教学仪器、体育器材、大型乐器、摄影器材、农机机械、水利设施、警用器材、环保设备、消防设备等。

（3）办公家具类。包括办公桌、办公椅、文件柜、保险柜、电风扇、空调、沙发等。

（4）现代化设备类。包括电视机、扩音器、电话机、寻呼机、电脑及网络设备、稳压电源（UPS）、打字机、传真机、复印机、打印机、速印机、碎纸机、软件及系统集成等。

（5）日常办公用品类。有大宗的纸、笔、墨、文件袋、订书机、磁盘、电源插座、照明器材、工作服装等。

（6）药品类。指成品药、注射器等。

2. 工程

工程是指新建、扩建、改建、修建、拆除、修缮或翻新构造物及其所属设备以及改造自然环境，包括兴修水利、改造环境、建造房屋、修建交通设施、安装设备、铺设下水道等建设项目，具体包括：

（1）工程投资与房屋维修类。如道路桥梁、房屋建设和维修等。

（2）设备安装类。指设备的购置及安装。

（3）锅炉购置改造类。锅炉、管道等的购置和改造。

（4）市政建设类。如植树、花草种养、街道养护等。

3. 服务

服务是指除货物或工程以外的任何采购，包括专业服务、技术服务、维修、培训、劳动力等。财政拨款的机构或事业单位所需的各类服务，应在财政部门的指定服务地点取得服务。对各类指定服务地点，每年要组织一次公开竞标，不搞终身制。具体包括：

（1）车辆的维修、保险和加油类。对修配厂、保险公司、加油站等进行公开竞标定点。

（2）会议、大型接待及医疗保健类。对宾馆、医院、疗养院等进行公开竞标后定点。

三、公共采购的目标

公共采购对单个采购实体而言，是一种微观经济行为，但将政府作为整体而言，公共采购就成为一种宏观经济手段。通过公共采购，政府可以将宏观调控和微观经济行为结合起来，以实现政府的重大政策目标。

（一）经济性和有效性目标

经济性和有效性是公共采购最基本和首要的目标。公共采购规则都将提高公共采购的经济性和有效性作为其首要目标，这是指以最有利的价格等条件及时采购到质量符合要求的货物、工程或服务。经济性是指采购资金的节约和合理使用，基于公共资金的性质，采购机构必须谨慎、合理地使用采购资金。有效性是指采购的货物、工程或服务要具有良好的质量，价格要便宜，还要注意采购的效率，要在合同规定的合理时间内完成招标采购任务，以满足使用部门的需求。

（二）实现宏观调控

政府通过调整采购总规模，调节国民经济的运行状况，即为了刺激经济发展，政府可以扩大采购规模，增加内需。如果为了抑制经济过热，政府可以缩减采购规模，降低消费需求。政府还可以通过调整采购结构达到调整产业结构的目的，即对政府鼓励的产业，政府可以提高采购量，为该产业的发展开辟市场；而对政府控制的产业，政府可以减少对这些产业的产品采购量。

（三）保护民族工业

许多国家通过立法，强制要求政府和国有企业采购本国产品，以实现保护民族产业的目标。例如，美国早在 1933 年颁布了《购买美国产品法》，该法所称的美国产品是指最终产品中美国零部件含量不少于 50％ 的产品。该法的宗旨是扶持和保护美国工业、美国工人和美国资本，要求美国政府购买本国的货物和服务。目前，美同已经加入了世界贸易组织的《公共采购协议》，《购买美国产品法》仍对未加入《公共采购协议》的国家适用，即使是世界贸易组织的成员，对某些领域仍在进行保护。政府购买本国产品，是以竞争为基础，实行优胜劣汰，从整体上提高国内企业的竞争力，重点培育一批有实力的企业和产品。

（四）保护环境

保护环境的法规落实情况与多种因素有关，但在公众意识尤其是法人意识不强的情况下，还需要采取必要的手段促使他们执行国家的环境法规和政策。公共采购就是必要手段之一。政府对所采购的产品或拟建工程，提出有利于环境保护的指标和要求，不符合规定指标和要求的产品不得采购，例如，规定政府购车的排气量、明确不能购买在生产过程中产生污染的厂家的产品等。

（五）稳定物价

根据国际惯例，这里的稳定物价主要是指粮食价格和原材料价格，政府通过对储备商品的采购和吞吐，调节物价水平。在粮食方面，政府按保护价从农民手中收购粮食，同时规定市场售价的最高价，如果出现投机，政府可以动用储备粮，平抑市场价格。在原材料方面，政府在某些原材料充裕或国际市场上价格合理的情况下，进行储备，一旦这些材料出现短缺或者国际市场上价格偏高时，政府将按合理价格出售。

（六）促进就业

公共采购对就业的促进主要体现在以下几个方面：首先是鼓励从一些特殊企业购买产品，这里的特殊企业包括残疾人企业、妇女企业以及少数民族企业；其次是对参与采购竞争的企业进行资格审查，如果该企业存在歧视妇女和残疾人就业的情况，则取消其供应资格；再次是对于拿到公共采购合同的企业，要求其接收一定数量的人员就业，或不接受就业但需要交纳一定人员的社会保障费。在特殊时期，尤其是经济萧条时期，政府可以通过扩大工程采购，即增加基本建设来增加就业机会。

（七）促进国际贸易

政府通过加入国际性或区域经济组织公共采购协议，使国内企业以较优惠的条件进口原材料，同时也为国内企业开辟了新市场，让国内企业到外国公共采购市场上争取合同，促进国际贸易。

（八）加强对国有资产的管理

公共采购的对象中，相当一部分属于国有资产。这些资产包括存量资产和新增资产，都包含在公共采购信息库中。因为每一项采购合同包括品名、数量等在合同形成前要报财政部门立项，在合同形成后要报财政部门备案，采购实体在申请购买新增资产替代旧资产时，在申请立项时也要作出说明，资产的处理收入要上缴国库。这些规定和要求，使财政部门能够全面掌握国有资产的情况，有利于对国有资产的管理，防止国有资产的流失、闲置或浪费。

四、我国公共采购的发展历程

我国公共采购工作经历了试点阶段、发展阶段和全部推行阶段。

（一）试点阶段（1995 — 1998 年）

试点阶段以上海市第一个规范的公共采购案例为开始标志。1995 年，上海市市、区（县）两级财政分别开始对财政专项安排的设备购置实行公共采购。当年，上海市财政局和卫生局联合下发了《关于市级卫生医疗单位加强财政专项经费管理的若干规定》，对已批准立项的修、购项目，预计价格在 500 万元以上的，要实行公开招标采购；500 万元以下的可以实行询价采购方式，供货方不能少于三家；100 万元以上的修、购项目，财政要参与立项、价款支付、验收使用、效益评估等管理过程。随后，试点范围逐步扩展到区、县。实践证明，凡是按公共采购要求实施的支出项目，基本上达到了节约支出 10％～15％的预期目标。

1998 年，上海市按照党中央、国务院尽快组织推行公共采购的指示，加快公共采购的制度化、规范化进程，力争与发达国家公共采购制度接轨，提出了上海市公共采购的总体思路，并相继颁发了《上海市公共采购管理办法》及其配套办法，成立公共采购委员会（其下设办公室），组建公共采购中心，从法规体系和组织管理制度两个方面规范公共采购制度。在这一阶段，上海市提出了"先大后小、先易后难、先增（量）后存（量）、分步实施、三年到位"的公共采购总体要求，争取三年内基本形成覆盖面较为广泛、运作较为规范、制度较为完善的公共采购格局。

北京、天津、深圳、湖北、河北、山西、内蒙古、重庆等地也相继实行了公共采购试点工作。从试点地区的情况来看，招标采购资金节约率普遍为 10％～15％，少数项目达到 30％，甚至 50％。

（二）发展阶段（1998 — 2000 年）

随着公共采购试点范围的迅速扩大，我国的公共采购制度框架初步形成，公共采购也进入了发展阶段。1998 年，国家政府机构改革时，在国务院批准的财政部"三定"方案中，把公共采购纳入了财政部的"三定"方案，将拟定和执行公共采购政策作为财政部的主要职能之一。

1999 年，国家财政部根据《中华人民共和国预算法》的有关规定，先后颁发了《公共采购管理暂行办法》、《公共采购招投标管理暂行办法》和《公共采购合同监督暂行办法》等全国性法规。这些法规对采购的范围、管理机构、采购模式、采购预算（计划）编制、采购方式、招标投标程序、采购合同签订、采购资金拨付以及监督等有关问题做出了明确规定，并对中介组织准入公共采购市场的条件、程序，公共采购合同的履行和验收以及公共采购资金预算单列和支付形式等，都作了原则性规定。这些暂行办法的出台，标志着推动我国公共采购试点工作的原则性框架已初步形成，为依法开展公共采购活动提供了法律保障。

大多数地区的财政部门根据财政部颁布的暂行办法有关规定，颁布了公共采购地方性法规，一些地区开展了较为系统的立法工作。如上海、江苏、深圳等地，除了制定公共采购的管理办法外，还先后制定了公共采购预算、集中采购目录、采购资金管理、评标委员会、专家库、中介业务资格认定、招投标、合同履行等办法。

1999 年 6 月，国务院办公厅转发了《国务院机构事务管理局关于国务院各部门机构试行公共采购的意见》。与此同时，国务院一些主管部门也积极实施公共采购。如由海关对发动机、造船、汽车等项目组织的六次招标采购中，有 58 家企业参与了竞标，最后有 7 家企业中标，中标金额为 3328 万元，比预算安排 5000 万元的专项资金节约了 1672 万元，资金节约率高达 33％。此外，国家税务局、国家统计局等部门也组织了一些公共采购活动。

（三）全面推行阶段（2000 年至今）

2000 年后，我国公共采购工作进入全国推行阶段，已经具有良好的社会环境，公共采购已经被社会所认识和接受。

2000 年 6 月，在北京召开了"中央国家机构公共采购工作会议"，提出要推进公共采购工作，中央严格规范国家机构经费管理，同时要求各部对事业经费中安排的采购项目要积极实行公共采购，财政部进行内部机构改革，成立了国库公共采购处。同年 7 月，财政部研究建立了中央单位公共采购预算编制方法，并纳入 2001 年中央单位的部门预算。在此期间，财政部先后出台了《关于加强公共采购信息统计报表编报工作的通知》、《公共采购信息公告管理办法》、《公共采购品目分类表》、《关于进一步加强地方公共采购管理工作的通知》，颁布了《公共采购运行规程暂行规定》。2002 年 6 月 29 日第九届全国人大代表常务委员会第二十八次会议通过了《中华人民共和国公共采购法》，并于 2003 年 1 月 1 日开始实施，该法案在 2014 年 8 月第十二届全国人民代表大会常务委员会上进行修改和完善。

第二节　公共采购的特点和原则

一、公共采购的特点

公共采购是相对于个人采购、家庭采购、企业采购和团体采购而言的一种采购管理制度，它和企业采购、军队采购一样，是一种集体采购行为。但为什么要单独研究呢？这是因为政府采购具有与一般企业采购不同的特点。

（一）公共采购资金来源的公共性

公共采购的资金来源为财政拨款和需要由财政偿还的公共借款，这些资金的最终来源为纳税人的税收形成的公共资金（Public Fund）和政府公共服务收费，在财政支出中具体表现为采购支出，即财政支出减去转移支出的余额。而私人采购的资金来源于采购主体的私有资金（Private Fund）。资金来源的不同决定了公共采购与私人采购在采购管理、采购人员责任等方面有很大区别。实际上，正是采购资金来源的不同才将公共采购与私人采购区别开来。

由于采购部门使用公共资金进行采购，所以公共采购部门履行的是委托人的职能，因此公共采购具有明显的公共管理特点。公共采购过程是一个受管制的、需要在严格的法律和管理限制下进行的过程。

（二）公共采购主体的特定性

公共采购的主体也称采购实体，是依靠国家财政资金运作的政府机构、事业单位和社会团体、公共机构等部门。

（三）公共采购活动的非营利性

任何资金的使用都存在着管理者责任问题。在完善的市场经济条件下，营利性商业组织的资金管理者责任及资金的使用效率，可以通过其营利性本身，通过优胜劣汰的市场机制反映出来，也即通过市场检验来体现。而对于非营利性的公共采购也就成为一种弥补市场不足的必要补充。公共采购的目的不是赢利，而是为了实现政府职能和公共利益。

（四）公共采购的社会性

公共采购的社会性实际上蕴涵在其非营利性特征中，是非营利性的更深刻表现。公共采购为非商业性采购，它不是以营利为目标，不是为卖而买，而是通过采购活动为政府部门提供消费品或向社会提供公共利益。

公共采购不但要满足社会在某一时期对一种服务的需要，同时还要考虑环境问题等对社会的影响。为此，公共采购首先强调采购部门的责任性，即部门内部的上下级负责制，采购结果对社会、对国家的负责制。其次，公共采购要受到社会的监督。采购过程受到外界的监督和检查，政府管辖区的社会成员有权利对采购的程序和结果进行评价。

相比之下，私营企业董事会虽然也要向股东负责，向股东大会解释，但就受监督和检查的广泛性和程度来说，都远不及公共部门所要承担的责任大。

（五）公共采购对象的广泛性

公共采购的对象包罗万象，既有标准产品也有非标准产品，既有有形产品又有无形产品，既有价值低的产品也有价值高的产品，既有军事用品也有民用产品。公共采购对象从汽车、办公用品到武器等无所不包，涉及货物、工程和服务等各个领域，具有明显的广泛性。

（六）公共采购的行政性

私人采购可以按照个人的爱好、企业的需求作出决定，但是公共采购作为组织性选择就不能按照个人意志行事。因此，公共采购决策运用是政府部门办公决策的一种行政运行过程。例如，采购中要遵守组织的规则、制度及程序，体现集体的作用，而不能像一些私人企业那样，鼓励发挥采购人的主观能动性和创造性。尽管现代政府提倡运用现代化的管理手段，但是公共采购要买什么、怎么买，需要以国家利益实现为首完成多重目标，符合多重标准。所以，在进行公共采购管理的过程中，无论在国内外都或多或少地具有较强的行政色彩，代表集体或政府的意志。

（七）公共采购的规范管理性

现代国家都制定了系统的公共采购法律和条例，并建立了完善的公共采购制度。因此，公共采购不是简单的一手交钱一手交货，而是几乎毫无例外地要按有关公共采购的法律法规，根据不同的采购规模、采购对象及采购时间要求等，采用不同的采购方式和采购程序，使每项采购活动都要规范运作，体现公开、竞争的原则，接受社会监督。

（八）公共采购影响力大

公共采购不同于个人采购、家庭采购、企业采购或团体采购，它是一个整体，这个整体是一个国家内最大的单一消费者，其购买力非常巨大。据统计，欧共体各国公共采购的金额占其国内生产总值的 14％ 左右（不包括公用事业部门的采购）；美国政府在 1989 — 1992 年间每年仅用于货物和服务的采购就占其国内生产总值的 26％～27％。因此，公共采购对社会经济有着非常大的影响力，采购规模的扩大或缩小、采购结构的变化对社会经济发展状况、产业结构以及公众的生活环境有着十分明显的影响。正是由于公共采购对社会经济有着其他采购主体不可替代的巨大影响，它已成为各国政府普遍使用的一种宏观经济调控手段。

此外，财政部门实行全方位的监督，也是公共采购的一个重要特征。当然这种监督不是指财政直接监督参与每项采购活动，而是通过制定采购法规和政策来规范采购活动，检查这些法规、政策的执行情况。财政监督的对象不仅是采购实体，还包括采购中介机构、供应商等参与采购活动的机构和个人。

二、公共采购的原则

为了保证公共采购目标的实现，必须明确政府公共采购的主要原则：

（一）公开、公平、公正和有效竞争的原则

公开、公平、公正和有效是政府公共采购的核心原则。公开是指采购活动具有较高的透明度，要公开发布采购信息，公开开标，公开中标结果，使每个有兴趣的或已参与的供应商都能获得同等的信息；公平就是要求给予每一个有兴趣的供应商平等的机会，使其享有同等的权利并履行相应的义务，不歧视任何一方；公正是指评标时按事先公布的标准对待所有的供应商；有效竞争是要求邀请更多的供应商参与竞争。该原则的核心是要求采购方法和过程都必须透明，具有竞争性。

（二）物有所值原则

物有所值原则是西方国家通用的原则之一，它是指投入与产出之比，这里的投入不是指所采购物品的现价，而是指物品的寿命周期成本，即所采购物品在有效使用期内发生的一切费用再去残值。政府公共采购的就是寿命周期成本最小而收益最大的物品。物有所值原则中的"值"应是广义的概念，它不仅应包括资金的使用效率，还应包括为国内产业发展提供的机会以及促进技术转让等。

（三）推动国内竞争促进产业发展的原则

通过政府公共采购可以破除垄断和地区封锁，促进企业降低成本，提高产品技术含量，为企业的发展创造良好的环境。同时，政府公共采购要公平进行，要照顾和鼓励中小企业的参与。

（四）反腐倡廉原则

通过公开、竞争的透明机制，消除采购活动中的腐败现象，维护政府形象。

（五）支持政府其他政策的原则

通过采购活动实现诸如环境保护、促进残疾人和妇女就业、扩大对外贸易、加强国有资产管理等。

第三节　公共采购的方式与基本流程

一、公共采购方式

公共采购方式就是指公共采购部门在采购所需的货物、工程和服务时应采取什么方式和形式来实现。根据各国公共采购制度和采购法律法规，目前使用较多的公共采购方式主要包括：公开招标、邀请招标、竞争性谈判、单一来源采购和询价采购等。

（一）公开招标

公开招标是指在物资采购和建设项目没有特殊要求和规定的前提下，通过公开程序，邀请所有感兴趣的供应商参加投标。这种招标采购一般具有以下特点：

（1）规模大。这种采购一般属集中性采购，把各种性能需求相同的采购品集中起来，以达到规模效益，因此采用这种方式要求采购资金达到一定规模。

（2）前期准备时间长。由于采购规模大，为了使其后招标程序尽量标准化、合理化和公正化，应对各个环节和程序作仔细的设计和考虑。

（3）效率高。由于资金量大，集中度高，把需要几次或几十次的分散采购集中起来，大大降低了管理成本，提高了透明度和竞争性，因此容易获得更高的效率和更佳的效果。

（二）邀请招标

邀请招标又称选择性招标，其与公开招标的不同之处在于采购机构邀请投标的方式不是通过发布广告，而是将投标邀请直接发给一定数量的潜在投标商，其他程序和公开招标完全一样。因此，此类采购方法也可以被看成是公开招标方法的变体，是针对不同的采购环境对公开招标方法的修正和补充。

《中华人民共和国政府采购法》规定：符合下列情形之一的货物或者服务，才可以依照本法采用邀请招标方式采购：

（1）具有特殊性，只能从有限范围的供应商处采购的。

（2）采用公开招标方式的费用占公共采购项目总价值的比例过大的。

（三）竞争性谈判

竞争性谈判采购是指采购单位通过与多家供应商进行谈判，最后从中确定中标供应商的一种采购方式。这种方式适用于紧急情况下的采购或涉及高科技应用产品和服务的采购。例如，有些达到公开招标金额的采购项目，由于出现了不可预见的紧急情况或灾难性事件，采购招标程序或任何其他方法都会延误时机。在这种情况下，如果当地至少有两家能够提供采购单位所需的货物、工程或服务的供应商，采购单位就可以采用竞争性谈判的方式。

《中华人民共和国政府采购法》规定：符合下列情形之一的货物或者服务，可以依法采用竞争性谈判方式采购：

（1）招标后没有供应商投标或者没有合格的或者重新招标未能成立的。

（2）技术复杂或者性质特殊，不能确定详细规格或者具体要求的。

（3）采用招标所需时间不能满足用户紧急需要的。

（4）不能事先计算出价格总额的。

（四）单一来源采购

单一来源采购，即没有竞争的采购，它是指达到了公开招标采购的金额标准，但所购商品的来源渠道单一，或属专利、首次制造、合同追加、原有项目的后续补充等特殊情况，在此情况下，只能由一家供应商供货。单一来源采购也称直接采购。

《中华人民共和国政府采购法》规定：符合下列情形之一的货物或者服务，可以依法采用单一来源方式采购：

（1）只能从唯一供应商处采购的。

（2）发生了不可预见的紧急情况不能从其他供应商处采购的。

（3）必须保证原有采购项目一致性或者服务配套的要求，需要继续从原供应商处添购，且添购资金总额不超过原合同采购金额10％的。

（五）询价采购

询价采购俗称"货比三家"，是指采购单位向国内有关供应商（通常不少于三家）发出询价单让其报价，然后在报价的基础上进行比较并确定中标供应商的一种采购方式。

适用询价采购方式的项目，主要是现货或标准规格商品的采购项目，或投标文件的审查需要较长时间才能完成、供应商准备投标文件需要高额费用以及供应商资格审查条件过于复杂的采购项目。

公开招标是我国公共采购的主要采购方式。但是采购的环境并非单一，采购的客体也千变万化，各种因素都会使公开招标采购方法的使用受到限制，不能获得最佳的经济效益和实现公共采购的目标。这时就需要针对不同的采购环境、采购物品的性质等选择使用第（二）～（五）种公开招标采购以外的采购方法，使采购既能满足公共采购竞争、客观和透明等原则，又能实现采购的精细效益目标。

二、公共采购的基本流程

公共采购的基本流程是表现公共采购工作顺序、联系方式以及各要素之间相互关系的一种模式，它是实施公共采购的行为规范。

根据国际惯例和我国国情，一个完整的公共采购项目一般都应包括以下一些共同的环节和阶段，具体流程如图10-1所示。

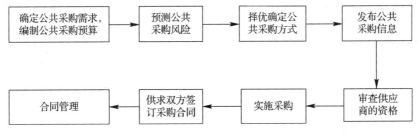

图10-1　公共采购的基本流程

（一）确定公共采购需求，编制公共采购预算

公共采购计划是实施公共采购的依据之一，是实施公共采购活动的起点。公共采购计划为公共采购提供采购单位的可能性需求，而采购单位根据采购计划编制公共采购预算是采购单位的现实需要，每次具体采购都要求采购单位编制公共采购预算。公共采购预算由采购单位根据批准的公共采购计划编制，它反映了采购单位实施公共采购项目的具体要求，包括性能、规格、技术参数、用途及采购时间要求和售后服务要求。它是采购机构组织实施集中采购、制定公共采购方案的依据。

公共采购预算是指采购单位根据事业发展计划和行政任务编制的、并经过规定程序批准的年度公共采购计划。公共采购预算集中反映了预算年度内各级政府用于公共采购的支出计划，在一定程度上反映了采购单位的资金收支规模、业务活动范围和方向。加强采购单位的公共采购预算管理，不仅对采购单位计划和任务的完成，而且对财政预算的顺利实施，都有十分重要的意义。

编制采购预算需要遵守以下原则：

1. 实用性原则

单位在安排公共采购预算项目时，要精打细算，不要盲目追求"超前"，贪大求全，应该在满足工作需要的前提下，适当超前，也要避免不考虑发展而导致项目刚投入使用即落后，造成不必要的浪费。

2. 可靠性原则

采购单位的公共采购预算一经批准，便要严格实施，一般不能调整。因此，采购单位在编制采购预算时，既要把根据事业发展需要应该采购的项目考虑好，还应该注意公共采购资金的来源是否可靠、有无保证，不能预留缺口。

3. 统一性原则

采购单位在编制公共采购预算时，要按照国家统一设置的预算表格和统一口径、程序以及统一的计算方法填列有关数字指标。这样便于财政部门统一审核、统一汇总、统一批复，以提高效率和精确性。

4. 市场价原则

公共采购一般都会以低于市场价的价格实现，这是公共采购市场充分竞争的结果。但采购预算必须以市场价为基础，因为只有市场价才是真实可靠的，公共采购计划的采购预算审定也是按市场价核定的，而公共采购价则具有不确定性。

5. 公平性原则

这里的公平性主要是指采购货物不能指定品牌。公共采购不仅要维护采购单位的利益，而且要维护供应商的利益，构建一个公平、效率的公共采购市场。如果允许采购单位指定具体采购品牌，就意味着默许采购单位指定具体的供应商，这对其他的供应商来说是不公平的。由于我国开展公共采购的时间不长，长期以来形成的购买思维模式很难改变，采购单位可以参照某一品牌的规格、技术参数提出自己的具体要求，避免指定某一供应商的品牌。

（二）预测公共采购风险

预测公共采购风险是采购工作中的一个重要步骤，但往往被采购单位所忽视。公共采

购风险是指公共采购运作过程因制度设计和运行失当、管理缺陷以及外部事件冲击等不确定性因素导致采购失败而造成直接或间接损失的可能。一般而言，公共采购风险具有隐藏性、突发性和连锁性等特点，是处于体制变迁中的风险，是市场经济的必然现象。公共采购风险主要表现为以下几种形式：

1. 管理风险

由于公共采购程序不规范、合同管理不严格、执行人员不能正确理解管理人员的意图或有意错误操作等因素造成的风险。其主要有采购信息没有公开、采购政策不合理、采购程序不规范、评标过程不公平、合同管理不严格，即公共采购行为不符合法律法规要求所导致的风险。

2. 信息风险

信息风险即信息不公开、虚假陈述、内幕交易与信息误导使得信息在机构内部或机构内外之间的接收、处理、储存、转移等环节出现故障所导致的风险。

3. 道德风险

道德风险主要表现在两个方面：一是缺乏足够合格的从事公共采购事业的人员，缺乏对员工的恰当评估和考核等导致的风险；二是部分从事公共采购的人员违反职业道德，在进行公共采购过程中，滋生权钱交易等腐败行为，从而直接导致或间接引发的风险。

4. 决策风险

决策风险大小与管理机构和管理者的知识水平、经验、阅历有关。一个受到良好教育、有较丰富经验的管理人员，就有可能针对各种不利情况，作出较为有利的决策，从而将风险控制在最小范围内。但是决策风险不可能完全避免，因为最聪明、最有经验的人也可能作出错误的决策。

5. 市场风险

虽然遵循"公开、公正、公平"原则，但受主、客观条件限制，不能完全保证采购到质优价廉的商品，实现预期目的。市场风险的主要表现形式是市场价格的不确定性导致采购失败而形成的赔损风险。

6. 监管风险

由于公共采购管理和执行机构的职责和权限不明确，缺乏法规和制度规定，监督机制不健全、不完善；缺乏具体的监管手段，沿用传统的行政手段办事，实施监管落空，即采购机构、管理机构、执行机构关系不顺，监管失灵而导致的风险。

从事公共采购工作需要增强风险意识和忧患意识，对公共采购中可能存在的风险及其危害性应保持清醒的认识。在实施采购活动以前，要精心准备、周密安排，充分考虑到可能发生的风险，加强事前、事中、事后的预报、监管与挽救，采取防范和化解风险的有效措施。

（三）择优确定公共采购方式

选择适当的采购方式是非常重要的，其好坏决定着公共采购的工作效率乃至成败。采购方式选择得当，不但可以加快采购速度，而且还可以节约投资，减少不必要的人力和物力消耗。一般来说，一个国家对国内使用的采购方式及适用条件都有明确的规定，但这些规定都是相对而言的，因为每个项目的情况都不一样。招标采购方式是公共采购广泛使用的一种方式。这种方式确实是非常有效、非常经济的，但是招标采购也有其内在局限性，尤其是在采购货物批量较小或土建过程很分散的情况下，招标采购的优势就体现不出来。另外，在紧急情况下的采购，用招标的方式会延误时机。正因为如此，采用非招标采购方式有时是非常必要的。因此，采购时应根据不同的情况选择不同的采购方式。

（四）发布公共采购信息

发布公共采购信息是指通过新闻媒体或其他渠道向所有潜在的供应商发出广泛通告。通过发布信息，使尽可能多的潜在供应商通过公共采购信息了解到采购项目的概况，并对是否参与该项目进行考虑和准备，促进供应商之间的竞争，从而达到降低公共采购成本、提高采购质量的目的。

公共采购信息的发布是否有效直接关系着招标的竞争程度和透明度以及是否对潜在供应商或承包商造成歧视。因此，公共采购法需要对公共采购信息的发布进行必要的法律规制。其一，要保证公共采购信息以统一有效的方式发布。这要求政府要有一定的采购信息发布媒体，并为供应商所了解和容易获得，由此可以保证采购信息能够及时有效地通达供应商，并能降低供应商获取采购信息的成本。其二，法律要求公共采购信息的内容应符合最低的法定要求，以保证供应商在获取采购信息方面的透明度和公平性。

一般来说，主要有三种类型的发布方式：

1. 采购公告(或总公告)

采购公告或总公告是向潜在供应商预告未来合同的一种方式。此类公告要列明未来一定时期内的采购项目或某一大型综合项目未来采购的情况，目的是使有兴趣的供应商、承包商或服务提供者能够提前获得采购信息，以及时地表达参与采购的意向并作好竞争准备。

采购公告通常只是引起供应商注意并同采购机构取得进一步联系的一种方式，因此，其公告内容较为简略，但又必须把参加公共采购的重要事项和重要信息说清楚。

2. 投标邀请书

它是针对某一具体项目的采购通知，采购机构公布其将要投予的某项具体合同，是邀请性招标最重要的一种采购公告，也是一份正式的投标邀请书。因此其内容必须较为详细，以使供应商和承包商能够确定所采购的货物、工程或服务是否是他们能够提供的，并助其了解如何能够参与投标程序。

投标邀请书可以通过一般新闻媒介发布，也可以由采购机构或采购机构委托的社会中介机构直接寄给已经注册并取得市场准入资格的供应商。

3. 资格预审公告或更新合格供应商名单公告

在使用资格预审程序时或在采用选择性招标程序时，都需对投标人的资格进行预审。招标人需发布预审通知，此类通知包括在招标文件中，也可单独发布。招标人必须在资格预审通知中说明采用此类程序时资格预审的条件和进行资格预审的手续。在使用合格供应商名单选择供应商时，采购机构应将该名单公布在指定的刊物上，并定期对该名单进行更新。

（五）审查供应商的资格

审查供应商的资格是实施公共采购过程中最为重要的环节之一。从各国公共采购实践及其公共采购法律规范的规定来看，公共采购中的资格审查程序可以根据资格审查的时间分为三种类型：资格预审、资格中审和资格后审。这里主要介绍实践中最常用的资格预审，对资格中审和资格后审仅作一般性的介绍。

资格预审是公共采购机构通过审查潜在供应商的商业及非商业条件，正式确定许可哪些潜在供应商参与公共采购的一个过程。资格预审是公共采购过程中的一个重要步骤，特别是大型或复杂的采购项目，资格预审是必不可少的。资格预审实际上是对所有供应商的一次粗筛，目的是为了在采购过程的早期剔除资格条件不适合履行合同的供应商或承包商。因此，资格预审的法律意义在于，采购机构以合法的程序和条件限制没有通过资格预审的供应商进一步参加采购竞争的权利。

就采购实务而言，资格预审一般包括以下三个步骤。

1. 发出资格预审公告或资格预审申请书

资格预审公告可以在招标公告或招标文件中给出，也可以通过媒体另行刊登资格预审公告。资格预审公告的主要内容包括：所需采购货物或工程的简介；合同条件；项目资金来源；参加资格预审的资格；获取资格预审文件的时间、地点以及递交投标邀请书的时间、地点。

2. 发出资格预审文件

资格预审文件应提供采购单位及采购项目的全部信息，其内容比资格预审公告所提供的应更为详细。一般包括以下内容：

（1）项目的名称、地址及联系方式；

（2）项目的性质和主要内容，包括采购数量；

（3）项目所在地点的基本条件；

（4）项目要求的时间、进度、规格及主要合同条件的简单介绍；

（5）投标保证金及履约保证金要求；

（6）项目融资情况；

（7）支付条件；

（8）价格调整条款；

（9）承包合同使用的语言；

（10）合同应遵循的法律；

（11）本国投标人的优惠条件；

（12）扶持产业优先发展原则；

（13）组成联合体投标的要求；

（14）指定转包人的作业范围。

资格预审文件中还应规定供应商申请资格预审的基本条件，列出限制性条款。并具体规定资格预审申请表的内容及资料递交的份数，递交时间和地点，文件所使用的语言，以及规定投标人是否应必须有当地代理人，是否必须保送代理协议和提供代理人的基本情况。

3. 资格评审

资格预审的评审工作由公共采购机构按供应商管理的有关规定组织实施。资格预审的内容和重点在于：

（1）供应商的基本情况、人员、设备、综合技术能力；

（2）供应商的财务状况；

（3）供应商的经验及其过去的表现；

（4）是否符合国家产业政策重点扶持行业等。

资格中审是采购机构在比较和评审供应商的投标书时对供应商是否具有履行合同能力所进行的审查。资格预审所要解决的是采购机构将邀请谁参与特定的采购过程，而资格中审是采购机构在采购过程中对供应商进行的审查。但就审查的实质内容来看，它们却是相同的，都是对供应商或承包商是否具有履行合同能力所进行的审查。

资格后审是在采购机构初步确定了中标人之后对候选中标人资格所作的审查。一般采购法规定，如果事先没有对参与公共采购的供应商进行资格预审，公共采购机构就应对提供最低价的供应商进行资格后审，以确定是否有能力和资源有效的履行合同义务。当然，也可以在已经进行了资格预审的情况下采用。这种情况下采用资格后审是为了使采购机构能够要求中选的供应商重新确认其资格。

（六）实施采购

在发布公共采购信息和进行供应商资格预审以后，采购机构就应按照事先制定的采购方案所确定的采购方式和程序着手组织实施公共采购工作，也可以委托有公共采购业务代理资格的社会中介机构组织实施。一般来说，采购机构不得在实施过程中自行改变采购方式。如果确有必要改变采购方式，必须报有关部门批准，同时告诉相关供应商。

采购方式不同，采购机构具体实施程序也不一样。下面将分别给予简要说明。

1. 公开招标采购程序

一个完整的公开招标采购过程主要由招标、投标、开标、评标、决标等几个阶段组成。

（1）招标。招标采购是指采购机构根据已经确定的采购需求，提出招标采购项目的条件，向潜在的供应商或承包商发出投标邀请的行为。招标是招标方的单独行为。该阶段所要经历的步骤主要有：确定采购机构和采购需求，编制招标文件，确定标底，发布采购公告或发出投标邀请，进行投标资格预审，通知投标商参加投标并向其出售标书，组织召开标前会议等，这些工作主要由采购机构组织进行。

（2）投标。投标是指投标人接到招标通知后，根据招标通知的要求填写招标文件，并将其送交采购机构的行为。在这一阶段，投标商所进行的工作主要有：申请投标资格，购买标书，考察现场，办理投标保函，算标，编制和投送标书等。

（3）开标。开标是采购机构在预先规定的时间和地点将投标人的投标文件正式启封揭晓的行为。开标由采购机构组织进行，但需邀请投标商代表参加。在这一阶段，采购官员要按照有关要求，逐一揭开每份标书的封套，开标结束后，还应由开标组织者编写一份开标会纪要。

（4）评标。评标是采购机构根据招标文件的要求，对所有的标书进行审查和评比的行为。评标是采购机构的单独行为，由采购机构组织进行。在这一阶段，采购机构要进行的工作主要有：审查标书是否符合招标文件的要求和有关规定，组织人员对所有的标书按照一定方法进行比较和评审，就初评阶段被选出的几份标书中存在的某种问题要求投标人加以澄清，最终评定并写出评标报告等。

（5）决标。决标也即授予合同，是采购机构决定中标人的行为。决标是采购机构的单独行为，但需由使用机构或其他人一起进行裁决。在这一阶段，采购机构所要进行的工作有：决定中标人，通知中标人其投标已经被接受，向中标人发授标意向书，通知所有未中标的投标人，并向他们退还投标保证金、保函等。

2. 邀请招标采购程序

采购机构一旦决定采用邀请招标采购方式，就可以直接向认为符合招标文件规定资格的潜在投标人(供应商)发出投标邀请书，所选的潜在投标人应尽可能的多，并且至少有三家，以确保有效的竞争。在对投标人进行资格审查后，就可以把招标文件发给他们，并要求投标人按照招标文件的要求提交标书和投标保证金，此后的开标、评标程序和公开招标的程序相同。在经过认真的评标后，选出中标者，并与之签订采购合同，采购即进入实质履行阶段。

3. 竞争性谈判采购程序

(1)成立谈判小组。谈判小组由采购方的代表和有关专家共三人以上的单类组成，其中专家的人数不得少于成员总数的2/3。谈判文件应当明确谈判程序、谈判内容、合同草案的条款以及评定成交的标准等事项。

(2)确定邀请参加谈判的供应商名单。谈判小组从符合相应资格条件的供应商名单中确定不少于三家的供应商参加谈判，并向其提供谈判文件。

(3)谈判。谈判小组所有成员集中与单一供应商分别进行谈判。在谈判中谈判的任何一方不得透露与谈判有关的其他供应商的技术资料、价格和其他作息。谈判文件有实质性变动的，谈判小组应当以书面形式通知所有参加谈判的供应商。

(4)确定成交供应商。谈判结束后，谈判小组应当要求所有参加谈判的供应商在规定时间内进行最后报价，采购人从谈判小组提出的成交候选人中根据符合采购需求、质量和服务相等且报价最低的原则确定成交供应商，并将结果通知所有参加谈判的未成交的供应商。

4. 单一来源方式采购程序

采取单一来源方式采购的，采购机构与供应商遵循采购法规规定的原则，在保证采购项目质量和双方商定合理价格的基础上进行采购。

5. 询价采购程序

(1)成立询价小组。询价小组由采购人的代表和有关专家共三人以上的单数组成，其中专家的人数不得少于成员总数的2/3。询价小组应当对采购项目的价格构成和评定成交的标准等事项作出规定。

(2)确定被询价的供应商名单。询价小组根据采购需求，从符合相应资格条件的供应商名单中确定不少于三家的供应商，并向其发出询价通知书让其报价。询价小组要求被询价的供应商一次报出不得更改的价格。

(3)确定成交供应商。采购人根据符合采购需求、质量和服务相等且报价最低的原则确定成交供应商，并将结果通知所有被询价的、未成交的供应商。

(七)供求双方签订采购合同

无论采取何种采购方式，最终都要形成一个合同。合同给予符合采购机构事先公布评审标准的供应商，供应商在签订采购合同时，须按标准交纳一定数额的履约保证金，以保证合同商能够按合同的规定履行其义务。

（八）合同管理

前面七个阶段即确定采购需求、预测采购风险、选择采购方式、发布公共采购信息、资格审查、实施采购商谈及签订合同，称为合同形成阶段；合同形成以后，公共采购过程并未结束。接下来的合同管理阶段也是采购过程极为重要的一部分，其与合同形成阶段共同构成了整个采购过程。合同管理包括履行采购合同、验收、结算和效益评估。

1. 履行采购合同

在合同签订以后，采购即进入了合同实施阶段。在此阶段，供应商必须按合同的各项规定，向采购机构提供货物、工程或服务，采购机构也应随时关注双方合同履行的进展情况，对合同进行监督，当出现某种新情况时，应及时协调处理。对合同进行调整处理，如修改、取消和终止合同等，应本着双方充分协商达成共识的原则，以保护双方的利益。一般公共采购法规定，采购单位和供应商都不得单方面修改合同条款，否则属于违约，违约方必须按合同规定向合同的另一方赔偿损失。

2. 验收

在合同实施过程中或实施完毕，采购机构对合同实施的阶段性成果或最终成果进行检验和评估。合同验收一般由专业人员组成的验收小组来进行，验收结束后，验收小组要做验收记录，并分别在验收证明书和结算验收证明书上签字。

3. 结算

财政部门按验收证明书、结算验收证明书及采购合同的有关规定，与签署合同的供应商或承包商进行资金结算。如果合同实施情况基本上符合要求，在财政部门办理结算后，采购机构应将事先收取的履约保证金还给供应商或承包商。

4. 效益评估

采购单位及有关管理、监督部门对已采购项目的运行情况及效果进行评估，检验项目运行效果是否达到了预期目的。通过效益评估，还可以判定采购单位的决策、管理能力及供应商的履约能力。如果采购项目运行效益差，而原因是出在采购机构的身上，财政部门以后在该采购机构上报采购计划时，会严格审查，或者禁止该采购机构自己实施采购活动；原因如果出在供应商身上，也要予以通告，该供应商以后会失去很多拿到公共采购合同的机会。

第四节　公共采购管理

一、主管机构

公共采购按使用对象，可分为民用产品采购和军用产品采购，军用产品采购的主管部门为国防部门，而民用产品采购的主管机构一般都是财政部门。但在很多国家，公共采购不是由财政部管理，而是由其他机构进行管理，这主要是由于国外的政府机构设置与我国不同造成的。财政部主要负责公共采购法规、政策的拟定和监督执行，采购计划的编制，供应商、采购代理资格标准的制定和审查，采购官员的培训和管理，采购争端的仲裁，国有资产的管理，采购信息的发布，采购统计和分析，部分甚至全部本级政府消费的货物、工程和服务的直接采购、分配和管理等。财政部内通常设置专门机构负责公共采购的管理和协调。

二、法律体系

为了加强对公共采购的管理，实现公共采购的政策目标，各国都制定了一系列有关公共采购的法律和规章。各国的基本法规多为公共采购法或合同法，如美国的《联邦采购办公室法》、《联邦采购条例》、《合同竞争法案》等，新加坡的《公共采购法案》，英国的《通用合同及商业法》等。除了基本法规之外，各国还制定了大量的配套法规，如美国的《合同纠纷法》、《小额采购法案》、《购买美国产品法案》等近20个配套法规，新加坡的《政府公共采购指南》，英国的《非公平合同条款》、《贪污礼品法案》等。

各国的各部门、单位根据公共采购的基本法规和配套法规的精神，结合本部门、本单位的实际情况和特定需要，制定补充条例。地方政府根据中央政府的公共采购基本法规，制定地方实施细则。

此外，许多国家为多边国际贸易协议（如世界贸易组织、联合国发展和贸易组织等）或双边国际贸易协议（如澳大利亚-新西兰、美国-以色列等）的成员，也都相应制定了对外贸易中应遵循的公共采购的法规。如《美国贸易协议法》规定，禁止联邦政府购买未加入世界贸易组织的国家的商品，或明确在对外贸易中应遵守的国际性或区域性公共采购协议，如世界贸易组织的《政府采购协议》等。

三、公共采购模式

公共采购模式是指公共采购应集中管理的程度和类型。各国的公共采购模式不尽相同，有的国家实行集中采购模式，即本级政府所有的采购均由一个部门负责，如韩国财政经济院的公共采购厅，负责对中央政府以及中央政府驻地方机构的所有货物、工程和服务的采购、分配和管理；有的国家实行分散采购模式，即所有的采购任务由各采购单位自己负责。完全实行分散化采购的国家不多。多数国家实行半集中半分散的采购模式，即一部分物品由一个部门统一采购，一部分物品由采购单位自己采购。例如，新加坡财政部对具有批量的产品如计算机、纸张等实行集中采购，其他的则由各部门自己采购。美国联邦总服务局统一负责为联邦各政府部门提供办公用房、办公设备及内部服务，其他物品由有关的联邦政府部门自己采购。英国负责集中采购的机构有两个，一是中央电脑通信局，代表其他各部门统一购买电脑；二是中央采购处，集中采购急救、消防和家具等设施和物品。

在带有集中采购性质的国家，集中采购机构有的设在财政部，如韩国、新加坡等，有的设有专门的部级或副部级机构，如美国的联邦综合服务局、澳大利亚的采购局、加拿大的工程和采购服务部等。从采购模式的历史来看，很多国家的采购模式都经历了从集中采购模式到半分散模式的过程。如新加坡，在1995年以前一直实行集中采购，由财政部中央采购处统一购买政府各部门所需的物品和服务，1995年中央采购处关闭，除了少数物品考虑到经济效益依旧采取集中采购外，其他的由各部门自行采购。随着电子贸易的普及，政府采购模式将又会走向集中，因为所有的采购信息均可由一个部门输入互联网，合同商按要求将物品直接交付给采购实体。

四、质疑和申诉机制

供应商质疑和申诉是采购活动中经常遇到的问题，如果这些问题得不到妥善的解决，不仅会影响采购活动的开展，还会影响政府的信誉，影响政府与供应商之间的关系。正因为如此，世界贸易组织的《政府采购协议》以及许多国家的政府公共采购制度中都包括了对处理质疑和申诉问题的特殊规定，包括申诉程序、有效时间、负责处理此类问题的机构等。

关于处理质疑和申诉机构的设置，《政府采购协议》要求设立一个独立的机构，但这只是将来的趋势，目前各国的做法差异很大。有的国家将这类机构设在财政部门，如新加坡、韩国等；有的国家如英国等由法院负责；有的国家或地区另设独立机构，如澳大利亚的联邦政府调查委员会，日本的政府公共采购调查委员会；有的国家由负责管理贸易申诉的行政法庭来负责，如加拿大的国际贸易仲裁法庭，美国的会计总长办公室和服务管理总局合同上诉委员会，美国的法院也可以受理。

成功地解决申诉问题的补偿机制有：道歉、重新审查采购决定、取消采购决定、终止合同、重新招标、补偿损失、修正有关的采购规划或程序、暂停采购活动等。

为了减少采购活动中的争端，很多国家都制定了内部或外部审计和监督程序，以确保政府公共采购活动的正常进行。

五、采购官员管理

政府公共采购员代表政府进行各种采购，拥有很大的权力，但同时也要承担很大的责任。各国对政府公共采购员的要求是非常高的，他们不仅要懂政府公共采购法规政策，还要懂国际贸易的政策和规则；不仅要熟悉采购程序，还要掌握国内外市场情况；不仅要懂经济知识，还要具备多方面的专业知识；不仅要懂采购技巧，还要善于解决采购过程中出现的各种问题。

为了保证公共采购队伍的专业化、职业化，各国都非常重视对采购官员的培训和管理。负责大宗商品采购或具有高风险的商品和服务采购的官员，由中央政府培训；负责小额商品采购的官员由部门或地方培训。培训合格的官员在采购主管部门登记注册，只有注册官员才能上岗。采购官员按职能分为合同官员、采购官员和采购经办人员，在采购工作中实行流水、各负其责的办法，即将采购的各环节分离，分别由不同的官员负责和经办。上一个环节的官员向下一个环节官员交接工作时，必须书面保证本环节具有合法性。在签订合同时，由不同级别的官员签订不同金额的合同，合同金额越大，要求合同签订人的级别越高。按这套机制运作，权责对称，责任明确。

六、采购信息管理

采购信息管理是公共采购管理制度中的一个重要组成部分，采购信息管理不仅是指采购信息的发布，还包括采购情况的各项记录信息。关于采购信息的发布，通常的做法是在采购主管机构指定的公开发行刊物（如政府公共采购报、政府公共采购资产处理公报等）上刊登采购通告，或者将采购信息输入互联网。采购记录信息的内容非常多，如美国联邦采购数据收集中心收集的采购信息包括：按采购对象性质分类的采购合同及金额，按采购方式分类的采购合同及金额，按采购对象来源地分类的采购合同及金额，按部门分类的采购合同及金额，全国 100 名最大合同商的各项合同及金额等。韩国的采购记录中包括：本年新增国有资产、本年处理国有资产、本年净增国有资产等有关国有资产的信息。通过对政府公共采购项目信息的收集和整理，可以对采购进行地域分析、市场分析以及对政府有关政策目标落实情况进行分析，这也是对公共采购制度的一种评估方法。

七、中央和地方的关系

政府公共采购实行分级管理，中央政府和地方政府建立各自的制度，但二者不是绝对独立的。首先，一个国家只允许有一部政府公共采购法律，法律规定的原则和要求，中央和地方政府都必须遵守，地方政府在不违背政府公共采购法的原则和要求的前提下，可以制定本地的政府公共采购实施细则。其次，由于中央政府与地方政府存在资金往来关系，特别是中央政府要给地方政府大量的转移支付，因此，只要地方政府的采购项目中含中央政府的补助，地方政府就必须按中央政府的采购规则操作。至于地方政府用自有资金安排的采购项目，则可以按地方的采购规则执行。

八、国际事务

这里的国际事务主要是指有关政府公共采购项目中的对外谈判事务，按国际上的做法，一般由外贸部门负责，有的国家由财政部门负查。

第五节　公共采购的发展

一、公共采购模式的发展

从采购模式的历史来看，很多国家的采购模式都经历了从集中采购模式到半集中、半分散采购模式的过程。随着电子贸易的普及，估计公共采购模式又将会走向集中，因为所有的采购信息均可由一个部门输入互联网，供应商按要求将物品直接交付给采购实体。公共采购的三个明显趋势为集中采购、分散采购、半集中和半分散引入商业化操作的采购模式。

（一）集中采购模式

集中采购模式就是所有应纳入公共采购范围的货物、工程和服务统一由政府委托一个部门负责。集中采购是公共采购的重要组织方式。

集中采购能够节约资金，而这正是公共采购制度改革、创新的主要目的之一。集中采购能够带来规模效益。变分散零星采购为集中批量采购，由于批量采购对供应商而言，大大节省了销售费用。采购量的增加比零散采购有利于吸引潜在的供应商，有利于获得更好的供应商履约表现和更有利的价格。另外，集中采购提高了采购效率，节省了采购费用。分散采购制下，每个部门均从事采购，采购行为重复。集中采购则由一个专业部门进行，减少了采购次数，且由于专业采购人员业务熟，采购效率相应提高，从而节省了采购费用。集中采购实行专业化作业，保证采购质量，降低物料使用成本。集中采购，专家评标，组织专家验收货物，有利于保证采购物品的质量和性能，从而延长物料使用寿命。

（二）分散采购模式

分散采购模式就是所有纳入公共采购范围的货物、工程和服务由各需求单位自行组织采购。分散采购的主要优点是易于沟通，采购反应迅速。集中采购往往在需要对采购要求作出快速反应的时候显得比较困难。在使用正常沟通方法时，集中化采购不仅造成实际的时间延误，而且也不利于用户解决具体问题或确定具体的延误原因。实际上，完全集中化的采购组织对组织的人来说成了一个真正的障碍，阻止有效的沟通和用户需求的满足，这可能使用户对集中采购的组织产生怀疑。而在分散采购中，采购官员接近供应品的使用人员，因而可以进行快速和直接的沟通，并有利于培养采购人员与使用者的良好工作关系。

（三）半集中和半分散的采购模式

半集中和半分散的采购模式就是把所有应纳入公共采购范围的货物、工程和服务分两种类型进行采购，即一部分由政府委托一个专门部门统一采购，另一部分由需求单位自行采购。至于集中和分散的程度主要根据采购物品的性质、数量和采购政策而定。高价值、高风险采购由采购部门专业化、技术精湛的采购人员进行管理则会更加经济和有效。低价值、低风险，在性质上很可能是常规采购，通常可以由采购单位进行分散采购。这种颇为常用的组织方法可能会同时获得集中采购和分散采购的双重利益。集中采购有利于制定和实施统一的采购政策，有利于对高价值和高风险采购进行管理；而分散采购则可以保持低价值和低风险采购的灵活性和采购速度。

选择何种公共采购模式是世界各国在推行公共采购制度时要解决的首要问题。同时，从世界各国的公共采购发展历史来看，公共采购模式又是随着社会的发展而变化的。我们认为决定公共采购模式的客观因素有以下几个方面：

（1）公共采购制度的推行是以市场经济为基础的，因此，市场经济体系发育的完善与否，将直接影响公共采购模式的选择。

（2）公共采购服从和服务于各级政府及其所属机构实施公共管理职能的需要，因此，如何充分、有效地满足这一需要是选择公共采购模式的又一客观因素。

（3）实施公共采购的目的也决定了公共采购模式的选择。

（4）社会发展的不同历史阶段决定了与之相适应的公共采购模式。

二、我国公共采购模式的发展

目前，我国公共采购制度正处于推广阶段，《中华人民共和国政府采购法》对我国公共采购模式进行了界定。《中华人民共和国政府采购法》第七条第一款规定："公共采购实行集中采购与分散采购相结合。"即我国目前采取的公共采购模式应该是：集中采购为主，集中采购与分散采购相结合。

（一）我国推行公共采购制度是对传统公共采购模式的改革

我国传统的公共采购模式是"财政供给资金，各单位分散自行采购"，这种采购模式存在的弊端很多，其中最主要的有两方面：一是采购效益低下，浪费严重；二是客观上存在滋生腐败的环境。因此，推行公共采购，改变过去"分散自行采购"方式，消除传统采购方式所导致的弊端，是我国实行公共采购制度的目的之一。《中华人民共和国政府采购法》第一条就此作出明确的规定："提高公共采购资金的使用效益"、"促进廉政建设"。要改变传统的"单位分散自行采购"方式，就必须要树立新的公共采购模式——集中采购为主体，以确保公共采购制度的施行。

（二）集中采购模式存在局限

集中采购模式能有效地提高公共采购资金的使用效益，但与传统的自行采购相比，也存在速度较慢的实际问题。同时，公共采购服从和服务于各级政府及其机构实施公共管理职能的需要。因此，在制定集中采购目录和限额标准时，要考虑各单位的特殊需要和及时性，确定一些采购项目由各单位分散自行采购，但不能否定集中采购的主体地位。

（三）我国的具体国情决定了我国目前公共采购应该以集中采购为主

首先，我国的市场体系还有待建立和完善，各单位分散自行的以市场手段采购政府项目还不能充分实现，因此，集中采购将是我国目前公共采购的主要形式。

其次，传统的分散自行采购模式导致的腐败行为已成为社会关注的焦点，要遏制公共采购中的腐败现象，必须建立科学规范的公共采购制度。实施政府项目集中采购，有利于公共采购监督部门实施有效监督，加强廉政建设，杜绝公共采购中的腐败现象。

《中华人民共和国政府采购法》刚刚实施不久，与之相适应的配套法规还没有出台。传统的采购模式还有很大的市场。从某种意义上讲，它还在阻碍新的公共采购制度的建立和发展。另外，我国的很多客观条件还不成熟，如网络技术、信息传播方式比较落后，财政性资金的管理模式和体制不尽合理和完善，人们的采购意识有待提高等。因此，各级政府要高度重视公共采购制度建设，限制和规范传统的分散自行采购行为，建立高效廉洁的政府集中采购模式。

本 章 小 结

本章讲述了公共采购的概念、主客体、目标、特点和原则，进而深入分析了公共采购过程中采购方式和采购流程的选取与应用；介绍了公共采购管理及公共采购的未来发展趋势，最后介绍了我国公共采购模式的发展状况。

思 考 与 讨 论

1. 在市场经济条件下，为什么各国政府都大力加强公共采购工作的管理和监督？
2. 指出目前公共采购最常用的几种方式，并分别说明这些采购方式的使用环境。
3. 竞争性谈判采购方式在执行过程中，如何保障其竞争性、公平性？
4. 公共采购的一般流程如何？公共采购的风险主要来源于哪些方面？如何防范？
5. 选择公共采购模式时应考虑哪些因素？你认为最关键的因素是什么？请阐述你的

理由。

6. 政府采购的微观效益是如何体现的？

7. 简述国内政府采购中存在的问题和解决措施。

8. 讨论发达国家在政府采购实施过程中的成功经验。

9. 讨论如果你是一家政府采购中心的负责人，你该如何拓展供应商。

10. 讨论政府采购的关键流程。

11. 讨论政府采购中询价采购的适用场合。

12. 请你查询文献，搜集资料，完成主题为"政府采购招标与一般招标的区别"的研究论文。

 案例分析

第十一章　项目采购与供应管理

☞ **本章学习目标**

（1）了解项目采购的定义；

（2）了解项目采购的分类与方式；

（3）了解项目采购的重要性和项目管理的特殊性；

（4）掌握项目采购的流程与原则；

（5）掌握项目采购管理的定义；

（6）掌握项目采购与供应流程；

（7）熟悉项目采购与供应管理的发展趋势。

第一节　项目采购与供应概述

一、项目采购的定义

（一）什么是项目

项目是指需要组织来实施完成的工作。所谓工作，通常既包括具体的操作又包括项目本身。这两者有时候是相互重叠的，有许多共同特征，如都需要由人来完成，都受到有限资源的限制，都需要计划、执行、控制等。具体操作与项目最根本的不同在于具体操作具有连续性和重复性，而项目则有时限性和唯一性。可以根据这一显著区别对项目作这样的定义——项目是一项具有创造某一唯一产品或服务的时限性工作。所谓时限性，是指每一个项目都具有明确的开端和明确的结束；所谓唯一，是指该项产品或服务与同类产品或服务相比在某些方面具有显著的不同。

各种层次的组织都可以承担项目工作。这些组织也许只有一个人，也许有成千上万的人；项目也许只需要不到 100 小时就能完成，也许需要上千万个小时。项目有时只涉及一个组织的某一部分，有时则可能需要跨越好几个组织。通常，项目是实现组织商业战略的关键。以下活动都是项目：开发一项新的产品或服务；改变一个组织的结构、人员配置或组织类型；开发一种全新的信息系统或改造某信息系统；修建一座大楼或一项设施；开展一次政治性的活动；完成一项新的商业手续或程序。

（二）什么是项目采购

项目采购是指项目设备、材料、工程、技术服务采购业务的总称，是从系统外部获得项目建设所需的设备、物资及与之相关服务的完整的采办过程。项目采购的业务范围包括以下几个方面：

（1）确定所要采购的货物、工程或服务的规模、类别、规格、性能、数量和合同或标段划分。

（2）市场供求现状的调查分析。

（3）确定招标采购的方式，包括国际竞争性招标、国内竞争性招标以及其他采购方式。

（4）组织招标、评标、合同谈判和签订合同。

（5）合同的实施与监督。

（6）合同执行中对存在问题的处理。

（7）合同支付。

（8）合同纠纷的解决等。

二、项目采购的分类

（一）按项目采购形态分类

按项目采购形态，项目采购分为有形采购和无形采购，其中有形采购包括工程采购和货物采购，无形采购包括服务采购，如图 11-1 所示。

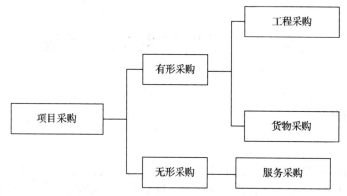

图 11-1　按形态划分的项目采购分类

1. 工程采购

工程采购属于有形采购，是指通过招标或其他方式选择工程承包单位的活动，即选定合格的承包商承揽项目建设任务（如修建高速公路工程、大型水电站工程、灌溉工程、污水处理工程等）以及与之相关的服务（如人员培训、维修等）。

2. 货物采购

货物采购属于有形采购，是指通过招标或其他方式采购项目建设所需投入物的活动，货物指机械、设备、仪器、仪表、办公设备、建筑材料等，并包括与之相关的服务，如运输、保险、安装、调试、培训、初期维修等。

此外，还有大宗货物，如药品、种子、农药、化肥、教科书、计算机等专项合同采购，尽管它们采用不同的标准合同文本，但仍可归入货物采购种类之中。

货物采购的业务范围包括以下内容：

（1）确定所要采购货物的性能和数量。

（2）供求市场的调查分析。

（3）合同的谈判与签订。

（4）合同实施的监督。

（5）对合同执行过程中存在的问题采取必要的措施。

3. 服务采购

服务采购属于无形采购，是指通过招标或其他方式采购服务的活动。常见的咨询服务包括项目投资前期研究、准备性服务、执行服务、技术援助。

咨询服务采购是项目采购的重要组成部分，包括聘请咨询公司采购和单个咨询专家采购。

（二）按采购竞争程度不同分类

按采购竞争程度不同，项目采购分为招标采购和非招标采购。

（1）招标采购。招标采购包括国际竞争性采购、国际限制性采购和国内竞争性采购。

（2）非招标采购。非招标采购包括询价采购、直接采购、自营工程等。

（三）按项目采购人员不同分类

按项目采购人员不同，项目采购分为个人采购、家庭采购、企业采购和政府采购。

（1）个人采购。个人采购是指个人使用资金来采购的行为。

（2）家庭采购。家庭采购是指以家庭为单位发生的采购行为。

（3）企业采购。企业采购是指企业发生的采购行为。

（4）政府采购。政府采购是指各级国家机关、事业单位相关团体组织使用财政性资金采购依法制定的采购目录以内的或者采购限额标准以上的货物、工程和服务的行为。

在此分类中，个人采购、家庭采购和企业采购可统称为非政府采购。非政府采购与政府采购的区别在于：政府采购不是以赢利为目的，其资金来源为税收、捐款等财政收入，因此政府采购必然受到法律、规则和条例、司法或行政决定的限制与控制；而非政府采购就没有如此多的限制因素，私营企业可以随意将投标机会限制在少数供应商之间。

（四）按复杂程度分类

按项目采购的复杂性来看，并不是所有的项目采购都是一样的。有些规模比较大，有些规模比较小；有些比较复杂，而有些则相对比较简单，属于日常采购；有些采购需要承担较高的风险，而有些则风险很小，甚至根本没有风险；有些采购需要买卖双方进行很长时间的交易，而有些则可以到公开的市场立即购买。

为了能够顺利地完成采购任务，有助于在管理中更好地将注意力集中在比较复杂和棘手的采购上面，可以把项目分为三个类别和两种关系，如图 11-2 所示。

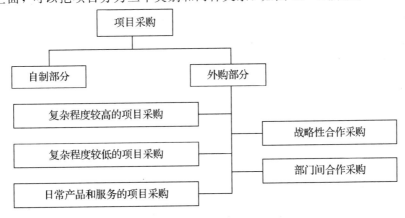

图 11-2　按复杂程度划分的项目采购分类

1. 复杂程度较高的项目采购（高风险采购）

对于任何项目来说，此类采购都是富有挑战性的，因为其采购的产品根本不存在，需要根据项目的技术规范量身定做，这就导致了项目在技术、质量、成本及进度等方面的高风险。该类采购必须从项目的长期利益进行规划，并作为项目总体的一个重要子项目进行考虑。一般情况下，需要为该类中的每项采购都成立一个专门的小组进行管理。每个小组都指派一个领导（通常是一个代表项目经理的技术人员）作为代理人与供应方合作。较早识别出这类采购对整个项目起的关键作用，因此可以更加充分地进行规划。

常见的复杂性较高的项目采购包括：新型商业中心的建筑设计、新制造工厂的建筑、信息技术服务的外包、新型软件包的设计、新型计算机的改进工程、新型飞机的改进工程、新型雷达系统或项目关键部分的改进工程等。

2. 复杂程度较低的项目采购（低风险采购）

低风险采购的产品通常价格较高，但已经存在并能满足项目技术规范的要求，可以从供应商那里直接购买。这类采购项目往往价格昂贵，有的复杂程度甚至超过了第一种，对项目起着关键性的作用，但不需要供应方的创新。

在这一类别中，产品一般不需要作出改动，或者仅需要少量的、次要的修改。例如，对一辆所订购公共汽车上的公司标志图案的改变。只要厂商能按时交货，并保证产品能正常工作，项目就不会为此承担太大的风险。

及早识别该类采购有助于计算所需要的采购时间，并对必要的投资进行预算。常见的情况包括：现有的汽车、公共汽车、运输工具或飞机的购买，现有的雷达系统或者大型发电机的采购，现有的价格较高软件的购买，现存计算机或者其他改进型的高价部件的采购等。

3. 日常产品和服务的项目采购

项目可能需要数量庞大的某种货物或者服务，但又不属于上述两种类别。在这种状况下，基本的采购原则要比与供应方建立复杂的合同关系或者分包合同关系（即将该采购认为是一个关键子项目）更加适用。

及早对这类采购进行识别，对项目的成功也没有重大意义，也就是说，它们可以在后面的阶段里识别，且一般不会给项目带来风险。这些商品一般都有替代品，常见的例子有：日常测试，螺母、螺钉、扣件、金属片、油漆和溶剂等原材料，铅笔、纸和其他办公用品，现有计算机、打印机、扫描仪等。

在不同复杂程度的项目采购以及日常货物和服务的采购中，经常会涉及合作采购的问题，可以是战略性合作采购，也可以是部门间的合作采购。

三、项目采购方式

（一）公开招标

公开招标采购是指招标者或其委托的代理机构（统称招标人）以招标公告的方式邀请不特定的供应商（统称投标人）参加投标的采购方式。公开招标是项目采购的主要采购方式。

招标人不得将应当以公开招标方式采购的工程、货物或服务化整为零或以其他任何方式规避公开招标采购。

（二）邀请招标

邀请招标采购是指招标人以投标邀请书的方式邀请规定人数以上的供应商参加投标的采购方式。通常情况下，邀请招标需要具备一定的条件，例如具有特殊性，只能从有限范围的供应商处采购；采用公开招标方式的费用占采购项目总价值的比例过大。

（三）竞争性谈判

竞争性谈判是指采购者直接邀请规定人数以上的供应商就采购事宜进行谈判的采购方式。《中华人民共和国政府采购法》规定符合下列情形之一的货物或服务可以采用竞争性谈判方式进行采购：

（1）招标后没有供应商投标，或者没有合格标的，或者重新招标未能成立的。

（2）技术复杂或者性质特殊，不能够确定详细规格或者具体要求的。

（3）采用招标方式所需时间不能满足用户紧急需要的。

（4）不能事先计算出价格总额的。

四、项目采购的重要性

任何项目都离不开采购活动，农业项目需要采购农用机械、种子、农药、化肥等；水利工程项目需要采购钢材、水泥、水泵、排水设备等；土建工程项目需要选择施工承包商提供工程施工服务；技术援助项目需要聘请咨询专家等，所有这些项目都需要采购活动。因此，项目采购工作是项目实施的一个重要环节，如果采购工作方式不当或者管理不力，所采购的产品、货物、工程和咨询服务等就不能满足项目的需要，不仅影响项目的顺利实施，而且会影响到项目的效益，甚至导致项目失败。

项目采购的重要性可以归纳如下：

（1）项目采购是项目执行的关键环节。采购工作能否经济有效的运行，不仅影响项目成本，而且关系到项目建成后的质量，关系到项目能否发挥预定功能。

（2）项目采购是项目管理的主要内容。项目采购是项目管理的九大知识领域之一，是项目管理不可缺少的主要内容。采购问题一直是项目管理理论研讨的焦点问题，并且一直受到项目管理人员的高度重视。

（3）项目采购工作具有高度敏感性。项目采购工作一般涉及巨额费用的管理和使用，项目招标、投标过程的影响因素众多，如果没有一套严密、规范化的采购程序和制度，项目采购工作就容易导致贪污、贿赂、腐败或者欺诈等行为，最终给项目带来了管理困难、资金浪费，影响项目的正常执行，严重者则会给项目带来巨额损失。

（4）项目采购可以促进市场公平竞争。

公正合理的项目采购程序既可以充分发挥项目有限的采购资金，也可以促进公平竞争，提高项目承包商、供应商等的市场生存能力和产品质量，促进社会生产力的发展。

项目采购的重要性主要由项目采购的以下特点决定：

（1）项目采购是联系项目设计与项目工程建设的纽带，所采购的材料、设备是组成项目主体的基本单元。

（2）材料、设备的成本构成了整个项目成本的主要部分。

（3）从业主或承包商的角度来看，材料、设备的质量主要由材料、设备供应商决定。

（4）业主或承包商需要与这些材料、设备供应商进行大量的谈判及信息的交流。

（5）业主或承包商对采购，特别是业务完全外包或者提前期较长的采购活动的控制力度差。

（6）工程项目中大量固定设备的采购与制造业不同，供应商必须"量身定做"，没有保险库存。

五、项目采购的特殊性

项目采购是为提供某项独特产品、服务或成果所做的一次性努力，通过对项目采购概念的认识和理解，可以归纳出项目采购作为一类特殊的活动（任务）所表现出来的区别于其他活动的特征。

（一）实施的临时性

临时性是指每一个项目都有确定的开始时间和结束时间，当项目的目的已经达到，或者已经清楚地看到项目目的不会或不能达到时，或者项目的必要性已不复存在并已终止时，该项目即达到了它的终点。临时性不一定意味着时间短，许多项目进行时间长达若干年。然而，在任何情况下项目的期限都是有限的，项目不是持续不断地努力。

但是，临时性一般不适用于项目所产生的产品、服务或成果，大多数项目是为了得到持久的结果。项目还经常会产生比项目本身更久远的、事先想到或未曾料到的社会和环境后果。

（二）目标的明确性

人类有组织的活动都有其目的性。项目采购作为一类特别设立的活动，也有其明确的目标。从上面对项目采购概念的剖析可以看到，项目采购目标一般由成果性目标与约束性目标组成。其中，成果性目标是项目采购的来源，也是项目采购的最终目标，在项目采购实施过程中成果性目标被分解为项目采购的功能性要求，是项目采购过程的主导目标；约束性目标通常又称限制条件，是实现成果性目标的客观条件和人为约束的统称，是项目采购实施过程中必须遵循的条件，从而成为项目采购过程中管理的主要目标。可见，项目采购的目标正是二者的统一，没有明确的目标，行动就没有方向，也就不能成为一项任务，也就不会有项目的存在。

（三）项目采购的整体性

项目采购是为了实现目标而开展的任务的集合，它不是一项项孤立的活动，而是一系列活动的有机组合，从而形成的一个完整的过程。强调项目的整体性，也就是强调项目采购的过程性和系统性。

（四）组织的临时性和开放性

项目采购开始时要建立项目组织，项目组织中的成员及其职能在项目的执行过程中都在不断的变化，项目结束时项目组织就要解散，因此项目组织具有临时性。一个项目往往需要多个甚至成百上千个单位共同协作，他们通过合同、协议以及其他的社会联系组合在一起，可见项目组织没有严格的边界。

（五）后果的不可挽回性

项目采购具有较大的不确定性，它的过程是渐进的，潜伏着各种风险。它不像其他事情可以试做，或失败了可以重来。项目采购要求有合理的计划、精心的实施和有效的控制，从而达到预期的目标。

（六）资源约束性

资源约束性通常也称为限制条件，是实现成果性目标的客观条件和人为条件的统称。常指工期与进度要求、投资成本与费用限制等。任何项目都是在一定的资源（时间、资金、技术、人员、材料等）约束下进行，是项目实施过程中必须遵循的条件，从而成为项目管理的主要目标。

第二节　项目采购与供应流程

一、项目采购的原则

项目采购的基本原则与项目发起人和出资人的利益密切相关，不同项目的投资者具有不同的项目采购倾向。例如，使用国家资金的公共项目采购必须满足《中华人民共和国政府采购法》的原则，国际金融机构贷款的项目采购必须满足相关金融机构的采购指南要求，而私人投资项目的采购原则虽然不甚明确，但是必须与相应的法律法规一致。不论如何，项目采购的根本目标是为项目提供必要的材料、设备、技术或管理服务等，项目采购直接影响项目经济效益和项目质量。项目采购实质上是社会资源的一种重新分配方式。在市场经济体制下，社会资源的重新分配遵循市场经济规律，因此项目采购应遵循市场经济的普遍规律，致力于培养和维护一个健康和谐的社会和经济秩序。项目采购的基本原则如下。

（一）经济性和效率性

项目采购的经济性和效率性是指所采购的工程、货物和服务应具有优良的品质，以及在合理的时间内完成采购，以满足项目工期的要求。其中项目采购的经济性既包括采购对象的经济性，也应包括采购活动的经济性。项目的实施需要讲求经济性和效率性。项目采购是项目实施或执行阶段的关键环节和主要内容，所以应特别重视采购的经济性和效率性。

货物（包括设备）和土建工程这两项采购额，按照世界银行的统计，大约占其总支付额的90%，其中货物约占70%，土建约占20%，服务约占10%，采购要在经济上有效率，也就是说，所采购的工程、货物、服务应该具有优良的质量，以及在合理的、较短的时间内完成采购，以满足项目工期的要求。

（二）均等竞争性

竞争性原则是市场经济的普遍原则，项目采购应该有利于市场竞争、促进市场公平竞争。既然公开竞争有利于降低采购成本，那么项目采购就应该提倡公开竞争。

在项目采购中要给予合格竞争者均等的竞争机会，以提供项目所有的货物和工程以及咨询服务。项目采购的均等竞争性是指在项目采购中给予合格竞争者均等的机会，其有两方面的含义：

（1）使所有的合格货源提供者都可以参加项目的资格预审、投标、报价。

（2）所有来自合格货源提供者的资格预审申请、投标文件和报价都必须受到公正对待。

（三）透明性

项目采购的透明性是指项目采购的整个过程具有高度的公开性。目前，越来越多的政府和国际金融组织强调项目采购透明度的重要性。项目采购的透明性主要强调采购过程透明，采购过程包括招标、投标、评标、中标等全过程。采购强调透明性有利于提高采购过程的客观性，也是对前两个原则的有效支持。

（四）质量标准

项目采购必须坚持明确的质量标准，采购符合要求的材料、设备和服务。如果所采购的货物不符合项目的质量标准，则可能造成整个项目质量低劣，达不到客户的要求，从而造成返工或者项目失败。如果所采购的咨询服务不符合要求，则可能引起项目设计质量低劣，或者项目成本、进度失控等。项目质量是项目业主关注的焦点之一，项目质量可分解为项目实体质量和项目工作质量，均与采购的质量标准密切相关，坚持采购质量标准为项目质量提供了坚实的基础。

二、项目采购的程序

采购工作开始于项目选定阶段，并贯穿于整个项目周期。项目采购与项目周期需要相互协调。在实际执行时，采购与项目周期的进度配合并不一定都能按照理想的情况完全协调一致，为了尽量减少这种不一致，在项目准备与预评估阶段就应确定采购方式、合同标段划分等，尽早编制资格预审文件进行资格预审、编制招标文件准备招标等。这样既加快了采购进度，也提高了资金的效益。项目周期与采购程序之间的关系如图11-3所示。

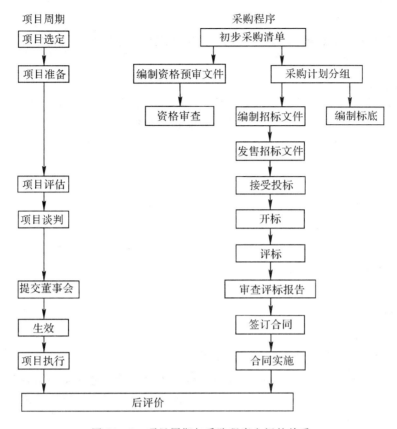

图 11-3　项目周期与采购程序之间的关系

三、项目采购的业务范围

项目采购的业务范围包括以下几个方面：

（1）确定所要采购的货物、工程或服务的规模、种类、规格、性能、数量和合同或标段的划分等。

（2）市场供求现状的调查分析。

（3）确定招标采购的方式。

（4）组织进行招标、评标、合同谈判和签订合同。

（5）合同的实施和监督。

（6）合同执行中对存在的问题采取的必要行动或措施。

（7）合同款项支付。

（8）合同纠纷的处理等。

四、项目采购的流程

（一）项目采购的基本流程

项目采购流程主要包括采购认证、选择供应商、签订合同、合同跟踪、付款操作等几个方面。一个完整的项目采购流程应包括以下环节：

1. 确认需求

采购的起点是确认需求。在采购之前，应先确定需要采购哪些货品、需要多少、何时需要、何时采购、由谁决定等。

2. 需求说明

确认需求之后，要对需求的细节如品质、包装、售后服务、运输及检验方式等，均加以明确说明，以便使来源选择及价格谈判等作业能顺利进行。

一般的需求说明应包含下列内容：

（1）采购日期；

（2）采购品编号；

（3）采购申请的发出部门；

（4）采购所涉及的金额；

（5）对于所需采购品本身的型号、品名、规格、产地和数量的完整描述；

（6）采购品需要的日期；

（7）任何特殊的发送申请；

（8）授权申请人的签字。

3. 选择供应商

选择供应商是采购作业中的重要一环。供应商的素质直接关系到采购品的质量、交付日期、数量、价格和售后服务等。供应商与采购相关的品质要素，包括历史记录、设备状况、技术力量、财务状况、组织管理、声誉、系统、通信、位置和供应柔性等也是采购部门要关注的。

为了更有效地进行采购，项目采购部门必须做到以下几点：

（1）对合同的履行情况进行监控；

（2）提供所购物品项目的分类表；

（3）做好供应商记录；

（4）提供合同样本。

4. 确定价格

确定所需交付的价格是采购过程中的一项重要决策。选定可能的供应商后，项目采购部门应对供应商的报价进行分析，与供应商谈判，选择合适的供应商，最后发出订单。为此，采购人员必须了解各种定价方法及其使用时机，并能利用谈判技巧来取得满意的价格。

5. 订单安排

价格谈妥后，应签订订货合同或订单。订单和合同均属于具有法律效力的书面文件，对买卖双方的权利和义务必须予以说明。一份详细的项目采购订单应包括以下几个要素：

（1）采购品序列编号；

（2）采购订单发出的日期；

（3）接受订单的供应商的名称和地址；

（4）所需货品的数量和描述；

（5）发货日期；

（6）运输要求；

（7）价格；

（8）付款条件；

（9）对订单有约束的各种条件。

如果合同签订不当，很可能带来严重的法律争议。一般企业都有备好的采购订单，但究竟是使用企业的自备订单还是使用供应商的销售协议，需由项目采购部门和供应商协商确定。

6. 货物跟踪

采购订单发出后，为使供应商按期、按质、按时、按量交货，应依据合同规定督促供应商按规定交运。

跟踪是对订单进行的例行追踪，以确保供应商能履行其发货的承诺。如果出现了问题，如质量问题或发运问题等，企业就需要对此尽快了解，以便采取相应的行动。通常需要询问供应商的进度，有时甚至有必要到供应商那里走访。这就是项目采购人员对订单的跟踪。

催货是对供应商施加压力，以使其履行最初的发运承诺，提前发运货物或是加快已经延误的订单所涉及的货物的发运。催货应仅适用采购订单的一小部分，因为如果企业对供应商的能力已经做过全面分析的话，那被选中的供应商就应是那些能遵守合同的、可靠的供应商。当然，在物资匮乏的时候，催货具有重要的意义。

7. 核对发票

厂商交货验收合格后，随即开具发票。对于发票的内容应先经采购部门核对，财务部门才能办理相应的付款。

8. 验收货物

验收货物的基本目的是为了确保货物已经实际到达并完好无损，数量、质量也与订单相符合。所交货物与合同不符或验收不合格者，应依据合约规定办理退货并立即重购。

对货物进行验收时，有时会发现短缺现象。若有此类情况发生，项目采购部门要及时向供应商提交货物短缺报告。

9. 记录并保存档案

经过上述所有步骤后，对于一次完整的采购活动，接下来的任务就是更新采购部门的记录。凡经结案的采购事项均应列入档案，登记编号分类并予以保管，以便参阅或事后发生问题时查考。需要保存的项目采购档案有以下几种：

（1）采购订单目录。目录中所有的订单都应编号并说明结案与否。

（2）采购订单卷宗。所有的采购订单副本都被顺序编号后保管在里面。

（3）商品文件。所有的主要商品或主要项目的采购情况（日期、供应商、数据、价格和采购订单编号等）都应记录在案。

（4）供应商历史文件。其中应列出交易金额较大的主要采购事项。

（5）合同管理。应记载所有主要供应商与企业所签合约的状况（合约到期日）。

（6）投标历史文件。其内容主要是货品项目所邀请的投标商、投标额、投标的次数、成功的中标者等信息。这些信息可以清楚反映供应商的投标习惯和供应商可能存在的私下串通。

（7）工具和寿命记录。记录中应指明采购的工具、使用寿命、使用历史、价格、所有权和存放的位置等。采购档案的保管应有一定的时限规定。例如，一张可以作为和外界所签合同证据的采购订单一般要保存 7 年，而作为备忘录的采购申请单要保存的时间更长。

（二）项目采购流程设计注意事项

项目采购流程设计应该注意的要点如下：

1. 注意关键点的设置

关键点的设置是为了便于控制，使各项正在处理中的采购作业在各阶段均能被追踪控制。例如，国外采购、询价、报价、申请输入许可证、开信用证、装船、报关、提货等，均有控制要领或办理时限。

2. 注意划分权责或任务

对于各项项目采购手续及查核责任，应有明确的权责规定及查核办法。例如，对请购、采购、验收、付款等权责应予以区别，并指定负责单位。

3. 注意先后顺序及效率

在设计项目采购流程时，应当注意作业流程的流畅性与一致性，并考虑作业流程所需时限。须注意如下三项：避免同一主管对同一采购案件作多次签核；避免同一采购案件在不同部门有不同的作业方式；避免一个采购案件会签部门过多，影响作业效率。

4. 注意流程与价值相适应

流程的繁简或被重视的程度应与采购项目的重要性或价值的大小相适应。凡涉及数量比较大、价值比较高或者容易发生舞弊的项目采购，应有比较严密的处理监督；反之，则可略做予以放宽，以求提高工作效率。

5. 处理程序应适应现实环境

应当注意程序的及时改进。经过若干时间以后，早期设计的项目采购流程应不断完善或改进，以适应组织变更或作业上的实际需要。

6. 避免作业过程发生摩擦、重复与混乱

要注意变化性或弹性范围以及偶发事件的应对措施，譬如，在遇到"紧急采购"及"外部授权"时应有权宜的办法或流程来特别处理。

第三节　项目采购管理

一、项目采购管理的定义

项目采购管理（Project Procurement Management）是指为达到项目的目标而从项目组织的外部获取货物、工程和咨询服务所需的过程。项目采购管理是保证项目成功实施的关键活动，如果采购的货物、工程和咨询服务没有达到项目规定的标准，必然会降低项目的质量，影响项目的成本、进度等目标的实现，甚至导致整个项目的失败。项目采购管理的总目标是以最低的成本及时地为项目提供满足其需要的产品。

在项目采购管理中，主要涉及四个方面的利益主体，即项目业主/客户、项目实施组织（承包商或项目团队）、供应商、项目分包商和专家。他们在项目采购管理中的关系如图

11-4所示。

（1）项目业主/客户是项目的发起方和出资方，他们既是项目最终成果的所有者或使用者，也是项目资源的最终购买者。

（2）项目实施组织是指承包商或项目团队，是项目业主/客户的代理人和服务提供者，他们为项目业主/客户完成项目货物和部分服务的采购，然后从项目业主/客户那里获得补偿。

（3）供应商是为项目组织提供项目所需货物和部分服务的卖主，他们可以直接与业主/客户交易，也可以与承包商或项目团队交易，并提供项目所需的货物和服务。

（4）项目分包商或各种中介咨询专家是专门从事某个方面服务的工商企业或独立工作者，当项目组织缺少某种专长人才或资源去完成某些项目任务时，他们可以雇用各种分包商或专家来完成这些任务，分包商或专家可以直接对项目实施组织负责，也可以直接对项目业主/客户负责。

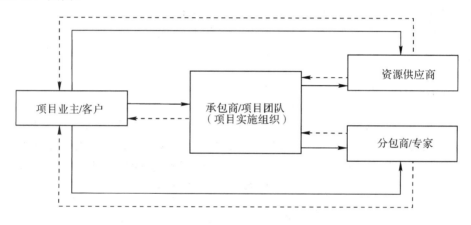

图11-4　项目采购中各角色的关系

图11-4中的实箭线表示"委托-代理"关系的方向和项目资金的流向，而其中的虚箭线则表示项目采购中的责任关系。项目采购管理主要是管理这种资源采购的关系和行为，对这种资源采购中所发生的问题进行管理。在项目采购管理中，计划、组织、管理和实施工作主要是由项目实施组织开展的，项目业主/客户直接进行项目采购的情况较少，因为项目实施组织是项目资源的直接需求者和提供者，他们最清楚项目各阶段的资源需求。

二、项目采购管理的作用

有效的项目采购管理是十分重要的，可以降低项目成本、避免合同纠纷、保证按期交付、防止贪污浪费。

（一）降低项目成本

能否经济而有效地进行采购，不仅影响着项目成本，而且也关系着项目预期的经济效益。采购计划周密，工作做得好，不但采购时可以降低成本，购买到合适的货物或签订合适的服务合同，而且在货物制造、交货以及服务提供的过程中，可以尽可能地避免各种纠纷。

（二）避免合同纠纷

健全的项目采购管理工作，要求在充分调查分析市场情况、准确掌握市场变化趋势的前提下制定项目采购计划，从而保证预算既符合市场行情，又留有一定余地。签订合同后，双方对如何支付货款或服务费用应权责分明。即使对于可能发生的价格调整或不可预见性费用，也都应在合同中作明确的规定以避免产生纠纷。

（三）保证按期交付

在采购合同中应对所采购的货物或服务的技术规格、交付日期等方面作出具体规定，明确双方的权利与责任，不应模糊推诿。此外，合同中还应该对履约保证和违约赔偿进行规定，以保证按期交货和提供服务，使项目按计划实施。

（四）防止贪污浪费

项目采购工作涉及资金相对较大，同时也涉及复杂的横向关系，如果没有一套周密的程序和良好有效的制度，难免会出现贪污、浪费的现象。例如，在承包商的选择上，应尽量采用比较规范的、公开竞争的招标程序和严谨的支付方法，从制度上最大限度地防止贪污、浪费等腐败现象的发生。

三、项目采购管理的职能

项目采购管理的职能包括计划、组织、领导和控制，如何充分发挥这四项职能是搞好项目采购管理工作的切入点。费用、进度和质量管理是项目管理工作中最重要的三个内容，一切管理职能都是为其服务的，贯穿于这三项管理的全过程，如图 11-5 所示。

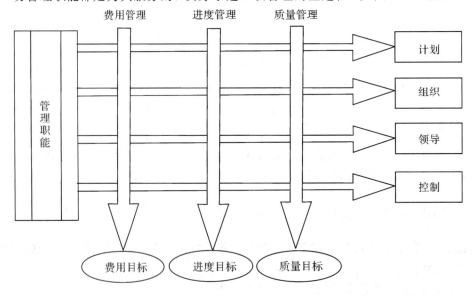

图 11-5　项目采购管理的四项职能与费用、进度和质量管理的关系

（一）计划

在项目采购管理的五项职能中，计划是最基本的职能。一个项目采购管理如果没有计划，将会使所有工作失去目标，进度、费用、质量管理也就无从谈起。因此要搞好项目采

购管理必须编制合理有效的采购计划。

（二）组织

为了实现项目采购的目标和任务，必须对采购相关活动进行合理分工和协作，合理配备和使用项目资源，正确处理各工作之间的相互关系，因此应该建立合理有效的项目采购组织机构进行科学管理。

（1）按照采购目标和计划任务的要求，建立合理的组织机构（包括各管理层次和职能部门的设置）。采购部按采购工作中采买、催交、检验、运输四项业务建立专业化的组织机构。按照矩阵式管理的原则组建项目采购组，如图11-6所示。矩阵式管理有利于经验的积累、专业水平和劳动效率的提高，从而提高项目采购管理的质量。

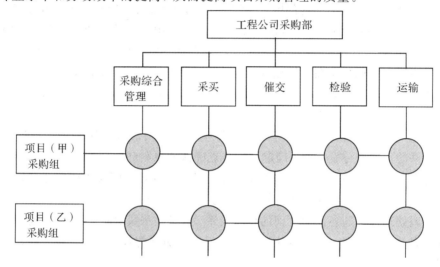

图11-6 项目采购的组织

（2）按照业务性质进行分工，确定各个部门的职责范围，并按其所承担的责任给予各部门、各管理人员相应的权力，定岗定责，各司其职，可以保证采购管理工作在法制化的轨道中运行。

（3）建立规范化的工作秩序，明确协作关系，建立信息沟通渠道，可以使采购管理的顺利畅通得到保证。

（4）选派素质高、适合工作要求的人员参与项目采购。

（5）按采购管理中的职责规定有效组织相关活动。如组织报价的商务评审和综合评审，组织做好设备材料的采买、催交、检验、运输工作，组织制定采购绩效基准，组织对采购文件、资料的整理、归档等活动。

（三）领导

作为项目的采购经理及各部门负责人，应率领、引导和鼓励其成员在一定条件下实现采购目标。各层次的管理者都具有领导的职能，领导的作用主要包括指挥、激励和协调三个方面。

1. 指挥

作为项目采购经理要会运用科学的方法和经验，帮助下属认清环境和形势，指明采购的目标和达到目标的方法、途径，正确地指挥各成员工作是搞好采购管理的重要条件。

2. 激励

项目采购管理的好坏，人的因素是关键，能正确地对成员采取各种激励措施，使下属自觉地发挥自己的聪明才智，贡献自己的力量，朝着共同的目标前进，是项目采购经理和各层负责人必备的才能和素质。由此可见，高素质、高水平的领导（或领导集体）是做好采购管理工作的先决条件。

3. 协调

项目采购管理是项目管理系统中的子系统，在这个系统中，影响采购目标的实现既有内部因素，也有外部因素，协调的作用就在于反复工作、互相配合、求同存异、减少分歧，想方设法排除影响实现目标的内部因素（各部门、各人员之间的偏向）和外部因素（与外部各单位、部门之间的接口关系）。协调在项目采购管理中有着非常重要的作用，特别是在处理与外部接口关系时更为重要。协调工作的重点就在"协"（协商）"调"（调解）上。比如，很多工作中的分歧、偏差是在合同或规章制度中没有预料到的，这就需要我们按一定的协调程序来处理。协调工作贯穿于采购管理的全过程，可以说它无处不在，因此做好协调工作是搞好采购管理的重要环节。

（1）建立采购协调程序，规定采购部门与业主以及供应方的协调程序和通信联络方式，采购文件的传送和分发范围，确定业主审查确认的原则和内容。

（2）协调处理好与项目其他部门工作的接口关系，有效地配合工作。处理好采购与设计、采购与施工、采购与项目控制、采购与财务等的接口关系。

（3）协调处理好采购各部门之间的接口关系，关键是采买、催交、检验、运输四个部门在不同阶段的配合。有效、科学的协调往往达到事半功倍的效果，所以在采购管理中不可忽视协调的作用。

（四）控制

在采购管理的各个职能中最关键的就是控制功能，因为它是为实现项目采购管理目标而进行的纠偏、矫正的行为过程，它是控制论在项目采购管理中的运用。若管理活动失去控制，其他的职能也就相应失去了意义。可以说，其他的三项职能都是为控制而服务的，因为只有经过控制，才能达到预定的采购目标。

采购管理控制过程包括确定目标、衡量绩效和纠正偏差三个要素。控制在项目采购管理中的具体体现是"三大控制（费用控制、进度控制、质量控制）"，它们的控制目标和项目目标是一致的，是项目"三大控制"的关键环节，因此"三大控制"贯穿于项目采购管理的全过程，是采购管理工作的核心。

四、项目采购管理的过程

任何一个项目的管理都是由一系列的阶段和过程构成的，项目采购管理同样也是由一系列管理阶段和过程构成的。在项目采购管理过程中，买方是起决定性作用的。因此，项目采购管理是从买方的角度出发而开展的一系列具体管理工作过程。

按照美国项目管理学会提出的现代项目管理知识体系指南规定，项目采购管理的具体工作过程包括采购计划制定、询价计划制定、询价、供方选择、合同管理和合同收尾六个过程。由于询价计划制定、询价和供方选择三个过程关系非常密切，无论是招标采购还是非招标采购，这三个过程在实际操作中往往是合为一个程序进行的（如招投标程序），因此本书将这三个过程合在一起，称之为项目采购计划的实施过程。整个项目采购管理的过程如图 11 - 7 所示。

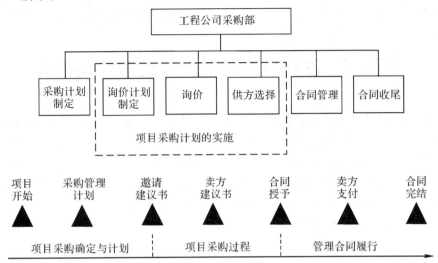

图 11 - 7　项目采购管理的过程

（一）项目采购计划的制定

为满足项目实施需要，就必须根据项目集成计划和资源需求确定出项目在什么时间需要采购什么产品和怎样采购这些产品，并据此编制出详细可行的项目采购计划。项目采购计划是项目采购管理的核心文件，是项目采购管理的根本依据之一。

（二）项目采购计划的实施

项目采购计划的实施包括询价计划制定、询价和供方选择三个过程。在询价计划制定过程中，应根据项目采购计划和其他相关计划编制采购文件，确定选择供方的评价标准。在询价过程中，应获得可能供方的报价、投标或者建议书。在供方选择过程中，根据询价过程获得的供方报价等相关信息，按照询价计划制定过程确定的评价标准，从所有的候选供方中选择一个或多个供应商进行项目采购合同洽谈，并最终签订合同。

（三）合同管理

合同管理包括与选定的各个供应商完成项目采购合同谈判，以及合同签订以后所开展的项目采购合同履约过程中的管理工作。这是项目所需资源的买主与卖主之间的整个合同关系的管理工作，同时还是项目所需产品供应合同履约过程的管理工作。

（四）合同收尾

合同收尾是在项目采购合同全部履行完成前后，或者是某项合同因故中断与终止前后所开展的各种项目采购合同结算或决算，以及各种产权和所有权的交接过程。这一过程中包括了一系列的关于项目采购合同条款的实际履行情况的验证、审计、完成和交接等管理工作。

项目采购管理的工作内容和过程基本上是按照上述顺序进行的，但是不同阶段或工作之间有相互作用和相互依存的关系，以及某种程度的相互交叉和重叠。在项目采购过程中，买主一方需要依照采购合同条款，逐条、逐项、逐步地进行项目的采购管理，甚至在必要的时候向各方面的专家寻求项目采购管理方面的专业支持。当然，对于许多小项目而言，这种管理过程会相对简化，而一般大型项目的采购管理则要求较高且比较复杂。

第四节　项目采购与供应管理的发展趋势

现代项目采购管理是用先进的信息管理技术对现代工程项目建设过程采购信息的收集、整理、存储传播和利用的过程，同时对涉及项目建设过程中采购活动的各种要素，实现资源的合理配置。采用信息的有效管理就是强调信息的准确性、有效性、及时性、集成性、共享性。信息只有经过传递交流才会产生价值，所以要有信息交流，强化采购信息活动过程的组织和控制共享机制，以利于形成信息积累和优势转化。

近年来，项目采购管理表现出以下一些趋势：

一、电子政务化

随着我国社会主义市场经济体制的建立和完善，政府办公改革已经成为一个迫切需要解决的问题。但是，从世界发展的历史来看，政府办公改革是一项极为艰巨的任务。信息技术的应用为政府办公改革带来了巨大的冲击力量和前所未有的契机，对于经济社会的进一步发展具有极其重要的意义。

电子政务化是项目采购实践者和理论研究者们普遍认同的理念。从理论上讲，电子政务降低行政成本可以通过以下三个途径来实现：

（1）电子政务使无纸办公成为可能，电子文件、网络会议的出现在一定程度上降低了购买纸张和举行会议的费用。

（2）电子政务系统可以在一定程度上实现政府组织的扁平化，减少部门信息传递过程中的信息失真，提高采购信息上传下达的效率。

（3）电子政务促进部门间合作，优化政府办公流程，提高采购部门协同办公能力，从而提高行政效率，这是项目采购未来发展的一个重要趋势。

二、战略性成本管理

采购管理中的关键内容是降低项目总的采购成本。项目为获取更多的利润或保持较高的竞争力，实施成本降低战略往往是首选，但随着技术、设备等领域成本降低空间的大幅度减小，以往被忽略的采购部门对成本降低带来的作用越来越明显。在 20 世纪 80 年代，项目普遍选择降低采购价格的方式来进行，而到了 90 年代，这种方式基本上被客户与供应商之间的协作降低成本（双赢）的方式所取代。目前，成本降低战略的参与者仅仅是单个的项目或与项目直接相关的关键供应商，但随着竞争的加剧，成本降低战略的参与范围将扩大，包括更多的供应链成员：项目、客户、供应商、供应商的上游供应商等供应链中的各个环节,所有这些成员将共同合作,寻求成本降低的机会,以达到"多赢"而非双赢或一赢一败的结果。为了成功地进行战略性成本管理,供应链成员除了必须面对同其他贸易伙伴协作并对他们敞开大门外,还必须正确认识战略将涵盖的内容:一是对项目的业务流程加以改进,识别并消除不带来增值的成本和行为;二是在供应链中制定技术性和特殊性产品和服务的价格策略;三是在不同的市场中分享成本模型和节约的成本。

三、战略采购

战略采购来源于对物资分类管理的细化。战略采购的关键是与供应商保持密切的合作关系,特别是那些重要的供应商及转换成本高的供应商。战略采购在未来将有两种发展趋势:一是随着采购和供应中检查绩效细节部分所花费的时间越来越多,供应商评估标准将越来越详细、准确;二是由于项目对每个或每类供应商绩效建立专门的指标,衡量供应商绩效的指标将越来越个性化,也就是说,项目不再对供应链中的所有成员执行统一标准来降低管理的复杂性,而是寻找制定合适标准的平衡点,这样既满足供应链的具体要求,又不致于过复杂而难以管理。

四、全球采购

近年来,全球采购活动在我国市场上越来越频繁。首先,大型跨国公司和国际采购组织的采购网络正在加速向中国市场延伸;其次,跨国公司和国际采购组织在中国市场的采购活动日趋频繁和活跃。中国项目在参与全球采购并与跨国公司或国际企业合作的过程中,不仅能够建立起稳定的供销关系,而且能够按照国际市场的规则来进行生产,提供产品,这样可以使我们的项目直接地、更快地了解国际市场的运行规则和需求,促进项目加快自身产品结构的调整和技术的创新,提高自己的产品质量和竞争能力。

本 章 小 结

项目采购是采购管理知识体系的重要组成部分。本章对项目采购与供应管理进行专题介绍,目的是使读者了解项目采购与项目采购管理的相关概念,理解项目采购管理的过程以及洞察项目采购与供应的发展趋势,并掌握项目采购的基本流程和管理要点等。

思 考 与 讨 论

1. 简述项目的特点。
2. 项目采购具有哪些参与者?
3. 项目采购的业务范围包括哪些方面?
4. 简述项目采购的分类。
5. 项目采购中应遵循哪些原则?

6. 项目采购相对于其他活动有哪些特殊性？

7. 简述项目采购与供应管理的发展趋势。

案例分析

第十二章　国际采购

☞　**本章学习目标**

(1) 了解国际采购的概念、原因和作用；

(2) 熟悉国际采购战略与计划的制定；

(3) 掌握国际采购的基本流程；

(4) 掌握国际采购的相关成本；

(5) 了解国际采购的风险类型以及规避策略；

(6) 熟悉国际采购未来发展的总体趋势；

(7) 掌握外包市场的新趋势；

(8) 熟悉中国企业面对国际采购时的对策。

步入 21 世纪以来，经济一体化、全球化进程不断加速，国际贸易和跨国公司的扩张推动了全球采购的发展。越来越多的跨国公司将其国际采购网络迅速向中国延伸。资料表明，近两年跨国公司在中国的年采购额已突破千亿美元，并呈逐年递增的态势。在全球经济条件下，企业与企业之间的竞争，今后将越来越体现为全球供应链与供应链之间的竞争，国际化采购与供应管理已经成为企业的核心竞争力之一。从全球观点来看，许多企业可以从跨国采购及全球采购领域获得利益。

第一节　国际采购概述

一、国际采购的内涵和原因

（一）国际采购的内涵

国际采购就是指超越国界，在一个或几个市场领域中购得产品、货物或服务的过程。国际采购的关键在于确定产品规格细则和获得市场准入权，定好协议标准从而能够以适当的价格购进货物并能在物流环节中进行理想的再分配。

广义的"国际采购"就是将采购活动扩大到国际范围内进行。这种"国际采购"早在公元 7～8 世纪封建社会就已经开始。来自非洲的象牙、中国的丝绸、远东的香料等奢侈品，通过航海贸易满足不同国家人们的需要。随着 20 世纪资本主义的兴起，国际航运技术日趋成熟，英国、美国、德国、法国等资本主义国家在全球范围内采购原材料，满足机械化大生产的需要。

国际采购可以使公司以有竞争力的方式进行管理，在全球市场上成功的运营。采用国际采购战略而不采用本国供应商供货，主要依据是有利于提高产品或服务对消费者/购买者的附加值。总之，这一决策与产品的生命周期密切相关，与价格、质量、技术、可用性、创新、标准、设计或样式等因素也相关。因此，国际采购不仅达到购买产品的目的，而且是一个使产品/服务满足最终消费者需要和技术发展的过程，使产品的吸引力、形象、质量和附加利益都得到了提升。

20世纪末发生、发展的经济全球化带来国际分工的进一步深化。生产过程不断细分化与复杂化，一件产品的生产可能要经过十几道加工环节，其中要转厂好几次甚至其生产过程涉及到几个国家。跨国公司管理模式由"纵向一体化"发展为"横向一体化"，这一系列变化赋予"国际采购"以全新的意义。国际采购从原先的单一企业里的流程进化成为国际供应网络中决定供应链效率的关键环节之一。

（二）国际采购的原因

国际采购与其他形式的国际贸易比较而言，既有相似和交叉部分，也有它的独特性。在国际采购实施中除了应注意市场调查和是否具有良好的法律环境外，还要确保产品具有良好的质量和标准控制机制。是否进行国际采购，还需要充分利用国际采购的特点，从公司的实际情况出发，保证购入产品符合合同和公司的商业规划，适合它的生产流程、组装程序和成品的需要，符合公司标准，满足物流和顾客需要。

企业开展国际采购有许多原因。不同的企业对采购地的选取各有不同，但是选取国际化供应商最基本、最简单的原因是从国外购买原材料可以获得更多的利益。虽然使国际化采购具有吸引力的特定因素会因商品的不同而不同，总结起来，企业进行国际采购的原因主要有以下几点：

（1）物美价廉。通过国际采购，可以获得买方国内没有的原材料、零部件或制成品；可以从价格最低廉的区域或在给定价格相同时，从质量或者标准最高的原料基地获得货物或原料。

（2）拓宽产品供应范围。有些产品在国内可能无法买到，或者能买到但质量较低劣，而通过海外购买使得购买范围和标准都得到提高，可增强公司产品的竞争力。对于新兴企业，通过国际采购进口产品，使启动资本大大降低，远远低于投资建厂的资本。

（3）质量因素。很多产品更新换代，国外供应商的质量要比国内供应商的好，而且质量更稳定，比如说，石油工业所用的钢管。影响质量的因素有很多，像性能优良的新式设备、更精细的质量控制系统。国外供应商能够激励其员工，使员工接受一次性做好的理念与责任（无缺陷概念）。同时，一些北美国家从国外采购以完善其产品线，因为国内供应商提供的是精加工、技术含量高的物件，而国外供应商提供的是技术含量低，如原材料等的物件。

（4）降低风险。通过国际采购可以更广泛地选择供应商的产品而不必承担运输的费用和风险；所有的研发费用和相关的资本投资风险都由出口商承担。有时这些活动也可由买卖双方共同合作，卖方承担投资风险。买方通过降低风险，可以减少开发方面的投资，从而进一步获得较大的利润空间。这样，买方可以根据市场调查结果和顾客的需要，把精力集中在产品规格、标准和质量上。

（5）完善企业的发展战略。成功的企业应拥有自身的战略计划和战略重点，网络信息资源共享使得买方在产品开发上始终保持领先，于是便可以综合考虑定价、运输、组装和分配地点。越来越多的商家选择在第三国家组装或分配产品，这使得产品更有竞争力，这可以通过自由贸易港和配送港来实现。例如，鹿特丹就采用这种方式，大量进口货物，而后通过互联网，根据顾客的需要分配给欧盟各个单一市场。

（6）服务质量因素。如果国外厂家在国内有一个组织完善的分销网络，那么它对零件的供应、担保服务及技术咨询及支持会做得比国内厂家更好。

（7）增强企业能力。通过国际采购，可以增强企业的灵活性、适应性和对市场机会的反应能力，这些是商业战略中最重要的因素。国际企业家必须采取全面积极的而不仅仅是消极应对反应的策略。因此，通过选择供应商，企业可以时刻适应时代潮流的变化，并相应的对产品范围进行修正。与供应商不同的是，买方不必承担开发费用。

（8）竞争因素。面对越来越大的竞争压力，国内供应商为了迎合购买厂商的长期利益，总是要想办法提高自己的生产效率。购买者以进口或者以进口威胁作为砝码，向国内供应厂商施加压力，以获得其让步。

（9）提升受欢迎度。国际采购会使商业活动范围大大扩大，使服务部门深受欢迎。随着高科技信息技术的发展，发达国家许多商业活动都被转移到劳动力价格低廉、人力资源丰富的发展中国家。信息网络技术为这些国际采购活动提供无限的机会，并在相关领域附有卫生检查记录，财务、预定、销售和统计数据。

二、国际采购的背景

（一）全球经济的快速发展

当今世界，科技进步极大地促进了生产力的发展，由此创造了前所未有的物质财富。经济全球化和产业结构调整促进了生产要素的跨国流动。世界各国的经济联系越来越密切，为各国发展提供了重要机遇。经济全球化已经成为推动世界经济发展的重要动力。

（1）国际贸易快速发展，在各国经济发展中的作用越来越重要。据世界贸易组织统计，2004 年世界货物和服务贸易总额 11.2 万亿美元，相当于 1980 年的 4.7 倍。

（2）跨国直接投资发展迅猛，高科技、高附加值的高端制造及研发环节转移的比例大大提高。据联合国贸发会议统计，2000 年国际直接投资流入量 1.27 万亿美元，是 1980 年的 22 倍，国际直接投资占世界各国国内投资的比重由 2.3％提高到 22％。

（3）跨国公司是国际直接投资和生产全球化的主要载体，它通过全球化生产、全球化销售、全球化采购和全球化研发活动，把世界各国经济联结为一个紧密的整体。据联合国贸发会议统计，2003 年全球跨国公司占全球生产总值的 40％、全球贸易总量的 65％、全球技术交易总量的 80％、全球跨国直接投资的 90％和全球高新技术研发的 95％以上。

（4）国际经济协调机制不断强化。世界贸易组织、国际货币基金组织和世界银行在多边经济协调机制中继续发挥主要作用，新的区域经济一体化组织不断涌现，并在区域和整个世界经济发展中发挥着重要作用。

（二）世界贸易的蓬勃增长

如前所述，国际贸易的发展是推动世界经济发展的重要动力。当前，国际贸易的发展呈现以下特征：

（1）国际贸易步入新一轮增长期，贸易对经济增长的拉动作用愈加凸显。伴随世界经济较快增长和经济全球化的深入发展，当前国际贸易增长明显加速，已经进入新一轮增长期。20 世纪 90 年代以来，国际贸易的增长率连续超过世界生产的增长率，导致世界各国的外贸依存度均有不同程度的上升。

（2）贸易投资一体化趋势显著，跨国企业在国际贸易中的主导作用不断增强。在经济全球化的推动下，生产要素特别是资本在全球范围内更加自由地流动，跨国公司通过在全球范围内建立生产和营销网络，推动了贸易投资日益一体化，并对国际经济贸易格局产生了深刻影响。

（3）国际贸易结构走向高级化，服务贸易和技术贸易发展方兴未艾。国际贸易结构的高级化与产业结构的升级互为依托，从其变化趋势看有以下两个突出特点。一是伴随着各国产业结构的优化升级，全球服务贸易发展迅猛。近 20 多年来，国际服务贸易规模已经从 1980 年的 3600 亿美元扩大到目前的 2.1 万亿美元，占全球贸易的 19%。二是高技术产品在制成品贸易中的地位大大提高，尤以信息通讯技术产品出口增长最快。与此同时，由于跨国公司纷纷把以信息技术为代表的高新技术产业向发展中国家转移，近年来发展中国家技术密集型产品出口占全球的比重快速上升，已经从 1985 年的 16.6% 上升到 2000 年的 35.4%。

（4）科学技术进步的加速。自 20 世纪 90 年代以来，微电子、生物技术、信息技术和新材料等领域的高新技术继续加速发展，而且日趋走向实用化、产业化。随着高新技术的推广应用，国际化分工的深化，产品质量、性能的不断提高，产品种类、规格的不断变化，产品的生产周期大为缩短。国际贸易的发展也越来越多的和新技术连在一起，使国际商品生产和贸易的原材料密度和粗放程度大为降低，而技术、知识密集度却大大提高。

（三）跨国企业的全球化经营

随着世界经济和国际贸易的快速发展，企业的运营也出现了国际化趋势。在以商品、资本、服务、劳动和信息跨国界流动为主要内容的经济全球化中，企业尤其是跨国企业正在以前所未有的规模和速度加速发展。在经济全球化和供应链网络形成的背景下，竞争从单体竞争转向了企业之间的网络竞争和供应链的竞争。竞争的范围从局限于国内市场转向了区域市场乃至全球市场。基于经济全球化加速发展的背景，以及跨国公司寻求全球扩张和最大限度利用全球优势资源的内在要求，国际采购市场一枝独秀，国际采购量每年高达 4500 亿美元，年均增长速度达到 7%～8%。

三、国际采购的发展阶段

（一）国际采购的几个阶段

在许多先进的公司，国际采购被更为广泛的"全球供应管理"的理念所替代。约瑟夫·科特（Joseph Cater）描述了国际采购的三个阶段：

第一阶段：国际购买。组织把重心放在增大产量、降低价格和管理存货成本上，处于这一阶段的组织刚刚加入国际购买的竞争。

第二阶段：全球化采购。关注全球机会的组织，重心放在供应商能力、产品供给战略以及顾客服务市场上，除了偶尔在国外采购的组织，大多数组织处于这个阶段。

第三阶段：全球供应管理。在这个阶段，组织通过有效的物流和战略管理来选择供应网络系统。这些组织能有效地减少国外采购的风险，并且对领先技术进行世界范围内的采购。

克里斯多佛·A·巴特里特(Christopher Bartlett)等指出,跨国公司是全球供应管理革命中的下一阶段,并加入了改变全球环境的行列,其特征有:

(1)瞬间电子传递。

(2)瞬间存款电子转移。

(3)分布式及高度自治的当地运作。

(4)知识财产在关注产品和服务的供应成员中进行全球化的、实时地流动,并在价值链中流动。

(5)在高度限制的市场,满足特定顾客需求的特殊产品。

(6)原材料和制成品在全球范围内流动,而不关心国有和集体企业。

跨国公司是以矩阵模型的结构运转,产品细分和地区因素对这种结构有着重大的影响,产品创新与更新分布在整个跨国企业范围内。

(二)全球采购和供应链的发展

从全球范围内的供应商采购重要物资对公司比较有利,可以保证采购物料的质量,选择更为灵活的发货期。同时可以比较不同供应商之间的价格差别,降低采购成本。

全球供应链的运作比较复杂。对推行全球采购策略的企业而言,需要从全球供应链的角度重新审视采购流程,通过整合或重组采购流程,减少采购流程中不合理的环节,提高运作效率。这种全球供应链上的采购再造流程,不仅需要信息技术的有力支撑,而且需要全球供应商的积极配合,使供应链上的采购管理逐步走向合理的协调(图 12-1)。在此过程中,需要遵循以下几条原则:

(1)了解企业能够承受的内部成本减少的数额是有限度的,不能仅仅局限在企业内部的采购流程再造和无休止的内部成本精简上。

(2)采购成本一般占企业销售收入的50%以上,因而,需要加强对供应商的管理和控制,在价值改进和目标成本降低上给予足够重视,而不是简单地将降价压力转嫁于供应商。

(3)与供应商是合作伙伴关系,不是单纯的买卖关系。更多情况下,与供应商有效地合作和协调能够为企业带来丰厚的回报。

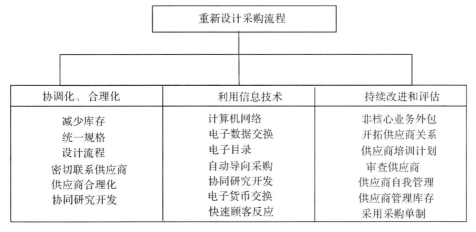

图 12-1 通过重新设计采购流程来去除采购流程中的不合理之处

（4）对采购成本进行系统分析和管理。从供应商分析、供应商选择、采购成本分析和订货配送等方面入手，从而对采购流程作出根本性的改造。

（5）运用一些科学的采购原则和方法，充分发挥信息技术的优势，从根本上重组企业的采购流程，重新确定双方的责任、权利和义务。

在全球供应链上重新设计企业的采购流程，为推行国际采购策略和进行采购管理创造了良好的前提。首先，企业已经认识到采购管理职能在全球供应链的重要性地位。其次，一定程度上的采购流程重组为全球采购开辟了新的途径。再次，信息技术已经成为企业进行国际采购的有力支撑，能够实现全球供应链的协调运作。

第二节　国际采购运营管理

一、国际采购战略与计划

（一）国际采购战略与计划的含义

国际采购战略与计划是指在某一时期内，协调和控制必要资源及为取得固定目标而进行的活动。计划是管理活动，具有战略意义。随着国际贸易业务的深入展开，国际采购的专业水平也随之提高。在经济全球化的情况下，国际环境的变化和外部环境的压力，这些都往往超出了企业原有法则所适用的范围，常常使得企业陷入困境，导致企业无法充分利用资源，也不能很好地设计其战略。因此，高级管理人员必须投入足够的时间和精力进行有效计划和有效战略的制定。

一般而言，企业的经营活动开始于原材料、零部件的采购，然后经加工制造或经组合装配成为产品，再通过销售获取利润。因此，通过何种渠道、在什么时间购入多少原材料和零部件是采购工作的重点所在。国际采购计划就是为了维持企业正常的产销活动，对在某一特定期间内应在何时购入多少、何种材料的一种预先安排。与此同时，企业不仅要制定国际采购计划，而且要立足于长远目标制定长远战略。当一个企业致力于海外购买时，就必须在人事、财务、厂房、装配及库存等方面找到合适的资源，并根据这些统计数据进行计划和预算。与此同时，采购人员应具备国际业务的专业知识，并具有良好的语言能力、谈判技巧和产品知识，此外，还应具备良好的计算机水平。同时，采购人员还要有购买产品的技巧知识及一系列海外合同知识，如财政、《2000 年国际贸易术语解释通则》、进口税及单据等知识。

（二）国际采购战略与计划的作用

采购者应当密切关注卖方的产品、公司和技术发展情况，以保证企业在市场中的竞争力和有效地控制购买成本。双方还应进行经常性的互访。公司在国际采购政策的制定上需要反复考虑供应商、价格、技术发展、总体竞争水平和市场环境等因素。市场调查很重要，它是制定国际采购计划的重要基础。

国际采购战略与计划对于复杂性强、富于变化的国际采购非常重要，其作用具体表现在：

（1）国际采购计划制定的目标与当前和未来的战略目标相关，它鼓励所有人都为此计划中制定的目标而努力。计划对所有计划中的资源有控制作用。

（2）计划和物流对国际采购行为具有最重要的协调作用。

（3）采购计划可以衡量个体经营业绩，包括供货商在内的所有国际供应链的各个成员。

（4）国际采购战略包括公司业务的所有要素，并使之相融合。

（5）国际采购行为包括采购方公司内部计划的制定和货物的供应，及在多变的国际市场中的供应连锁资源，兑换率、产品供应、运输费用及进口税。

（6）国际购买计划体现出市场当前和将来的发展趋势。

（7）计划促使购买者进行横向和纵向思考，并为他们提供前向思维，而不是后向思维，随着情况变得越来越复杂，经理们越来越重视他们的思维，决策制定也越来越有效率。

（8）在可靠的市场调查数据的辅助下，管理者可以理智并系统地制定决策。

（9）一个好的国际采购计划可以提高业绩水平，形成标准战略。

（10）国际采购计划可以控制短期行动和长期行动的结合，是控制长期战略的手段。

（11）一个有效的采购计划强调战略重点和所有决策制定过程分析的要素。

（12）国际互联网、电子商务、邮件商务及其他形式的计算机技术的发展，都促进了跨越文化和区域界限的国际采购计划的形成。

一个企业的国际采购计划是指公司必须决定采用何种有关产品和服务及可行性意见的战略，如何在公司内有效配置资源以使战略得以实施。它是建立目标及规划，评价和选择为达到这些目标的政策、战略和方案的总指导。公司计划中的战略重点不仅反映长期战略，而且反映短期战略。

制定企业国际采购计划要符合我国对进口外国商品的管理规定，在此基础上，制定进口计划作为开展进口业务工作的依据。进口计划的主要内容包括品名、数量、时间和国别的安排、交易对象的选定、价格和佣金幅度的掌握等。总的要求是：在符合国家方针政策的前提下，既要力争比较优惠的价格，又要不影响国内的需要；既要做到货比三家，又要不失时机地进口。

（三）国际采购战略与计划的内容

1. 国际采购战略与计划的组成

国际采购战略与计划一般由以下几个部分组成：

1）资源战略

企业在制定资源战略时，采购者应该明确如下问题：

（1）以往资源的使用方式以及资源的预期需求量。

（2）资源的来源（现有的和潜在的）。

（3）资源的市场类型（例如，买者与卖者力量相比如何，从制造商处购买还是从分销商处购买）。

（4）采购资源的形态（例如，是原材料、半成品或产成品）。

（5）可以得到的供应总量。

（6）资源在某一区域受到的政策约束。

（7）资源运达的成本。

开发资源战略时，采购人员还需要考虑一些与资源选择、物流因素（比如运距和运输方式、客户、关税、自由贸易区以及代理人和经纪人的使用）、通信方式（比如 EDI 的使用）以及金融（比如汇率和支付方式）有关的问题。

2）供应商战略

要区分资源战略和供应商战略是非常困难的，因为二者紧密相连。资源战略的制定是为了确定组织如何满足某一具体的产品和服务（商品）的需求，而制定供应商战略目的在于确定此商品的供应链上各种供应商的位置、地址和发展状况。

供应商战略应该回答下面的问题：

（1）哪个供应商能够提供总成本最低、质量最高、提前期最短以及最好的服务。

（2）哪个（些）供应商能提供提高产品技术的途径。

（3）每个潜在供应商的相对优势是什么。

（4）每个可选供应商的相对风险是什么。

3）应急计划

万一企业得不到满足数量、质量或价格需求的商品或服务，其替代品是什么；如何才能满足顾客的需求。这是应急计划需要解决的问题。根据市场的稳定性、与采购相关的风险以及对于实现组织战略目标的重要程度不同，应急计划在各企业中对各种产品的作用不同。

2. 国际采购战略与计划的实施

为了实施国际采购战略与计划，需要进行以下步骤：

（1）第一阶段是收集数据。为了实现采购协作，获得最大的收益，实施采购行为的每个采购办公室都必须收集相关的数据。相关数据包括：目前的需求、对需求进行预测所得的数据、当前的供应商、潜在的供应商、产品特性、交易货币、总成本。

（2）第二阶段编制国际采购计划。国际采购计划规定了拟进行的国际采购业务的基本要求，它的编制标志着国际采购业务的开始。国际采购商品的种类、用途不同，国际采购计划的内容也不同，主要包括采购单位名称，采购目的，采购商品名称、品质、数量、单价、总价，采购国别，贸易方式，到货口岸以及经济效益分析等。

（3）第三阶段市场调研。市场调研包括对采购商品的调研和对出口商、资、信的调研。对采购商品的调研要根据商品特点有重点地进行，如对一般商品来说，主要调查商品的适用性，可靠性以及价格、质量、成分、货源等内容，并予以全面分析和综合考虑。而对大型机器设备及高新技术商品，则要注意调查其技术的先进性。对出口商资信的调查包括：出口商对我国政府的态度，目前的经营状况，以往交往中信用、生产能力、技术水平等。一般来说，应选择资金雄厚、技术先进的大公司作为贸易伙伴，避免通过中间商。

（4）第四阶段拟定国际采购方案。国际采购方案是采购公司在国外市场调研和价格成本核算的基础上，为采购业务制定的经营意图和各项具体措施安排。其内容包括：采购数量和时间安排，采购交易对象的选择和安排，采购成交价格的掌握，以及采购方式和采购条件的掌握。

二、国际采购的基本流程

公司在进行国际采购时，通常遵循着一定的步骤，如图 12-2 所示。本部分将详细讨论国际采购的主要步骤。尽管各公司进行国际采购时，执行的流程顺序可能会有所差异，但是要想成功地进行国际采购，这些步骤都是必须要完成的。

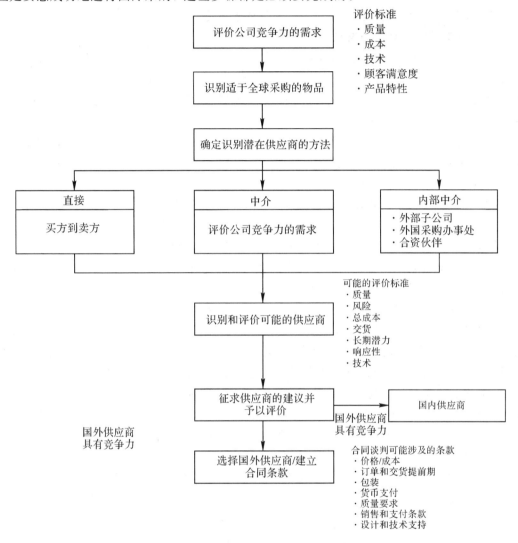

图 12-2 国际采购的流程

1. 选择首先进行国际采购的物品

公司应该选择质量好、成本低、便于装运且无风险的商品进行国外采购。首先选择一个或多个商品进行评价，例如：

（1）选择对现存操作并不重要的产品。如日用品或者具有多种采购来源的产品。一旦积累了足够的采购这些产品的经验，就可以进行其他种类产品的国际采购了。

（2）选择标准化产品或者说明书易懂的产品。

（3）选择购买量大的产品来检验国际采购的效果。

（4）选择能够使公司从长期采购中获得利益的产品。

（5）选择那些需要较为标准化设备的产品。

（6）识别那些在成本或质量等主要绩效标准方面不具备竞争力的产品。

这些标准很重要，因为如果国际采购无法满足买方期望，那么就必须在国内采购。影响国际采购初始成功的另一个影响因素就是：使其他部门知晓国际采购的产品是什么。同时，潜在供应商应该提前收到有关数量和交货要求变更的计划。

2. 获取有关国际采购的信息

在确定需要进行国际采购的物品之后，接下来公司就要收集和评价潜在供应商的信息或者识别能够承担该任务的中介。如果公司缺乏国际采购的经验、与外界联系较为有限或者获得的信息有限，那么获取有关国际采购的信息对于这些公司而言可能就比较困难。获取国际采购信息的来源主要有：

（1）国际工业厂商名录。工业厂商名录随着互联网的发展而迅速增加，它是产业供应商或者区域供应商信息的一个主要来源，数以千计的企业名录可以帮助公司识别潜在的供应商。

（2）贸易展销会。贸易展销会是收集供应商信息的最佳途径之一，这些产业展销会可能发生在世界各地的各个行业中。大多数商业图书馆都有世界贸易展销会的目录。通过互联网搜索也能知道产业贸易展销会的时间和地点，以及如何注册。底特律汽车展、硅谷每年一次的世界计算机展等都是贸易展销会的案例。通过进行少量的搜索，公司便可以找到与自己采购需求直接相关的贸易展销会。

（3）贸易公司。贸易公司为买方提供了广泛的服务。这些公司为买方提供信用证，支付经纪人费用、关税、码头费、保险费、海运承运人费用、内陆货物单据等费用。客户通常收到一张明细发票，列出了贸易公司执行的所有服务。有一家美国的贸易公司提供20多种服务，包括寻找合适货源、执行产品质量审计、评价供应商、合同谈判、物流管理、装船检查、发送和税费分类。利用这种提供全方位服务的贸易公司，与上述的每项功能相比，可以大大降低国际采购的成本。外国贸易公司，如日本的三菱（Mitsubishi）和三井（Mitsui），在全球各地都设立了办事处。大多数这样的公司都有着长期从事贸易的历史，能为全球的企业提供全方位的服务。

（4）驻外代理机构。有专门的人员可以提供国际采购服务。这些独立的代理作为采购代表，拥有授权，并被派驻国外。他们确定供应来源，并加以评价，还要处理必要的书面工作。有些代理有能力提供全方位的服务，或者能够找到提供全方位服务的公司。如果公司缺乏国际采购经验或者不了解国外市场，就可以使用这些代理。

公司也可以使用进口经纪人。他们作为买方与卖方之间的中间商，可以帮助公司确定国外供应商。生产商的代表或销售代表也是宝贵的信息来源。他们作为厂商在一个国家的代表直接行使厂商的权利。因而，买方可以直接与这些外国公司的销售代表进行谈判，而不必离开本国。很多国际银行和金融机构的职员也可以提供有关国外供应商的信息。最后，不同的国家和联邦代理机构都鼓励进行国际贸易。这些代理机构提供的服务通常在价格方面较合理。

（5）贸易咨询机构。买方可以与美国国内主要城市的对外贸易咨询机构进行联系，从而获得有关外国供应商的信息。几乎所有的咨询机构都有专门的贸易人员，他们愿意为美国买方公司提供服务。买方可以联系美国驻外大使馆，从而了解美国供应商在某个国家的分布状况。美国商业部也拥有一些部门，这些部门具备贸易专业人员，能够提供几种贸易服务，服务质量卓越且收费很低。

(6) 国内来源。这些来源包括公司所设立的外国子公司和办事处，或者是国际合资公司。国外的合作伙伴对其本国的供应商比较熟悉，或者他们与某些能够提供所需信息的机构有所联系。

(7) 其他来源。其他来源包括一个国家或城市的黄页、贸易杂志、销售手册和目录。所需信息的种类和数量在某种程度上决定了买方进行国际采购的方式。买方如果利用中间商，如贸易公司和驻外代理，那么必须搜索有关优秀中间商的信息。买方在采购时必须通过贸易名录、贸易展销会、驻外机构、供应商代表和其他来源获得供应商信息。

3. 评价供应商

无论是买方公司还是外国代理机构进行国际采购，公司评价国外供应商的标准都应该与评价国内供应商的标准相同（甚至是更加严格）。国外供应商不会主动达到买方的绩效要求或者期望。这里列出对国外供应商进行评价时要询问的一些问题：

(1) 国内资源获取与国外资源获取之间是否存在着显著的成本差别？

(2) 国外供应商能够长期保持这些差别吗？

(3) 国外供应商提供的价格稳定性如何？

(4) 供应渠道增长以及平均存货增加所带来的影响如何？

(5) 供应商的技术和质量能力怎样？

(6) 供应商能否协助进行新的设计开发？

(7) 供应商是否应用严格的质量控制技术？

(8) 供应商是否具备稳定的装运进度？

(9) 供应商要求多长的前置期？

(10) 我们能否与供应商建立长期的合作关系？

(11) 与供应商合作是否能够保证技术专利和所有权的安全？供应商是否值得信赖？

(12) 国外供应商如何影响企业与国内供应商的关系？

有时我们用试验性的订货来评价国外供应商。买方通常不会与某一个国外供应商签订全部采购合同，而是用少量或试验性订货来建立供应商的绩效跟踪记录。

4. 签订购买合同

确定了合格的供应商之后，买方就要征求供应商的建议书。如果外国供应商并不具备竞争力（通过评价建议书来确定），那么采购员则会选择国内供应商。如果外国供应商能够满足买方的评价标准，那么买方就可以与供应商磋商合同条款了。无论与哪个供应商合作，买方都要在合同的整个有效期内对供应商进行持续的绩效考察。

三、全球采购的相关成市

买方必须紧密监控全球采购的相关附加成本。这需要从总成本的角度予以考虑。无论是与国内供应商还是与国外供应商发生交易，都存在共同成本。国内采购与国外采购的差别在于：国外采购必须包括与外国交易费用相关的附加成本。如果价格是一个主要因素，那么买方必须对国外采购和国内采购的总成本进行比较。

（一）共同成本

国内采购和国外采购都要发生的成本就是共同成本。共同成本包括供应商的单位购买报价、加工费、供应商的运输费用等。如果产品需要加工，采购必须比较加工前后的利润。单位价格评价必须考虑数量的影响、最小购买量对装运效率的影响以及高峰装运期和超载对价格的影响。运输成本还要进行特别评价，例如，如果买方直接从供应商处装运，而不由供应商负责装运，哪些因素影响运输成本；长距离运输会给运输成本带来什么影响。国际运输需要专业人员的指导。运输小组考察承运人报价，对各个船运公司进行评价，提出最佳运输方式，这种最佳方式可以包括与其他公司联合进行国际装运，以取得最优运费。公司可以与国际承运商签订合同，来追求更完善的装运服务。国际运输成本常常是国际采购总成本的一个主要组成部分。由供应商来安排运输很可能无法实现成本最优化，然而对供应商来说它通常是一种最简便的方法。

（二）国际交易成本

国际采购会产生一些附加成本，而在国内采购是没有这些附加成本的。在总成本分析中不考虑附加成本会导致采购总成本的计算失误。

由于长距离运输以及装运处理的增加，国外采购的包装需求和成本通常较高。包装人员可能会利用一些新的包装设计来减少国际运输成本。进口的每种产品都要支付关税。买方可以雇用报关行，来实现以最低的法定税率通过海关。看似差别很小的产品之间，关税税率也可能有较大幅度的变动。有经验的报关行可以降低关税成本，并且加快货物通关的速度。总成本分析必须包括国际交易中发生的关税和经纪人费用。

国际装运还要收取保险费，这一点很重要，因为海运不同于国内运输，海运承运人的可靠度是有限的。当有第三方参与存货或装运时，往往需要加收保险费，而且保险服务要由大型公司提供，如伦敦的劳合社（Lloyd's）。

其他成本包括港口停泊费和装卸费。依照采购合同的条款，买方要支付卸载费用、港口管理人员的管理服务费、港口使用费，这些都是美国港口停泊费和装卸费中包括的费用。

国际采购中的一个关键问题是要将影响总成本和客户服务的突发事件降至最低程度。例如，如果船只到达洛杉矶，正确的装运单据却未到，那么海关将把货物暂存在海关仓库，直到单据到达。应该清晰的界定，当这种问题发生时，因此而产生的存储费用应该由买方支付还是由卖方支付。

（三）国际采购总成本的要素

1. 基本价格

（1）确定数量，装运最有效率的最小数量以及超载量。

（2）明确如果需要缩短装运时间，而且所装货物数量比计划的少，那么需要多支付多少费用。

2. 加工费

（1）买方应该一次性支付加工费。

（2）如果物品可以转移，那么就考虑从国内装运的加工费。

3. 包装

（1）这是隐性成本（对于长距离操作和重复操作来说会昂贵一些）。

（2）与包装厂家或包装人员商议，找到能使国际装运成本最低的包装方法。

(3) 注意包装材料的处理，在某些国家的处理费用很高。

4. 价格上涨

(1) 确定报价在多长时间内是稳定的。

(2) 确定上涨的因素（例如，确保上涨的价格不是隐藏在其他成本中）。

5. 运输

(1) 从熟悉国际运输的专业物流人员那里获得帮助。

(2) 考虑与同一地区的其他公司联合装运。

(3) 用跨国承运人或货运经纪人来管理所需的运输及成本。

(4) 向国外供应商进行咨询，从而获得有关运输的信息。

6. 关税

(1) 货物通过国境线时要缴纳关税，关税因货物种类不同而有较大不同，而且经常发生浮动。

(2) 商品可能需要划分为多种种类。

(3) 最好与关税代理人/经纪人进行商议。

7. 保险费

(1) 一般不包含在海运报价中（需要海运保险）。

(2) 不需要支付附加保险金，公司可能已经支付了国际交易费用。

8. 支付条款

(1) 国外供应商通常提供更长的支付条款。

(2) 如果通过中间商，那么在装运的时候就需要支付款项。

9. 附加费和佣金

(1) 使意外事件降至最低程度。

(2) 询问供应商、报关行和运输人员是否发生了其他成本，这些成本应该由谁承担。

(3) 如果货物进入港口时由于缺少单据而使货物存放在海关仓库，那么就要向海关支付这笔仓库费（由谁来支付）。

10. 港口停泊费和装卸费

港口码头操作附加费（卸载货物、港口工作人员的管理服务，以及港口的使用）。

11. 报关行费用

每次交易要收取费用。

12. 税款

考虑可能支付的附加税。

13. 沟通费用

电话费、旅费、邮费、传真、网费。

14. 支付和流通费用

银行转账、外币兑换、保值和期货合同。

15. 存货成本

(1) 由于较长的前置期导致较高的存货水平。

(2) 库存成本包括由于投资而带来的利息损失成本、保险费、财产税、仓储费和废弃所带来的成本（需要管理员核实）。

第三节 国际采购的风险分析与管理

在国际采购中，因为买卖双方分别处于不同的国家，文化背景、政治、经济、法律制度等都会影响采购过程，因此有必要对采购过程中的风险进行分析，采取正确的风险规避策略，使整个国际采购过程中的风险降到最低。

一、国际采购的风险分析

在跨国采购中存在两种风险。第一类风险是指货物可能遭受的各种意外损失，如货物在高温、水浸、火灾、沉船、渗漏、盗窃或查封等非常情况下发生的短少、变质或灭失。这类损失具有以下两个特点：首先，这是由意外事件造成的，而不是由一方当事人的行为或不作为所引起的；其次，这类损失的发生是不确定的，即当事人在订立合同时是无法预见、防止和避免的。第二类风险是当事人可以利用自身的知识和经验加以防止和回避、并把危害降到最低的可控风险。对第二类风险进行分析研究，即充分熟悉各项国际贸易的规则和惯例，避免出现因政策、文化、风俗、习惯的差异而造成采购过程的人为损失。具体而言，国际采购中的风险如下。

（一）语言问题

在国内采购中使用同一国语言，不会有语言困难。而国际采购会遇到各种国家的语言，差别很大。为使交易顺利进行，必须采用一种双方认可、国际通用的语言。

（二）法律、风俗习惯不同

文化背景的不同会给国际采购的顺利进行造成困难，会引发许多的采购障碍。例如，对待工作的态度，法国人与日本人就有完全不同的表现。各种节日的名称、时间，甚至带薪休假制度都有很大的不同。带薪休假制度始于 20 世纪 60 年代的美国，目前盛行于欧洲一些经济发达的国家，其中法国、西班牙为 30 天/年，英国为 24 天/年。一般大规模的公司员工分工明确，一旦项目主管休假，则给进口带来的时间损失是无法估算的。因此在制定本企业的生产计划和安排进度时，一定要考虑到类似的不确定因素，以免造成不必要的损失。

（三）政治制度风险

一些国家因政治变动，贸易政策法令会不断修改，常常使经营贸易的厂商承担很多政治变动带来的风险。如关税措施和非关税措施，各国都设有海关，对于货物进出口都有许多规定。货物出口，不但要在输出国家和输出口岸履行报关手续，而且出口货物的种类、品质、规格、包装和商标也要符合输入国家各种规定。如前文所示，关税是进出口商品经过一国关境时，由政府所设置的海关向其进口商所征收的税收。关税是通过海关执行的，在税率上一般就高不就低，关税的主要特点是一种间接税。因为关税主要是对进出口商品征税，其税收可以由进出口商垫付税款，然后把它作为成本的一部分加在货价上，在货物出售给买方时收回这笔垫款。这样，关税负担最后便转嫁给买方或消费者承担。

为了保护本国工业的领先地位和市场占有，各国往往采取多种政策来限制先进产品的出口。出口的国家垄断，就是对某些商品的出口规定由国家机构直接经营，出口的专营权给予某些垄断组织。出口许可证制就是各国政府限制某些产品出口经常使用的制度。出口许可证是指出口国家规定某些商品出口必须事先领取许可证，才可出口，否则一律不准出口。办理出口许可证的周期往往不可预测，有的为 6～8 周，有的为 1 年，更有石沉大海、遥遥无期，导致出口被限。这给国际采购造成的障碍是巨大的。

（四）信用、商业信誉的风险及防范

在国际贸易中，自买卖双方接洽开始，要经过报价、还价、确认而后定约，直到履约。在此期间，买卖双方的财务经营可能会发生变化，有时危及履约，出现信用风险。在贸易中，因货样不符、交货期晚、单证不符等，都会造成商业信誉风险。

（五）物权的转移和风险

1. 合同订立时转移

有的国家以风险在合同订立时转移为标准，即合同一经订立，即使未付款也未交货，风险也立即转移给买方承担。如瑞士《债务法》第一百八十五条规定："除因特别关系或约定外，物之收益及风险于契约成立时转移于买受人。"这一做法问题是，在国际货物买卖中，合同订立时货物多在卖方的占有和控制之下，卖方由于不承担责任而易疏于对货物之妥善保管，如此让买方承担过大的风险责任，显然对买方很不公正。

2. 所有权转移时转移

有些国家把所有权同风险转移联系在一起，以所有权转移的时间确定风险转移的时间，这就是"物主承担风险"原则。如英国《货物买卖法》第二十条第一款规定："除双方当事人另有约定外，在货物所有权转移至买方前，货物的风险由卖方承担。"但所有权一经转移给买方，则不论货物是否已经交付，其风险即由买方承担。这一做法的问题是风险和所有权是两个不同的制度，它们服务于不同的利益，所有权转移主要是为了保护债权人的权益，风险的转移则决定买方在什么时候无条件地偿付货款。因此，以所有权转移这种抽象的、难以确定的概念来决定风险转移是不符合国际贸易惯例的。

3. 交货时转移

交货是指占有从一个人到另一个人的自愿转移。交货的核心是转移占有，这是买卖合同履行过程中的一个重要环节。通常当买方或其代理人取得货物的保管权，或能为它们实行控制时，货物就是已经交给买方。以交货时间为转移时间，是当代大多数国家的立法和理论界所采纳的原则，如美国《统一商法典》、德国《民法典》、奥地利《民法典》等都有这种规定。1980 年《联合国国际货物买卖合同公约》（以下简称《公约》），也将"风险于交货时转移"确定为国际货物买卖中使用风险转移的标准，使之成为当代国际贸易间一项普遍适用的国际性规则。《公约》划分合同涉及货物运输时、货物在运输途中出售时，以及其他情况等三种情形，对风险移转的时间做了规定。如涉及货物运输的合同，公约第六十七条规定：在卖方没有义务于某一特定地点交付货物的，自货物交付给第一承运人以转交买方时，风险从卖方移转到买方。卖方有义务于某一特定地点把货物交付给承运人的，货物于该地点交付给承运人之前，风险不移转至买方。

因此，在签订合同时，一定要注意国际货运风险转移的标准，充分利用当代国际贸易间普遍适用的国际性原则，即交货时转移物权的做法，降低不必要的损失。

（六）国际采购国外先进技术和产品风险

对我国而言，解决问题的根本方法是努力提高我国科技创新和开发的能力。虽然积极引进国外先进技术和产品、博采众长、为我所用，是我们目前必须坚持的一项基本政策。同时我们又要清楚地知道，先进的技术是用金钱买不来的，必须依靠我们自己去开发和创新。如果不能创新，只是步人后尘，势必受制于人。我们必须在学习、引进国外先进技术的同时，坚持不懈地努力提高国家的自主创新能力。这是我国跟上世界科学技术飞速发展步伐的唯一正确选择。

二、国际采购的风险管理

企业从世界范围内的供应商采购重要物资对公司比较有利，可以保证采购物料的质量，选择更为灵活的发货期，同时可以比较不同供应商之间的价格差别，降低采购成本。但是，企业推行国际采购战略，将不可避免地面对变化迅速的国际市场环境和风格各异的国际经营环境，各种不确定因素和风险也随之而来。全球供应链环境下，采购过程中发生的各种风险和不确定因素成为影响采购成本控制的重要因素，如果不能及时有效地采取风险规避措施，将会导致采购成本的急剧增加，严重影响全球供应链的正常运作。因而，有必要对国际采购过程中可能发生的风险做具体的研究和分析，以便于企业能够采取相应的规避措施，做到防患于未然或者是有备无患，对采购成本进行有效的控制。

（一）国际采购风险的类型

1973 年爆发的全球石油危机，使得许多公司对石油等原材料采购成本的迅速提高而感到束手无策，不得不重新审视他们的采购战略，寻求降低采购成本的方法。企业开始注重对采购风险的控制和研究，从高通货膨胀率、稀缺资源的采购、采购提前期等方面加强对采购风险的考虑。

全球供应链环境下的采购作为企业与外部环境的接口，风险主要包括：采购提前期风险、原材料价格波动、采购合同风险等。

1. 采购提前期风险

国际采购活动涉及的范围较广，关系到跨国运输、海关滞留、检查审核和中途转运等环节，运作过程比较复杂，采购批量也较大，因而采购提前期相对较长，一般为 3～4 个月。在这段较长的提前期内，会产生诸多不确定的因素，导致采购提前期风险的发生。

2. 原材料价格波动

世界经济一体化进程加速，任何企业都不能脱离国际市场，国际市场由于受地区战争、金融危机等诸多因素的影响，价格波动十分激烈，如石油价格。这种价格波动对企业的经营造成了极大的影响，如果处理不当，将会造成巨大的损失。另一方面，随着新技术的广泛采用，使得某些原料或设备的更新换代速度加快，价格也迅速下跌，如电脑价格。

3. 国际采购合同风险

国际采购合同与一般采购合同相比，无论在合同内容上，还是在合同形式上都存在很大的不同。

（1）各国国情不尽相同，语言沟通也有一定的障碍，即便是同一个国际采购合同，双方对合同内容中有关条款的理解也可能存在偏差。

（2）采购合同中规定的支付货币的选择和支付期限也是容易产生歧义的地方，因而需要认真加以审核。在大多数情况下，往往都是由于轻率签订合同而产生了日后的合同纠纷。

在采购合同上需要详细地列明所采购产品的技术性能、供货时间、采购数量、产品价格等合同要素。同时，还必须考虑另外一些边界的因素，如大宗的贸易采购额，是否会引起涉及相关产品的配套引进问题；各国税务政策的相互衔接和匹配；运输保险的保护性条款设计；采购设备在调试保质期内的条款安排；对履约保证的约束设定和延期违约赔偿金的惩罚；支付货币的选择和汇率变化的处理；不可抗力与合同争端的解决等。忽视上述每项条款都有可能会引发采购合同风险，导致采购失败。

（二）国际采购风险规避策略

成功规避采购风险是企业降低采购成本以及保证正常生产经营的需要，根据企业对采购风险的认识和理解，主观上有以下几种对待风险的态度和措施。

1. 对待风险的态度

1）无动于衷

无动于衷即企业对国际采购可能发生的风险采取无所谓的态度，在与供应商的谈判中根本无视采购风险的存在，无论将来是发生有利的变化还是不利的风险，企业都会严格按照签订的合同履行义务。这种对待风险态度完全不明智，根本没有意识到国际采购过程中存在的潜在风险，对未来的采购成本也缺乏有效的控制，因而，不利于企业的稳定经营。

2）被动消极

被动消极是指采购方在与供应商的谈判过程中，没有一套完整的风险规避思路和相关的应对策略，要么完全听从于供应商所提出的条件，使得供应商把风险转嫁于采购方；要么按照己方既定的合同条件，强迫供应商接受。且采购方常常是在采购风险发生后，才开始寻求解决风险的办法。这种对待风险的态度显得过于呆板迟钝，常常会产生许多额外的成本和纠纷，从而，无法获得供应商的信任与合作。

3）主动积极

主动积极是指采购方根据对未来风险大小的认识和把握，预先主动采取一些保护性条款，咨询一些专业机构，做到能够尽量避免或减少由风险所带来的损失。同时根据有利的数据信息，通过资本市场的运营，为己方争取较多的利益。目前这种"主动积极"风险规避态度已经得到大多数公司的认同和重视。但需要采购方具备较高的市场预测、风险分析和控制能力，有能力通过高效的合同谈判和资本市场运作，避免或减小风险所带来的损失，从而争取更多的利益。

显然，对采购方而言，应当以"主动积极"的态度来对待采购风险，但采取怎样的风险规避策略，则需要根据采购方对供应链合作联盟的理解和与供应商的关系来确定。在大多数情况下，采购方不得不面对这样的尴尬局面：是将风险完全转嫁给供应商，还是与供应商形成共担风险的机制？对拟进行国际采购的厂商而言，由于还没有完全适应变幻莫测的国际采购环境，对供应商的情况还不够了解，因而更需要谨慎地处理国际采购过程中可能发生的风险。

2. 解决采购风险的途径

布鲁斯·科格特（Bruce Kogut）在《设计全球战略：从经营的灵活性中受益》一文中提

出，有三种途径能够用来解决国际采购风险，即冒险策略、抵消策略和柔性策略。

1）冒险策略

冒险策略是指采购方采取的风险规避策略成功与否仅以某一假设条件的发生与否为基础，如果该假设条件在现实中难以实现，则所采取的风险规避策略将彻底失败。反之，不仅能够成功地规避风险，甚至能够获得额外的收益。

2）抵消策略

抵消策略又称为保守策略，即在进行采购风险规避时做到任意一部分的损失能够被其他部分的盈余所弥补。在这种策略下，采购方能够有效地避免风险所带来的损失，但不能获得额外的风险收益。例如，未来一段时间内，日元对美元的汇率可能会上升，而加拿大元对美元的汇率可能会下降，此时，采购方会同时购入适量的日元和加拿大元，以避免汇率波动所产生的采购货款的支付风险。

3）柔性策略

柔性策略是指采购方采取一种能够适用于未来可能发生的各种情况的策略，并能够充分利用不同情况下的有利因素，规避采购风险，同时为己方获得更多的收益。一般而言，采购方采取柔性策略必须具备灵活的供应链体系、雄厚的财力和快速准确的信息获取能力。

对采购方而言，选择何种策略主要根据自身的特点和偏好来决定。

三、管理国际货币风险

国际采购中一个重要问题是管理国际货币波动所带来的相关风险。由于存在这种风险，公司通常采取措施来减少引发货币波动的不确定因素。

下面的例子说明了货币波动和风险的原理。假设一家美国公司6月份从加拿大购买了一台机器，机器于11月交货付款时的标价是10万加元。假定6月份的汇率是1美元兑换1加元，到了11月加元走势坚挺，这时的汇率为1美元兑换0.9加元（现在用加元买1美元花费更少，加元相对强劲）。现在的10万美元等于9万加元，而公司需要用10万加元支付，或者用10万加元/0.9＝11.1万美元支付机器款。如果买方没有考虑货币波动的因素，公司将比原计划损失11111美元。反之，如果在这段时期内美元比加元强劲，则公司只需用少于10万美元的钱就可以买到机器。

公司采取各种措施来降低货币波动引起的风险。其中既包括简单的方法，也包括财政部对国际货币做出的复杂管理方法。

1. 用本国货币采购

偏好用本币进行国际采购的买方，试图通过将风险转移给卖方而降低货币波动带来的风险。在前面的例子中，如果买方不管11月份的汇率是多少都支付给加拿大公司10万美元，那么这就意味着销售机器的加拿大公司将承担汇率风险。

尽管表面上看，这是管理风险的一个简单方法，但是在实际中，这并不总是最佳或最可行的方法。国外供应商同样了解货币风险，因此也不愿意承担货币波动的风险。此外，很多国外供应商将汇率波动作为风险因素，包含到价格中。如果买方愿意承担部分风险，就会达成一个合适的价格。尽管用本国货币采购有时可以降低风险，但它也不是适用于所有的国际采购交易。

2. 分担货币波动风险

共享风险允许卖方在定价时可以不考虑风险成本。简单地讲，共享风险是在协商价格的基础上共同承担货币风险。在前面的例子中，美国公司由于货币波动而损失了 1.1 万美元，如果共享风险，这部分附加成本将由加拿大公司和美国公司平均分担。

3. 币值调整合同条款

依据币值调整条款，只要汇率浮动范围不超出协定的范围，合同双方就要依据合同完成相关付款事宜。如果汇率超出约定的范围，双方必须重新磋商合同。因为公司不知道汇率走势如何，所以这就为双方同时提供了防范风险的保护。采购合同通常包括 1~2 条币值调整条款：装运引发的条款和时间引发的条款。装运引发的条款规定：双方在装运前需要确定汇率是否在约定的范围内，如果汇率超出范围，买方或卖方可以要求重新谈判合同价格。时间引发的条款规定：双方以预定的时间间隔来考察合同，评估浮动汇率带来的影响，如果汇率超出约定范围，就可以签订新合同。

4. 货币套期保值

套期保值是指在两个市场同时签订买进和卖出货币的合同。预期的结果是，一个合同的收益将会抵消另一个合同的损失。套期保值是避免货币风险的一种方式，它可以保护合同双方免受货币波动影响。利用套期保值的目的是防范风险，而不是获得收益。如果买进货币的合同的目的是赚取净收益，那么买方的性质是投机交易，而不是套期保值。

套期保值是在一个特定时间之后买进一定数量的货币。这段时间通常在双方签订采购合同与到期装运支付之间。套期保值可以通过买进远期外汇合同或者外汇期货合同来实现。这两种合同都是要在即期货币市场上买进货币。

买方与卖方利用商品交易所签订远期外汇交易合同（即期货合同），商品交易所对于所有需要利用期货合同进行套期保值或者进行投机交易的人都是公开的。实际上，由于投机商帮助买卖双方建立了期货合同的市场，因此这种交易大大鼓励了投机。商人按照限定的货币和合同期限卖出期货合同。

外汇期货合同与远期外汇合同不同。很多大型银行规定，外汇期货合同就是一种协议，依据该协议，购买方要在未来按照预定的汇率进行支付，并支付银行费用。贸易参与方包括银行、经纪人和跨国公司。外汇期货合同不会鼓励投机行为的产生。它可以满足买方在美元数量和期限方面的要求。大量企业在世界范围内从事这种合同。

5. 金融部门的专业技术

有丰富国际贸易经验的公司通常都有专门的金融部门，用以帮助公司避免国际货币风险。金融部门确定在货币波动时应该采用哪种货币支付方式，同时提供有关套期保值、货币预测和是否重新磋商合同等方面的建议。它成为企业的票据交易所，用以兑换支付国外采购所需要的外币。

6. 跟踪货币流向

采购经理应该跟踪货币汇率的走势以识别由经济波动引起的采购长期变动和采购机遇。例如，20 世纪 80 年代末的美元对日元和德国马克的走势变弱，这使得美国的出口对于这两个国家更有吸引力。到了 20 世纪，在 90 年代的早期和中期，日元强劲增长，从 200 日元兑换 1 美元到 100 日元兑换 1 美元，这时对于美国的买方公司而言向日本进行采购是十分昂贵的。总之，金融因素可能激励采购员向国内采购，或者激励采购人员向汇率较为有利的国家进行国外采购。

第四节　国际采购的趋势和前景

一、国际采购的总体趋势

国际采购的总体趋势具有以下几个方面。

（一）共同采购与专业人员采购

共同采购是近年来发展起来的新型采购模式，是指几家跨国公司联合向供应商采购相同的产品。其优点是，一方面由于增加了采购量，增强了讨价还价的能力，降低了采购成本，提高了竞争力；另一方面由于采购量大，供应商也愿意为跨国公司独立开发产品。

跨国公司的采购人员大多经过专业训练，具有丰富的专业知识，清楚地了解产品的性能、质量、规格和有关技术要求。一般由技术部门为主初选和推荐供应商入围，在技术部门与供应商签署技术合同后再由采购部洽谈和签订商务合同。采购品的规格、技术指标、遵循的标准、包装的尺寸、储存的条件等条目都被详细地规定在文件中作为合同的一部分，供应商必须确保所提供的采购品与规格相符。

（二）无库存采购计划

无库存采购计划在产品供大于求的状态下可以实现。大库存是企业的万恶之源，零库存或少库存及物流外包成了企业的必然选择，为此，许多跨国公司更多倾向采取长期有效合同的形式，而不是定期采购订单。因为这样只要在需要时通知供应商按照条件供货，就可以做到"无库存采购计划"，即根据以往和供应商打交道的经验，当库存量低于规定水平时，便按照以往的订货目录和基本要求继续向原先的供应商购买产品，从而降低或免除库存成本。供应商也愿意接受这种形式，因为这样可以与采购商保持长期的供货关系，增加业务量，以及抵御新的竞争者。跨国公司则可通过科学的经济批量计算，合理安排采购频率和批量，从而降低采购费用与仓储成本。

（三）分散采购风险

虽然从同一个供应商采购的量越大，关于价格的谈判能力就越强，但是供应商与采购商之间过分信赖也不完全是好事。因为，仅由一家供应商负责100％的供货和100％成本分摊，一旦该供应商在管理和经营上出现波动，按照"蝴蝶效应"的发展，势必影响整个供应链的正常运行，造成采购商货源的短缺，风险较大。反之，如果是采购商终止采购，则可能使该供应商面临倒闭的危险，由此也会产生较大的社会问题。所以，跨国公司从供应商风险评估的角度出发，采购数量一般不超过该供应商生产能力的50％，同类产品的供应商数量最好保持在2～3家，且有主次供应商之分，这样可以降低管理成本和提高管理效果，保证供应的稳定性。万一出现意外需求或是其中一家供应商停止供货时，跨国公司也能够迅速从其他供应商处得到补充供应。

（四）网上采购

进入21世纪，跨国公司陆续把发展采购电子商务列入了企业发展的战略目标，现在欧美企业60％的产品都是通过网上采购获得。将物流、资金流和信息流三流合一进行高效运作的供应链理念，以及现代化、集约化的电子采购，正成为跨国公司经营运作的重要流程。例如，BP—AMOCO，EXXON等14家国际石油公司宣布将联合组建互联网公司，并建立一个全球性的电子商务市场。通用、福特、戴姆勒-克莱斯勒三家汽车公司也宣布要建立全球最大的汽车专用采购网络市场，将每年2500亿美元的零部件采购移至互联网上进行。跨国公司在建立自己采购网站的同时，也选择与专业的贸易网合作，原因是专业贸易网能够帮助采购方筛选出可靠的供货商。例如，美商网就是这样的专业贸易网，它通过与国际知名的认证机构合作，由专业人士对供货商进行培训、样品检测和产品标准化归类，认证后供货商就可以随时向网上的采购商报价、供货。

（五）外包采购

近年来，随着贸易与投资自由化的发展，各国市场日益融合，企业间的竞争更加激烈，为了在全球竞争环境下生存与发展，跨国公司进行了大规模的业务整合，将资源集中于更有竞争优势的业务领域和经营环节，而把许多不擅长的业务活动剥离出去。另外，技术的进步，尤其是通讯网络、信息技术的高度发展，也大大降低了跨国公司通过外部市场获取合格投入的交易费用。因此，在采购活动中采用了"业务外包"的做法，使跨国公司更专注于核心竞争力的提升。这种供应链整合在劳动密集型的行业中和一些消费品行业，如食品、服装、鞋类、玩具、家庭日常用品以及家电产品等行业有着非常突出的表现。

二、外包市场的新趋势

国外权威机构调查研究显示，近期国际外包趋势主要包括离岸外包（Offshore Outsourcing）持续升温、业务流程外包（Business Process Outsourcing，BPO）的不断扩大、多源采购以及联盟采购等。而从总的趋势来看，离岸外包（Offshore Outsourcing）和近岸外包（Onshore Outsourcing）互为结合显得更为突出，同时国际外包市场仍然延续买方市场。

（一）外包业务增加

服务的全球化采购以及供应来源的多样性代表着外包的总体趋势。尤其是IT服务的全球外包市场已趋于成熟，其增长也高出业务流程外包的平均水平。

另一个值得关注的特点是，企业除了传统的外包策略之外，正越来越多地考虑将不同业务部门的功能外包出去，由更专业的第三方去打理。如今人力资源（Human Resource，HR）已经成为外包的主要部门，紧随其后的是采购部和财务部的外包。从市场角度看，中国和其他离岸外包市场正持续发展并对印度等外包市场的统治地位造成威胁，而与此同时，印度的主要供应商正积极地改造和创新以期维持市场的主导地位。

（二）多重货源

目前在全球经济体系范围内，尤其是在美国和欧洲，越来越多的企业在实行外包采购时考虑的已不仅仅是以成本控制为目的，而是在提升企业运作效率和满足企业快速增长的需求上起到更直接的作用，这使得企业在货源开发上更倾向于一体化而不是个体化。这一变化可以从近年来平均每个外包项目的总金额逐年下降中显现，由于越来越多的企业不再像以前那样将一个大项目统统外包给一个供应商，而是将大的外包单子分拆成几个小单子分别外包给不同的供应商。如Computer Wire公司专门对业内订单进行日常追踪，该公司在 2005 年中追踪报道的超过 10 亿英镑的订单有 15 起，而这个数字在 2004 年和 2003 年分别是 25 起和 29 起。2006 年，GM（通用汽车）外包项目总金额达 150 亿英镑，将分包给几家不同的供应商。Everest 公司预测，由于短期成本压力增加，在 2011 年大额订单数量将会继续下降，为了提高灵活性，客户将会继续远离数十亿美元价值的订单。要真正使多重货源策略发挥功效，企业需要投入更多资源，加强执行力度，培养相关管理技术。

（三）业务流程外包（BPO）

在多重货源采购不断增长的同时，BPO 也在快速增长。而且 BPO 在以传统的前台业务外包为主的市场形势下，后台业务的外包也逐渐发展起来了。2008 年，后台业务外包呈现强有力的增长势头。在 BPO 持续增长起主要支撑作用的是人力资源外包（Human Resource Outsourcing，HRO），HRO 在 2007 年下半年表现尤为突出，从 2007 年到现在一直维持这种态势。

采购业务外包（Purchasing Outsourcing，PO）的发展仍然比较缓慢，而大多数企业都认识到，采购业务外包有两大潜在的利益，其一是节省采购操作的成本，其二是通过重新谈判在所购买的物料或服务上节省更多成本。一般来讲，一个大型企业每年采购的间接支出大约占采购总金额的 20%，如果通过外包的手段可以将该支出比例降低为 10%，那么采购外包可谓上策。

财会业务的外包也是有可能的，但该业务的外包要真正有起色，估计至少要经过一段时间才有可能发展。

（四）离岸外包

一些专业调查和报道显示，离岸外包在 2006 年是全球外包市场的主流。该市场上印度继续保持领先，中国紧随其后。有资料表明，在中国进行离岸外包相比之下似乎更具优势。

印度的外包市场经历了三个阶段的演变：第一阶段是发展一流的程序开发技术，以便在国外公司寻求低成本服务时与其合作。第二阶段是印度本地公司提供低档次的后台服务，包括客户呼叫中心、资料记录、投诉受理等。第三个阶段即当前阶段，是提供各种复杂多样的服务。

有一个现象值得关注，现在的外包市场中，客户对离岸采购已经不需要再反复斟酌，而是把它看作是服务解决方案的一个理所当然的组成部分。客户更多的是让供应商来为自己做出选择，并决定采用何种形式的离岸外包才能够达到既定目的。这就对中等规模的供应商提出了一个很现实的问题，未来供应商如何与离岸的当地供应商和世界级供应商进行有效竞争，将越来越依赖于供应商在离岸地的规模和实力。

（五）地域趋势

在美国和欧洲，外包市场甚为乐观。以美国市场来讲，在 2005～2010 年，平均的增长将达到 9.3%，这一增长的驱动力主要来自于越来越多的企业采用业务流程外包。

在亚洲，外包市场显然为供方市场。而其最大的经济体日本，则留给外包市场一个令人费解的谜。据市场调研厂商 IDC 公司最新的调查，只有 14.8% 的日本企业实行 IT（Information Technology，IT，信息技术）外包达三年以上，有 19.8% 的企业曾考虑 IT 外包，但最终否定了这项决定，居然有 50.9% 的日本企业目前不考虑 IT 外包。可见，对日本的外包市场来讲，它的发展不仅是价格因素、安全因素和服务质量的问题，而是供应商能否突破现存的外包文化抵制。如果供应商能够成功地打开日本市场，那么这无疑将对全球采购市场的发展产生一个巨大的助力。

（六）供应商趋势

在 2008 年，世界级大公司仍然占据市场的主导地位，比如 IBM，EDS，CSC 等，他们是国际外包市场的主角，而且其合同还在不断扩大。

与此同时，主要的离岸供应商也在不断扩增，这里所指的离岸供应商是指大的印度本土供应商，有着良好技术水平的优秀印度供应商仍然具有绝对的竞争优势。但是，像 TCS、Inrosys 等公司也不可小视，他们正在努力赶超，强化他们现有的包括应用软件的开发和维护等在内的核心业务，开发新地区、新市场和新技术。

就整个供应商群体而言，被国际大公司和快速成长的离岸供应商夹在当中的那些中等层次的供应商形势甚为窘迫。这些中等层次的供应商在多重货源采购中可以占一席之地，但要做到多重货源外包，他们必须着力于降低成本，提高利润率，提高市场占有率。而世界级供应商和印度本土供应商则野心勃勃地通过兼并来扩大他们的实力和在某些领域的规模，尤其是在 HR 外包市场。

（七）数据的保密性和安全性

数据的保密性和安全性在国际外包市场中将受到越来越广泛的重视。世界各国采取各种手段对违反国际间交易数据的保密性行为予以制止。无论哪个国家，在这点上是有共识的，如果跨国交易的数据保密性出现问题，那必然导致严重的损失，包括各种各样的罚款，客户丢失，甚至诉讼。事实上，此类事件的后果还在于信誉受损，你无法为自己狡辩说："抱歉，贵公司账户信息的泄漏是由于我们外包供应商的过失而导致的。"因此，不难解释为什么现在的客户对数据保密性措施的关注比任何时候都强烈，这叫防患于未然。

综合来看，离岸外包已经在国际外包市场中扎根，随着 BPO 外包的快速发展，近岸外包和离岸外包的有机结合将成为以后的主要趋势。离岸外包的运作模式迫使供应商的价格必须具有竞争优势，客户在这些交易中也变得越来越精明。无疑，外包领域仍然维持买方市场，企业在进行外包和资源开发时必须要考虑清楚自己的定位，这样才能在外包市场中获得最大利益。

三、中国企业面对国际采购的挑战

对于广大的中国企业，特别是对中小型高科技企业来说，面向国际间政府采购和国际采购的市场，还需要闯过以下三道关：

第一关就是资质关。说俗了，就是入场关，或者身份关。目前我国许多企业产品应该说质量都有普遍的提高，价格也有较为明显的优势。但是在许多商机面前，只能作为局外人看看，明知自己很可能获胜，就是不能参与竞争。现在国际上的竞争，越来越趋向于标准竞争、规则竞争。因此要想加入进去，还必须在资质上下大功夫。要获得国际采购市场的竞争资质，首先还需要产品过硬，无论各种硬性指标都能符合其要求。其次是要与相关组织协会，特别是资质认证机构或代理机构沟通合作。了解其操作过程与流程，准备相关材料。再次就是要把握时机，积极参与资质认证工作。

第二关就是人才关。也就是说，要真正参与国际市场（特别是联合国采购），需要专门的人才。这样的人才通常需要三个方面的知识：一是良好的英语与沟通能力，能够与联合国采购事务人员保持顺畅的沟通；二是具有一定的国际采购知识和经验，知晓其规则与流程，以及常规的做法；三是要有行业和产品知识。特别是一些科技产品，还需要了解其产品的发展趋势，熟悉产品的价格行情。

第三关就是信息关。也就是说，要成功参与国际采购，信息是必须掌握的。这里需要特别注意，了解信息不单单是采购信息，例如某时某地的某个组织需要采购某项产品或服务，而且还需要了解可能参与采购的其他企业，国内可能有哪些，国外可能有哪些，哪些可以合作，哪些可能成为自己真正的竞争对手。要善于分析自己的竞争对手，知己知彼，才能提高中标的成功率。在这方面，要特别借助网络的信息渠道，以及专门的信息服务商，快速准确地获取信息是成功的第一步。

总的来看，随着经济全球化和中国企业的总体崛起，中国企业参与国际采购将成为必然。而且越来越多的商业机会将通过规范的招标采购方式才能获取。因此在这个过程中，企业不仅需要苦练内功，做好自己的产品和管理，还必须眼光向外，加强学习，努力在产品规则和竞争规则上与国际接轨，积极而谨慎地参与国际市场的竞争。

本 章 小 结

世界市场的形成是社会分工逐渐细化以及社会化大生产发展的必然结果，它突破了国与国之间的界限，使世界各国之间的经济联系日益密切。国际采购是国际贸易中较高层次的贸易，其中包括众多要素：诸如技术、市场、网络机遇、物流、财务、技术革新、社会/经济福利、财富创收等。总之，这是一个在当今国际互联网推动下快速发展的市场，它的目标是购买增值产品以满足消费者和工业发展的需求。

本章从国际采购的基本过程角度出发，介绍了国际采购的概念及背景、勾勒出国际采购的基本运营过程、并进一步详略结合地阐述了国际采购合同的履行和签订、国际采购商品运输与保险、采购过程的风险管理和未来趋势。

思 考 与 讨 论

1. 简述国际采购的发展历程。
2. 国际采购环境的特点是什么？
3. 国际采购合同有哪些条款？
4. 国际采购合同的履行过程是什么？
5. 简述典型的国际运输方式。
6. 简述海关的通关流程。
7. 简述国际采购中的风险及规避策略。
8. 国际采购中的货币风险如何管理。

9. 外包市场的新趋势包括哪些?

10. 国际采购的总体未来趋势是什么?

11. 讨论如果你是一家中国企业的采购经理,指出你认为与获得本国的供应商相比较,获得来自英国和日本的供应你会面临什么额外的挑战。

12. 讨论在跨国公司占据着当地供应市场的情况下,当地的采购组织有无其他选择。

📖 案例分析

参考文献

[1]　梁军,王金云. 采购管理. 北京：电子工业出版社,2010.

[2]　王为人. 采购案例竞选. 北京：电子工业出版社,2007.

[3]　鞠颂东,徐杰. 采购管理. 北京：机械工业出版社,2005.

[4]　国际贸易中心(ITC 联合国贸发组织/世界贸易组织). 采购竞争力. 北京：中国物资出版社,2006.

[5]　黄中鼎. 现代物流管理. 上海：上海财经大学出版社,2005.

[6]　何明珂. 物流系统论. 北京：中国审计出版社,2004.

[7]　马丁克里斯托弗. 物流与供应链管理,第三版. 何明珂等译. 北京：电子工业出版社,2006.

[8]　徐昭国. 采购员工作一日通. 广州：广东经济出版社,2003.

[9]　李恒兴,鲍钰. 采购管理. 北京：北京理工大学出版社,2007.

[10]　张芮,伍蓓. 采购运作管理. 北京：中国物资出版社. 2008.

[11]　李荷华. 采购管理实务,上海：上海财经大学出版社,2013.

[12]　刘宝红. 采购与供应链管理：一个实践者的角度(第 2 版). 北京：机械工业出版社,2015.

[13]　蒙克萨. 采购与供应链管理. 北京：清华大学出版社,2015.

[14]　马海涛,姜爱华. 政府采购管理. 北京：北京大学出版社,2008.

[15]　http://www.chinawuliu.com.cn/,中国物流与采购联合会,2016.

[16]　http://www.ceconline.com/,世界经理人网站,2016.

[17]　http://www.ccgp.gov.cn/,中国政府采购网,2016.